AF278165

La filosofía del siglo XX
(y más allá)

Remo Bodei

La filosofía del siglo XX
(y más allá)

Alianza editorial
El libro de bolsillo

Título original: *La filosofía del Novecento (e oltre)*
Traducido por Carlos Fernando Caranci Sáez y Carlo
A. Caranci

Publicado originalmente en Italia por Donzelli editore con el título *La filosofía del Novecento*.

Primera edición: 2001
Tercera edición, revisada y actualizada: 2024

Diseño de colección: Estrada Design
Diseño de cubierta: Manuel Estrada
Ilustración de cubierta: Estudiante sentada a la entrada de la Sorbona. En la columna, retrato de Karl Marx y pancarta de la Confederación General del Trabajo (CGT). París, 30 de mayo de 1968. (Colección particular.) © ACI / Bridgeman
Selección de imagen: Carlos Caranci Sáez

PAPEL DE FIBRA
CERTIFICADA

© Giangiacomo Feltrinelli Editore Milano © 1997, 2006 Donzelli editore, Roma
   Prima edizione nell «Universale Economica» – SAGGI aprile 2015
© de la traducción: Carlos Fernando Caranci Sáez y Herederos de Carlo Alberto
   Caranci Díez-Gallo, 2024
© Alianza Editorial, 2001, 2024
   Calle Valentín Beato, 21
   28037 Madrid
   www.alianzaeditorial.es

ISBN: 978-84-1148-530-2
Depósito legal: M. 30.053-2023
Printed in Spain

Si quiere recibir información periódica sobre las novedades de Alianza Editorial,
envíe un correo electrónico a la dirección: alianzaeditorial@anaya.es

Índice

Índice

Und es girren verloren in der Luft die
Lerchen und unter dem Tage weiden
Wohlangeführt die Schafe des Himmels

Hölderlin, *Mnemosyne*

A Chiara

A Lisa

Nota introductoria

Este libro ofrece instrumentos para reflexionar sobre la experiencia de un siglo denso, lleno de transformaciones imprevistas. Reconstruye las coordenadas que orientan nuestros paisajes mentales y dibuja el mapa de los recorridos en los que la filosofía se cruza con los saberes más representativos. Al captar las ideas en movimiento, resultan más visibles, en su especificidad, las articulaciones que estructuran el discurso filosófico, al que aquí nos referimos utilizando sólo fuentes primarias. Con un estilo narrativo claro y riguroso se dejan a un lado los dos modelos expositivos más difundidos: el de la historia lineal (que presenta retahílas de opiniones cosidas con el débil hilo conductor de la progresión cronológica) y el modelo, totalmente carente de contexto, de la descripción de los sistemas miniaturizados y aislados (que tendrían una existencia autónoma y fuera del tiempo). Preferimos la representación de escenas teóricas compactas, a través de marcos conceptuales, en las que los protagonistas entrelazan de manera convincente sus argumentos, en un esfuerzo por aclarar problemas que también son los nuestros.

En términos cuantitativos, el origen de esta obra procede en un cincuenta por ciento de una investigación anterior que he reelaborado radicalmente (véase *Filosofia*, en *La cultura del 900*, Gulliver, Milán, 1979, y Oscar Studio Mondadori, Milán, 1981). La otra mitad consta de un trabajo completamente nuevo, que amplía algunas partes ya escritas y nos permite introducirnos en una reflexión filosófica más reciente.

Los Ángeles–Pisa, otoño-invierno de 1996-1997

Prefacio a la nueva edición de 2015

Han transcurrido varios años desde la segunda edición de 2006. En este tiempo, el debate filosófico más reciente se ha ido enriqueciendo con temas y autores de los que he querido dar cuenta críticamente, situándolos en el marco de los acontecimientos que han caracterizado a las últimas décadas. He reelaborado y ampliado, por consiguiente, el tratamiento de algunos capítulos, y me he centrado, en particular, en la última fase del pensamiento de Foucault, en el humanismo europeo en su comparación con otras civilizaciones, y en las biotecnologías y sus implicaciones. He añadido, por último, numerosas páginas sobre la filosofía italiana desde los años ochenta del siglo XX hasta hoy la actualidad, y sobre la relación verdad-realidad.

En un momento histórico en el que la existencia de innumerables seres humanos se ha vuelto precaria, y en el que crece la incertidumbre respecto al futuro, la filosofía puede ayudarnos a reflexionar sobre nuestra condición.

Pisa–Los Ángeles, febrero 2015

1. Las filosofías del impulso

El tiempo recncontrado

A veces ocurre, según Proust, que quien se despierta en plena noche ha olvidado todos los datos relacionados consigo mismo y con el lugar en el que se encuentra. La razón, al relajarse en el sueño, ha borrado todos los límites de tiempo y espacio. Al despertar sólo queda un elemental e indeterminado «sentimiento de la existencia [...] como puede vibrar en lo hondo de un animal» y en un «hombre de las cavernas». Para situarnos y orientarnos de nuevo hay que reconstruir la red de las coordenadas del mundo y los «rasgos peculiares» de nuestro yo, llevando a cabo en pocos instantes un salto «por encima de siglos de civilización». Pero para recuperar la conciencia de nosotros mismos es necesario recomponer el orden de las cosas. En un primer momento es el cuerpo, en la oscuridad, el que nos ayuda, es «la memoria de los costados, de las rodillas, de los hombros», que recuerda los distintos tipos de cama en los que ha dormido, que trata de adivinar la colocación de los muebles y las situaciones vividas: «Estaba en el campo, en casa de mi abuelo, muerto ya hacía tanto tiempo [...] huía hacia otro lado: estaba en mi cuarto en casa de la señora de Saint-Loup». Y mientras, «las paredes invisibles, cambiando de sitio según la forma de la habitación imaginada», preparan el reconocimiento del lugar en el que nos encontramos. Cada habitación se presenta modelada en la fuga de otras habitaciones, que aparecen como sus contornos fluctuantes, márgenes indispensables en el proceso de localización. Cada cosa tiene un halo de alteridad, ondea en su estado fluido, lo atraviesa la corriente del tiempo. Pero, de repente, la conciencia se despierta completamente, ha retomado el control de la situación, ha intervenido el pensamiento que todo lo solidifica:

Esa inmovilidad de las cosas que nos rodean acaso es una cualidad que nosotros les imponemos con nuestra certidumbre de que ellas son esas cosas y nada más que esas cosas, con la inmovilidad que toma nuestro pensamiento frente a ellas.

Hemos dominado las cosas y (con finalidad pedagógica, para evitar dispersión y fatiga) las hemos clasificado y simplificado, arrebatándoles toda alteridad interna, toda pluralidad de contornos, toda referencia a nosotros:

Lo que las palabras nos dan de una cosa es una imagen clara y usual como esas que hay colgadas en las escuelas para que sirvan de ejemplo a los niños de lo que es un banco, un pájaro, un hormiguero, y que se conciben como semejantes a todas las cosas de su clase[1].

Para volver a tomar posesión verdaderamente de nosotros mismos y de las cosas, debemos llevar a cabo una especie de experimento, a solas y en silencio: reproducir la duración pura, resquebrajando las resistentes concreciones del presente, intuyendo más allá del pensamiento inmovilizador y del lenguaje clasificatorio. Lejos del gentío y de la cada vez mayor vulgaridad de los tiempos, protegidos de los estímulos demasiado intensos y por tanto entorpecedores de la gran ciudad, liberados de la obligación de operar de forma práctica sobre las cosas –al trabajarlas, en efecto, éstas revelarían, hegelianamente, una dure za muy diferente–, es posible evocar una existencia rica, articulada y matizada internamente, traducir la espacialidad en el tiempo de la conciencia, dar testimonio, en un laboratorio-catacumba de corcho, de una humanidad refinada y sensible que está a punto de verse arrollada.

En esta soledad podemos hacer que reaparezcan los estratos más antiguos de nosotros mismos, los diferentes «yos» que se han sucedido y que yacen en profundidades casi geológicas, aplastados por el peso de nuestra personalidad actual. Cada «yo» quedó sepultado en su día, a causa de una poderosa sacudida que provocó su abandono, obligándonos a reinventarnos a nosotros mismos. Por otra parte, el destino nos proporciona muchos «yos» de recambio en los que podemos reformular nuestras pasiones y nuestro pensamiento. Respecto a ellos, una vez que los hemos dejado atrás, sentimos sólo una «ternura de segunda mano»[2]. Pero, por suerte, no pudiéndolos elaborar completamente ni someternos al «yo» de turno a veces vuelven sobre sus pasos. Lo descubrimos de repente, con asombro, en el instante en que un recuerdo (del que creíamos no conservar ya ningún resto) viene hacia nosotros gracias a una chispa casual del presente. En estos momentos encontramos, milagrosamente intacto, un «yo» nuestro que ya pasó, pero que no está en absoluto desgastado por las sucesivas modificaciones psíquicas, protegido y custodiado paradójicamente por el olvido, como en una arqueta. Cuando los dos «yos» cronológicamente lejanos –el del presente y el del pasado– se tocan como hacen los dos polos de un arco voltaico, cuando la emoción ya no se separa del conocimiento «por ese anacronismo que con tanta frecuencia impide la coincidencia del calendario de los hechos con el de los sentimientos»[3], entonces se advierte una especie de aroma de eternidad. Nos damos cuenta de que algo se ha salvado de la destructiva voracidad del tiempo. Parece, entonces, que se resuelve «el enigma de la felicidad», oculto en las agniciones «estereoscópicas» de nosotros mismos en cuanto que hemos permanecido idénticos a través de los cambios, únicos y desdoblados. Extrañamente, los acontecimientos que nos conmueven, cuando se asoman a través del recuerdo involuntario, son insignificantes a primera vista, pero se han salvado de la homologación con la perspectiva del presente precisamente porque la inteligencia los descartó por considerarlos inutilizables:

La menor palabra que hemos dicho en una época de nuestra vida, el gesto más insignificante que hemos hecho iba acompañado, llevaba en él el reflejo de cosas que, lógicamente, no eran suyas, que fueron separadas de él por la inteligencia que no tenía nada que hacer con ellas para las necesidades del razonamiento, pero en medio de las cuales –aquí reflejo rosa de la tarde sobre la pared florida de un restaurante campestre, sensación de hambre, deseo de mujeres, placer del lujo; allí volutas azules del mar mañanero envolviendo unas frases musicales que emergen parcialmente de él como los hombros de las ondinas– el gesto, el acto más sencillo permanece clausurado como en mil vasos cerrados cada uno de ellos lleno de cosas de un color, de un olor, de una temperatura absolutamente diferentes; sin contar con que esos vasos, dispuestos en toda la altura de nuestros años en los que no hemos dejado de cambiar, aunque sólo sea de sueño y de pensamiento, están situados en alturas muy diversas y nos dan la sensación de atmósferas muy variadas [...]. Sí, si el recuerdo, gracias al olvido, no ha podido contraer ningún lazo, echar ningún eslabón entre él y el minuto presente; si ha permanecido en su lugar, en su fecha; si ha guardado las distancias, el aislamiento en el seno de un valle o en la punta de un monte, nos hace respirar de pronto un aire nuevo, precisamente porque es un aire que respiramos en otro tiempo, ese aire más puro que los poetas han intentado en vano hacer reinar en el paraíso y que sólo podría dar esa sensación profunda de renovación si lo hubiéramos respirado ya, pues los verdaderos paraísos son los paraísos que hemos perdido[4].

A estos raros instantes podemos aferrarnos para huir de la plana uniformidad de una inteligencia que nos vacía de emociones y de matices, empujándonos a una rutina que olvida la posibilidad de rescatar el tiempo.

Las cicatrices del crecimiento

Así pues, los siglos de civilización y la inexorable presión de las necesidades prácticas conspiran para que se dé la tendencial univocidad y fijación de los pensamientos y de las cosas que éstos captan. Ya lo había afirmado, con formas más argumentativas, Henri Bergson, primo político de Proust. También él había tratado de demostrar que los contornos netos que atribuimos a las cosas no son sino el esquema de una influencia que podríamos ejercer sobre ellas, el programa de las posibles manipulaciones:

> Son [los contornos] el plano de nuestras acciones eventuales lo que resurge ante nuestra vista, como desde un espejo, cuando percibimos las superficies y los contornos de las cosas [...] Hemos dicho que los cuerpos brutos los recorta de la tela de la naturaleza una *percepción* cuyas tijeras siguen de algún modo el trazado de las líneas sobre las que podría pasar la *acción*[5].

La inteligencia y la percepción inmovilizadora son los instrumentos de una intervención en el mundo al servicio de la supervivencia de la especie humana. La acción, para ser eficaz, debe recortar el mundo según las líneas de una intervención posible. Sin embargo, con el fin de manipularlo, debe ser capaz de medir y prever, de crear instrumentos y máquinas, de extender su poder a los fenómenos más diversos. Por ello, la inteligencia y las ciencias son la prolongación de la acción por su capacidad de fabricar objetos artificiales, instrumentos y máquinas cada vez más perfectos.

Es la necesidad práctica de la acción lo que selecciona los recuerdos a la vista de las dificultades del momento, lo que pide ayuda a la memoria para resolver analógicamente los *impasses* que va encontrando. Así, el pasado se conserva virtualmente, de manera automática, y la memoria se puede comparar con un cono invertido, cuyo vértice condensa un número mínimo de recuerdos al tocar el plano del presente, que siempre se aleja y siempre es perseguido, mientras que los recuerdos aumentan progresivamente a medida que vamos retrocediendo hasta la base. «Inclinado sobre el presente», el pasado nos persigue y llama a la puerta de la conciencia.

Este tiempo sólo se tiene en cuenta cuando se considera útil, cuantificable. Con todo, sólo el espacio se puede medir, sólo lo que está programado y preestablecido con exactitud se puede prever. Pero ocurre que también extendemos impropiamente este paradigma de dominio y de control de lo real al campo de la conciencia y de la cultura humana, espacializando el tiempo y petrificando y homogeneizando lo que se modifica y se desarrolla. Así pues, nuestros estados de conciencia, que son «como seres vivos en un incesante proceso de formación», quedan asimilados a la exterioridad recíproca de las cosas inertes (al tiempo cronológico subdividido en partes iguales) y se consideran estables pese a su inestabilidad, y diferentes pese a su mutua compenetración.

El tiempo cronológico es fundamentalmente ese símbolo t, empleado en las ecuaciones de la mecánica, que ofrece a Bergson, joven profesor en Clermont-Ferrand, la primera ocasión para reflexionar sobre la duración y para distinguir el carácter abstracto del primero del carácter concreto de la segunda, que tiene valor intensivo y es «creación continua, fluir ininterrumpido de novedades». Y mientras que el tiempo cronológico se supone único y lineal, el de la duración es múltiple, elástico, complejo, carente de un ritmo único. Frente a la conciencia diluida y segmentada por el tiempo cronológico, exteriorizada y dependiente de las cosas, es necesario que nos reapropiemos individualmente de la existencia, que redescubramos en nosotros mismos la fuente de la espontaneidad y de la transformación, el impulso «floral» antimecanicista. Si en el marco del tiempo espacializado asistimos a la disolución del yo y a su directa subordinación a exigencias sociales despersonalizadoras, en el interior de la «duración» cada uno administra y capitaliza su propio desarrollo, «en avalancha sobre sí mismo».

¿Cuál sería el punto de apoyo para superar la condición normal de inercia, el frecuente empobrecimiento y pasividad de la conciencia? Triste es, en efecto, la condición de quien no hace más que dejarse arrastrar por la costumbre:

> La mayor parte de nuestro tiempo lo vivimos en el exterior de nosotros mismos, no percibimos de nuestro yo más que un fantasma descolorido, sombra que la duración proyecta sobre el espacio homogéneo. Así pues, nuestra existencia se desenvuelve en el espacio más que en el tiempo; vivimos para el mundo exterior más que para nosotros; hablamos en vez de pensar; «somos actuados» más que actuar nosotros mismos. Actuar libremente es tomar posesión de uno mismo, es volverse a situar en la duración pura[6].

Sin embargo, invertir el rumbo es difícil, debido a que nuestro sentido común, adquirido históricamente, procede del paradigma del espacio homogéneo e inerte, sobre el que interviene, recortando y pegando, una inteligencia instrumental que no es verdadera ni falsa (en esto Bergson está emparentado estrechamente con gran parte de la cultura filosófica de la época, de Nietzsche al empiriocriticismo, de James a la imagen crociana de la ciencia). Del mundo de la acción, es decir, también del mundo del trabajo, podemos evadirnos al mundo de la duración pura, de la libertad, cuyo reino comienza más allá de la praxis, más allá del trabajo. Y, ¿quién podrá gozar de este privilegio? ¿Quién podrá sustraerse de forma elitista a «ser actuado»? ¿Quién podrá evitar la degradación –económica, emocional, intelectual– de la existencia? Hay en Bergson una protesta implícita contra el deterioro de esta vida, la oscura impresión de que la ciencia se ha convertido en un aliado de la falta de libertad y de la reificación.

Ante esto reacciona básicamente con dos estrategias. En primer lugar, enfatizando el impulso hacia adelante, negando toda datidad inmutable y toda reducción al presente o a lo ya-sido, sin por ello prometer ninguna garantía de progreso real: la evolución es imprevisible, sólo podemos tener confianza en el cambio. Esto es así porque la «duración» queda garantizada por la analogía entre la conciencia humana y la vida de la naturaleza en conjunto. Ambas son creación continua, autoproducción. La vida psíquica es un constante manar de espontaneidad nueva e imprevisible. Su «impulso» es solidario con el impulso único que es la vida en general, que se disocia de sus diversas formas animales y vegetales, experimentando detenciones, desviaciones y regresiones, pero también cicatrizando sus heridas y marchando siempre hacia adelante. En la *Evolución creadora* (1907) el acento recae, más que sobre la recuperación del tiempo perdido, sobre la proyección hacia el futuro, que es un caso particular del impulso del universo a las continuas metamorfosis. Un único e idéntico avance, indivisible y ubicuo, impregna a todos los seres. Bergson la compara con «la carga arrolladora» de un inmenso ejército. A propósito de esta metáfora militar, es interesante constatar –como inciso– que los oficiales franceses, adiestrados en la Academia por educadores bergsonianos en la táctica y la estrategia del élan *vital*, morían a millares, durante la primera parte de la Gran Guerra, en «cargas arrolladoras» contra las bien fortificadas trincheras alemanas.

A la luz de esta teoría, Proust parece una especie de Bergson meláncolico, a la inversa, que invierte la dirección del impulso vital: en vez de dirigirlo hacia adelante, hacia el futuro indefinido de la carga de caballería de la especie, lo repliega hacia atrás hacia el tiempo perdido individual, para hallar, aun así, lo eterno. El impulso vital bergsoniano, con todo, avanza hacia las líneas de una evolución divergente, que opera no por adición o asociación, sino por desdoblamiento y disociación, y que contiene detenciones, desviaciones, regresiones, atrofias o cicatrices de posibilidades inexpresadas, latentes o bloqueadas. En la vida individual, de la infancia a la madurez, se pierde siempre algo, y al crecer se restringe el área de lo posible. Estamos obligados, en efecto, a circunscribir nuestra identidad a un crecimiento «del tronco», podando continuamente las posibles ramificaciones de nuestra personalidad, los yos que habríamos querido ser:

> Cada uno de nosotros, con un vistazo retrospectivo a su historia, constatará que su personalidad de niño, aun indivisible, reunía en sí a personas distintas que podían fusionarse porque se hallaban en un estado naciente: esta indecisión llena de promesas es uno de los atractivos de la infancia. Pero las personalidades que se compenetran se hacen incompatibles al crecer y, dado que vivimos sólo una vida, nos vemos obligados a elegir. En realidad, elegimos incesantemente, e incesantemente abandonamos muchas cosas. El camino que recorremos en el tiempo está cubierto de los escombros de todo lo que empezábamos a ser, de todo aquello que podríamos haber sido[7].

Sumergiéndonos en la duración, sentimos de nuevo el latido de un impulso que, en una de las últimas obras (*Duración y simultaneidad*, de 1922), se hace cósmico y abarca toda la realidad. Con los «intentos de sondeo de la duración pura» llegamos a nosotros mismos, nos hacemos libres, somos capaces de reconstruir el sentido de nuestra existencia.

La segunda estrategia consiste en atrincherarse dentro de la última fortaleza de la conciencia individual, donde se ha acumulado lo que se ha podido salvar de la reificación, donde se celebra el rito reafirmador de rememorar el propio yo y de la que se espera poder salir un día para hacer un poco más complejo y profundo el espacio externo. A la eficacia de las ciencias se contrapone la verdad de la filosofía, guardiana de una vida más intensa. La práctica de la filosofía permite a la conciencia individual reconstituirse en una unidad dinámica, reunirse consigo misma, más allá de la segmentación y de la disipación impuesta por una experiencia disolvente y despersonalizadora. El yo necesita recomponerse, reestructurarse continuamente y conservar, al mismo tiempo, su propia identidad e integridad (partiendo de exigencias análogas, Nietzsche, con solución diferente, invocó nuestro deseo de estar en el eterno retorno de lo igual).

El conflicto entre la individualidad y la disgregación que la amenaza se representa de forma dramática como combate entre la fluidez y la congelación, entre tiempo y espacio, entre neolamarckismo (para el cual la evolución es fruto de una necesidad interna) y darwinismo (para el cual es fruto de la lucha por la supervivencia). Fluidez, movimiento, necesidad son las categorías maestras del pensamiento de Bergson, pero son también las que provocan más resistencias en la conciencia común, «ptolemaica»:

Ante el espectáculo de esta movilidad universal, algunos sentirán vértigo. El hecho es que están acostumbrados a la tierra firme; no pueden habituarse al balanceo y al cabeceo. Necesitan puntos «fijos» de los que colgar el pensamiento y la existencia. Creen que si todo pasa nada existe; y que, si lo real es movilidad, ya no existe en el momento en que lo pensamos, pues se le ha escapado al pensamiento. El mundo material, dicen, acaba disolviéndose y el espíritu acaba ahogándose en el flujo torrencial de las cosas. ¡Que se tranquilicen! Si se avienen a mirarlo directamente, sin interponer velos, pronto les parecerá que el cambio es lo más sustancial y lo más duradero del mundo[8].

En este universo en perenne movimiento, la realidad ha de ser rediseñada y reinterpretada continuamente; el concepto rígidamente positivista de los «datos sensibles» ha de ser disuelto (el objeto visible se complica en manchas de color, se disuelve en líneas y planos que ya no obedecen a los cánones de la vieja geometría proyectiva; las tonalidades musicales se entrelazan, los sonidos se difuminan o los acordes se hacen audaces, en un primer momento disonantes o chocantes); también el lenguaje y los módulos de pensamiento deben cambiar, descolocarse, recomponerse a niveles distintos y asimétricos, adquirir mayor plasticidad y elasticidad, para controlar estados de conciencia y proyectos de intervención sobre un mundo cambiante que tienen un alto coeficiente de obsolescencia; han de ir siempre más allá de la capacidad media de recepción del gran público, que representa la reconstitución del momento inercial, la pasividad y la reificación que rápidamente se reproduce en cada nuevo avance.

Periferias de la vida

También para Georg Simmel el individuo moderno es móvil, fluido, plasmable. Pero en el sentido de un entrelazamiento variable de realidades dadas y de posibilidades construidas. Es semejante al número de una caja fuerte, formado por elementos comunes a todos los demás, pero mezclados de manera que produzcan una combinación concreta e inconfundible. En el pasado, se encerraba al hombre en una multiplicidad de esferas tendencialmente concéntricas (familia, estirpe, corporación, Estado, Iglesia). Abandonando este orden y situando al individuo en la intersección de círculos sociales excéntricos, la sociedad contemporánea avanza hacia una acentuada diferenciación[9]. De ese modo, el individuo se hace más él mismo, a medida que engloba más rasgos de universalidad compartidos con otros y amplía la gama de las combinaciones posibles. Oscilando entre procesos de socialización y de personalización, todos tienen ya la oportunidad –no siempre captada, no siempre feliz– de «realizarse».

Con todo, dar sentido a nuestra vida, allí donde las instituciones ya no pueden ofrecer al individuo la garantía de un centro, es empresa ardua. En efecto, a cada aumento del papel de la subjetividad se produce como contragolpe una dilatación del ámbito de la objetividad (y viceversa), en el sentido, por ejemplo, en que la racionalidad introducida en una simple máquina de coser (objetividad sin conciencia, pero proyectada conscientemente por uno o más hombres) ocupa el lugar de la conciencia, de la habilidad, de la capacidad, de la atención de la mujer que con la aguja y el hilo realizaba a mano las mismas operaciones. Tales movimientos quedan englobados ahora en la racionalidad interna de la máquina, en la que el espíritu queda «por decirlo así, superado»[10].

La difusión de las máquinas libera de las tareas más penosas o que reclaman más tiempo, pero la prestación se paga, incluso en el campo de los trabajos domésticos. A la mujer de ciertas clases sociales se le abre, en efecto, un inesperado espacio de virtualidad, de tiempo libre, del que todavía no ha aprendido a gozar. Más bien la nueva condición la hace entrar en conflicto con su papel tradicional, ya que el matrimonio, como institución, no ha progresado con la misma velocidad que el «espíritu subjetivo» de los cónyuges y de las innovaciones técnicas. Así pues, la liberación de los trabajos no se manifiesta en una mayor satisfacción personal, en un aumento sensato del tiempo de una vida sensata:

> Muchísimas mujeres de la clase burguesa han visto cómo se les escapaba el contenido activo de la vida sin poder llenar ese vacío, con la misma rapidez, de otras actividades u otras metas: la frecuente «insatisfacción» de las mujeres modernas, lo inutilizable de sus fuerzas que retroactuando provocan toda una serie de perturbaciones y destrucciones, su búsqueda, en parte sana y en parte morbosa, de confirmaciones en un ámbito exterior a la casa es el resultado del hecho de que la técnica, en su objetividad, ha tomado un camino propio, más rápido que la posibilidad de desarrollo de las personas[11].

Cuanto más emigra la racionalidad de la conciencia subjetiva y se más instala en automatismos y soportes materiales (como el dinero), más riesgo corre el individuo de verse vaciado de sus prerrogativas anteriores. La racionalidad tiende a perder su sentido y el sentido a perder la racionalidad. Con todo, el traslado de la espiritualidad a los automatismos objetivos y aconscienciales deja a los individuos un espacio cada vez más amplio de libertad e indeterminación. Éstos ya no deben preocuparse tanto de sobrevivir como de no «subvivir», o sea, de no quedarse por debajo de sus posibilidades no expresadas.

Sin embargo, la plenitud y el significado de la vida volvemos a encontrarlos en tiempos y espacios virtuales, en un lugar que no puede situarse en la serie de acontecimientos y lugares en los que nos situamos a diario. A éstos llegamos con un movimiento que sólo aparentemente va *adventura*, hacia las cosas futuras, y en dirección a países exóticos. En realidad, los descubrimos en el presente y dentro de nosotros, en zonas «endóticas» (observadas desde dentro) de la experiencia. Lo que en un primer momento demuestra ser extraño o extranjero está ya en nosotros, en realidad somos nosotros. A través de un falso movimiento, Simmel descubre lo esencial de lo inesencial, fijando el centro de nuestros intereses en la periferia de la vida habitual: en lo marginal, en lo excéntrico, en las posibilidades no saturadas que nos salen al encuentro como un don o como el resultado de una actividad no del todo nuestra, no del todo deseada (la aventura, los sueños, las obras de arte).

Atravesando espacios lógicamente intransitables, se cruza con el deseo la luna del espejo que separa lo real de lo imaginario, se penetra en un mundo sin espesor que parece más significativo que el mundo en el que vivimos efectiva y tridimensionalmente. Se establece un juego de cercanía y de lejanía. Nos vemos empujados hacia una zona de irrealidad veraz o de desrealización que satisface, hacia una ilusión más verdadera que cualquiera de las realidades que nos rodean (no verdadera en sentido perceptivo o lógico, sino en lo que nos interesa de verdad, porque lo intuimos como lugar de realización de posibilidades inalcanzables para el mundo). Se abren así ventanas de sentido improbables e imprevistas, mundos y enclaves extraterritoriales respecto de la realidad y del tiempo cronológico, que aluden a otra existencia más digna de ser vivida, a una gema incrustada en la banalidad de lo cotidiano, a una eternidad como «cese de las relaciones temporales»[12].

Esperanza en lo trágico

Al contrario que Simmel, Lukács rechaza el vagabundeo de la aventura y de lo marginal para hallar el centro de gravedad y la verticalidad de la vida en el carácter definitivo del instante. Es necesario apoyarse en un punto arquimédico al que evitar mutaciones, en una necesidad trágica e irrevocable que no se disuelva nuevamente en posibilidades:

> Y como la naturaleza y el destino no carecieron nunca tan espantosamente de alma como hoy día, como jamás las almas de los hombres pisaron tan solas sus abandonados caminos, por eso podemos volver a esperar una tragedia; cuando hayan desaparecido de la naturaleza todas las sombras vacilantes de un orden amistoso para nosotros, que nuestros cobardes sueños han proyectado para propia y mentida seguridad.

No es la aventura, entonces lo que conduce al centro de la vida, sino la tragedia. La aventura solo agranda la indeterminación de la vida moderna. Existencia y vida se contraponen como lo relativo y lo absoluto. Lo trágico nos sitúa ante las profundidades de los «grandes instantes». Cuando los encontramos, se abre ante nosotros «el vacío de abismos cada vez más oscuros», y se advierte un silencio súbito. Sólo entonces somos capaces de proporcionar una dirección a la vida que «rueda sin objetivo». En estos instantes, en efecto, lo mudable se hace definitivo, y lo casual, necesario. El tiempo se redime y quizá se abre la posibilidad de captar, en su misma caducidad, los fulgores de lo eterno:

> ¿Es posible dar valor para toda la eternidad a los colores que acaso ya no existan mañana, al perfume y al polen de nuestros instantes, y captar su esencia más interna, aunque sea sin percibirlo nosotros?[13].

La energía humana se concentra intensivamente en semejantes momentos privilegiados, rechazando la dispersión extensiva y la repetitividad de lo cotidiano. Entramos con ellos en la «edad heroica de la decadencia», cuando ya no es lícito precipitarse o contemporizar, cuando se precisa detener el declive aceptándolo virilmente, desbloqueando un *impasse*:

> Cuando las causas que originariamente se oponían al sentimiento vital, los hechos sentidos como oposicionales y otros sentimientos que acaban chocando entre sí de manera irreconciliable se agigantan hasta resistir con igual fuerza, entonces sobreviene el verdadero declive. De este modo comienza la edad heroica de la decadencia en la que ya no es posible valorar hedonísticamente la virtud, ver la vida de

manera que la virtud sea recompensa, la culpa expiación, y en la que, aun así, continúe resistiendo en las virtudes la energía posicional de la intensidad infinita de la vieja vida, una energía que es incapaz de llegar a un acuerdo con la realidad que ya ha cambiado y que por eso mismo está destinada a resultar perdedora [...] son tiempos en los que, por el hecho de problematizarse, la vida ya no existe como valor central para el hombre ético.

Se advierte el «declive trágico de nuestra experiencia»[14] y se plantea el problema de cómo salvarla de ese equilibrio que paraliza las decisiones y disipa las energías, favoreciendo el «claroscuro» de la existencia. Ciertamente, los hombres son todavía, por lo general, reticentes ante lo trágico, ya que aspiran simmelianamente a las delicias de lo indeterminado, de lo desconocido y de la aventura:

Pues detrás de cualquier pared rocosa cuya pendiente no pueden superar florecen para ellos paraísos insospechados y eternamente inalcanzables. Para ellos la vida es ansiar y esperar, y lo impedido por el destino se convierte de un modo fácil y barato en riqueza interior del alma. La vida no le dice nunca al hombre dónde terminan sus corrientes; donde nada se consuma todo es posible. Pero el milagro es la consumación.

Por el contrario, en la decisión trágica, en un solo instante despojado de temporalidad se concentra y toma forma el sentido de la vida. Entonces el individuo se alcanza y se encuentra a sí mismo. En esta *Selbstbegegnung* –en este «encuentro con nosotros mismos», como lo llamará Ernst Bloch– el centro inmóvil y atemporal de la existencia se entrevé en la luz de un relámpago de discontinuidad respecto a la existencia experimentada como un recorrido vacío. La muerte y el límite se convierten en factor de cristalización definitiva, dan significado a la vida, la fijan de una vez para siempre. Y es precisamente la experiencia del límite la que despierta el alma a la «egoidad», a la autoconsciencia, para impedir que se evapore en el aire, que se disperse en mil riachuelos sin desembocadura visible.

Así pues, la tragedia nos arranca de las orillas de nosotros mismos y nos conduce al centro: «En la vida corriente los hombres realizan sólo la periferia de sí mismos». La tragedia constituye el milagro que permite a lo definitivo entrar en la vida; que evita la disolución de todas las cosas en variaciones:

> Empieza en el momento en que fuerzas enigmáticas arrancan la esencia del hombre, le obligan a ser esencial, y su marcha no es más que una revelación progresiva de ese único ser verdadero[15].

En la tragedia, la culminación de la vida se alcanza en la disolución y en la muerte. En ella lo esencial es

> que una vida adquiera su propia expresión en el ocaso, en la ruina, que lo máximo de la vida se pueda alcanzar sólo en la muerte y que este momento sea representativo de la vida típica [...]. La tragedia hace conscientes los procesos vitales, de modo que se siente un gozo embriagador cuando somos capaces de verlos en transparencia y conseguimos comprender su necesidad[16].

Contra la esperanza, explícitamente rechazada, la tragedia reduce las aperturas y las indeterminaciones de la existencia a una univocidad irrevocable, a la experiencia de un límite insuperable. Es necesario saber negar la existencia para alcanzar la vida, ser capaces de repudiar la realidad empírica para conseguir lo que es inmutable y encerrado en sus límites:

> Pues los hombres aman de la vida lo atmosférico, su indeterminación, cuya oscilación no termina nunca y tampoco se extiende nunca hasta el extremo; aman la gran incertidumbre como canción de cuna monótona y adormecedora [...] Pero los hombres odian lo inequívoco y lo temen. Su debilidad y su cobardía se detendrán a acariciar toda inhibición que venga de fuera, todo obstáculo que dificulte su camino[17].

El horror del estancamiento

Bergson, Simmel o el joven Lukács se insertan en este vasto programa de búsqueda de nuevos lenguajes e, indirectamente, de revitalización de una civilización. Están próximos a Verlaine, a los Debussy o al *art nouveau,* participan del *plus ultra* de las vanguardias, se unen alrededor de la individualidad y la continuidad agredidas, tienen un sintomático horror por el estancamiento, enfermedad mortal también de una economía que ha de avanzar para no sucumbir. Pero no son ellos los únicos que participan de esta profunda inquietud.

Después de los años de la Comuna de París y de la «gran depresión», en muchos de sus contemporáneos se abre camino la idea de que la autorregulación del mercado se acabó, y de que el gobierno de las masas está a punto de empezar, de que, en circunstancias extremas pero no improbables, nos vemos obligados a pasar bajo las horcas caudinas de la más rígida y coactiva reglamentación, o bajo las de la anarquía económica y social. La «mano invisible», de smithiana memoria, parece cansada de intervenir siempre para remediar lo que está mal hecho, transformando los vicios privados en públicas virtudes y el egoísmo en beneficio colectivo. La relativa espontaneidad de los comportamientos individuales ya no produce automáticamente el presunto interés general; ya no se da armonía entre el «libre» actuar de los individuos y de las clases y el progreso del «devenir social». La visibilidad de los procesos se ha enturbiado: entre la acción y el resultado previsto ha entrado como una cuña el azar, lo imprevisible, el elevado cociente de riesgo. Sólo el resultado, una vez consumados los hechos, podrá establecer si los medios se adecuaban a los fines. La eficacia presupone una convalidación a posteriori. En términos gnoseológicos: entre el pensamiento y sus objetos ya no hay correspondencia y la «verdad» ya no se puede concebir como *adaequatio* de la cosa al intelecto. Como mucho, conocer puede significar dominar, manipular, organizar el mundo con fines prácticos, de mando o de supervivencia. Habiendo muerto también Dios –para muchos sectores sociales–, acaba por desaparecer la necesidad de una teodicea, de una justificación de Dios mediante la exhibición del orden del mundo.

¿Qué hacer? Urgen nuevos modelos. Se puede actuar sobre dos registros (por separado o, mejor aun, en combinación entre ellos o con otras técnicas): 1) aumentando la dureza y minuciosidad del control social, de la disciplina externa e interna (por medio de mecanismos de interiorización ética, política o terrorista de determinadas reglas y obligaciones); 2) promoviendo el desarrollo de las fuerzas productivas, movilizando las energías individuales de las clases dirigentes y llamando a las armas a las reservas de la conciencia. En el primer caso, debemos recurrir a una planificación cuidadosa y despersonalizadora, «espacializadora», en el sentido de que se deben neutralizar las conciencias desviadas de aquellos que no tienen interés o voluntad de participar en esta reestructuración. En el segundo caso, la conciencia que puede pensarse a sí misma, una vez perdida su espontaneidad social, en parte ideológica, busca dentro de sí una espontaneidad al cuadrado, un desarrollo exponencial que parta del reencuentro de su propia base idéntica. Esta espontaneidad más potente, que es creación de lo nuevo, halla su *pendant* en un campo aparentemente lejano, pero que obedece a las mismas líneas de fuerza de un proyecto social general: en la *Teoría del desarrollo económico* de Schumpeter, de 1911. Oponiéndose a los teóricos del equilibrio económico general (Walras, Pareto), proclama la necesidad del desarrollo, basado en innovaciones producidas por la voluntad de éxito, por la combatividad y por la «alegría de crear» de grandes individualidades; los emprendedores, los capitanes de la industria. Éstos rompen el «flujo circular», la rutina económica normal, y la sustituyen por la dinámica del desarrollo. Por lo general, los hombres, con el fin de ahorrar energía, viven, sin tener conciencia de ello, en un universo de repetitividad, de costumbres:

> Esto deriva del hecho de que [...] cada conocimiento y cada costumbre, una vez adquiridos, permanecen tan sólidamente fijados en nosotros y tan indiscernibles por parte de los demás elementos de nuestra persona como un carril de vía férrea sobre el terreno. No necesitan ser renovados ni conscientes, en cambio se hunden en los estratos del subconsciente[18].

Los emprendedores dan la vuelta a esta actitud.

Innovar para no caer en el estancamiento y en la regresión; desarrollar la conciencia (al menos de algunos) y mantenerla vigilante para no dejarnos reabsorber por la inercia y la dispersión. Éstas son las consignas para exorcizar el peligro del carácter precario de esa «civilización» y de esa conciencia. En efecto, basta que la conciencia se relaje para que revele su labilidad. En el sueño, en la *rêverie*, en los estados crepusculares y patológicos se puede observar su desaparición, su carácter superfluo para la vida orgánica. Es una adquisición filogenéticamente más reciente, que todavía no ha echado raíces sólidas, que no puede competir con la estabilidad de los organismos biológicos y de la «memoria orgánica». La conciencia y la civilización son fenómenos intermitentes: pueden situarse temporalmente entre paréntesis por una molestia psíquica o por un conflicto mortal. En estos términos se expresará también Freud en las

Consideraciones actuales sobre la guerra y la muerte, de 1915. Advertimos en estas afirmaciones la percepción histórica indirecta de la crisis y del equilibrio precario no de la civilización en general, sino de esa forma específica, la idea de que la obnubilación de la conciencia está ya latente dentro de cada uno de nosotros, al igual que lo que podemos definir el «mal salvaje», el primitivo guarecido en la caverna de la conciencia y dispuesto a tomar la iniciativa apenas bajamos la guardia. Se advierte, cada vez más claramente, y por varios lados, que la idea de una recaída en la barbarie es posible e incluso inminente, que el progreso y los hábitos de racionalidad antes vigentes ya no están garantizados y quizá ni siquiera son deseables.

Así, Georges Sorel se ve llevado a reflexionar sobre los cursos y recursos viquianos de la historia y a suponer –a causa del empantanamiento de la lucha de clases en el reformismo– la vuelta a la *ingens sylva* de la sociedad capitalista moribunda. Sin la utilización de unos mitos que realcen artificialmente el nivel del choque, se da estancamiento y no transición a una civilización superior. En la «nueva metafísica» de la Edad Moderna, que ya no se basa en el reflejo de las presuntas estructuras objetivas del mundo, el mito es producto de la voluntad de creer, constituye una máquina que captura y articula, en nuevas combinaciones siempre renovadas, las energías inconscientes y las emociones de los hombres ante acciones o movimientos sociales. No está anclado en ninguna prueba de realidad o de coherencia lógica, sino en la coherencia fantástica, en el respeto de los deseos de rescate, de las pasiones, de las aspiraciones y de las luchas de las multitudes ante la inminencia de cambios radicales:

> Los hombres que toman parte en los grandes movimientos sociales se imaginan su acción inmediata en forma de batallas que conducen al triunfo de su causa [...] en este sentido la huelga general de los sindicalistas y la revolución catastrófica de Marx son mitos[19].

El reforzamiento del cuarto estado, la difusión de la alfabetización y el aumento del número de «intelectuales», la voluntad de las masas emergentes de participar activamente en la organización social y política son para muchos una nefasta nivelación de los hombres, el desencadenamiento de la anarquía sin rostro promovida por los socialistas. También Pareto concibe de esta manera el papel de los intelectuales pequeñoburgueses que forman el aparato de los partidos socialistas:

> El proletariado intelectual de los inadaptados, que en parte se originan en la instrucción pública, errónea y estúpidamente decidida por la burguesía, se dirige a la conquista del Estado y de los bienes de la burguesía[20].

Y Le Bon anuncia una nueva era de desórdenes, de inseguridad:

> El advenimiento de las masas marcará quizá una de las últimas etapas de las civilizaciones occidentales, una vuelta a los períodos de confusa anarquía que preceden al florecimiento de nuevas civilizaciones.

Para suerte de quienes saben guiarlas, las masas son manejables (Mussolini dirá haber leído innumerables veces la *Psicología de las masas* de Le Bon), pues

> se hallan más o menos en la situación del durmiente, cuyas facultades racionales, momentáneamente en suspenso, hacen nacer en la mente imágenes de extrema intensidad que pronto se disiparían si interviniese la reflexión[21].

Los jefes, los *meneurs de foules*, poseen un secreto para hacer que los sigan, aun cuando parece que sólo prometen ilusiones y mentiras. En realidad, venden lo más valioso: la esperanza. Mirando hacia atrás, hacia su propia infancia, Le Bon halla el origen de sus convicciones sobre la superioridad de la sugestión irracional respecto de los argumentos racionales y del correspondiente concepto de realidad. En efecto, cuando era niño llegó a su pueblo un buhonero, un mago vestido con ropas brillantes. Daba por poco dinero un remedio contra todos los males, un elixir capaz, además, de garantizar la felicidad a los compradores. El farmacéutico local –hombre «enjuto, delgado y severo»– no pudo convencer a nadie de que se trataba de simple azúcar:

> Pero, por favor, qué valor podían tener las palabras de aquel tendero envidioso contra las afirmaciones de un mago cubierto de oro, detrás del cual tocaban cuernos unos imponentes guerreros? [...] Lo que el mago vendía era el elemento inmaterial que guía el mundo y que no puede morir: la esperanza. Los curas de todos los cultos, los políticos de todos los tiempos, ¿han vendido, acaso, algo diferente?[22].

De la manipulación de las cosas se pasa a la manipulación «científica» de los hombres, a la utilización de la energía libre y potencialmente subversiva de las masas, con vistas a finalidades que le son ajenas. La inteligencia, la voluntad, la capacidad de organización y de previsión de las élites debe concentrarse, intensificarse, para poder guiar instrumentalmente esta energía de nexo todavía ciega (quizá durante poco tiempo ya); debe mantener una separación permanente respecto a la cultura y a las adquisiciones de las masas, darse prisa. El progreso —siempre que sea sostenido— lo es de forma paroxística o conectado con la destrucción, la muerte regeneradora. Con estos ropajes aparece, llevado al extremo, en los venenosos pero reveladores elogios marinettianos de la velocidad, de la máquina y de la guerra. A diferencia de Bergson, aquí la máquina no es el producto de la inteligencia entorpecedora, sino el modelo del hombre del porvenir y la sensual compañera del presente:

¿No habéis observado nunca a un maquinista cuando lava con amor el gran cuerpo poderoso de su locomotora? Son las caricias tiernamente minuciosas y sabias de un amante que acaricia a su mujer adorada. Se ha podido constatar en la gran huelga de los ferroviarios franceses que los organizadores del sabotaje no consiguieron convencer ni siquiera a un maquinista de que saboteace su locomotora. Esto me parece absolutamente natural. ¿Cómo uno de estos hombres habría podido herir o matar a su gran amiga fiel y devota, de corazón ardiente y dispuesto: su hermosa máquina de acero que tantas veces había brillado de voluptuosidad bajo su caricia lubrificante? [...] Hay pues que preparar la inminente e inevitable identificación del hombre con el motor, facilitando y perfeccionando un intercambio incesante de intuiciones, de ritmo, de instinto y de disciplina metálica, absolutamente ignorado por la mayoría y sólo adivinado por los espíritus más lúcidos[23].

En la disciplina metálica y en la identificación con el motor dispensador de energía la clase dominante obtiene una nueva legitimación. Modernizando el apólogo de Menenio Agripa, se puede decir que el «estómago» de la propiedad de la tierra, que habría redistribuido el alimento a los «brazos» de la plebe, es sustituido por el «motor» del capitalismo industrial, que transmite el movimiento a los órganos mecánicos de la «mayoría». La innovación pasa a través del control riguroso, la aniquilación de todo lo que se juzga «viejo», incluida la guerra, la lucha contra la «poderosa muerte, atlética y untada de tinieblas»[24]. También los objetos comienzan así a cambiar de forma. Se terminan las sinuosas formas del estilo modernista; el mundo vegetal, con el que gustaba recubrirse un industrialismo que se avergonzaba todavía de sí mismo, se ha secado; el empuje se ha acorazado, se ha hecho rígido en las secas geometrías de los objetos de serie y de las armas.

Convergente en parte con las posturas expuestas, encontramos en Italia la filosofía de Giovanni Gentile, que tanto peso ha tenido también por razones extrateoréticas. Había comenzado con una interpretación en sentido activista del marxismo –praxis como producción subjetiva del hombre, educación del educador (de una interpretación suya de la tercera de las *Tesis sobre Feuerbach* de Marx), unidad de maestro y discípulo– para llegar a una concepción, más neofichtiana que neohegeliana, del movimiento espiritual y a la adhesión al fascismo como heredero del Risorgimento y antagonista del atomismo individualista atribuido al liberalismo. En él, el pensamiento es un acto que nunca puede objetivarse del todo, que incesantemente debe englobar la alteridad, consumiendo incluso las escorias empíricas e individualistas. Es energía que se descarga y se degrada después de cada detención (aquí, realmente, «quien se detiene está perdido»: nos hallamos en plena guerra de movimiento) y que, aun así, resurge perennemente de sus propias cenizas.

En el verano de 1943 –después del 25 de julio y antes del 8 de septiembre, entre la caída de Mussolini y el momento crucial de descomposición de las instituciones– Gentile expresa uno de los puntos más elevados de su pensamiento en *Génesis y estructura de la sociedad*. Con el *pathos* de quien ve alejarse la realización de sus ideales, elabora una vez más el tema del «Estado ético». Lo considera la meta suprema a la que tiende una comunidad y, al mismo tiempo, el instrumento de la fusión completa y sin residuos de los individuos en un todo orgánico, la sólida red que instituye y mantiene los vínculos de solidaridad entre los ciudadanos de una determinada nación. Ante el individuo, el Estado asume el papel que para san Agustín tenía Dios en el alma de cada uno de nosotros, de ser «más íntimo a mí mismo de lo que yo lo pueda ser a la parte más íntima de mí» y «más alto que mis más altas facultades» (véase *Confesiones* III, 6, 11). Por esto –dice Gentile– aquél no se realiza en el mero *inter homines esse,* sino que vivie también y sobre todo *in interiore homine.* Nosotros somos el Estado.

Sin embargo éste contiene asimismo un elemento de alteridad, de superioridad, con el que se choca necesariamente. La suya es una autoridad que parece limitar arbitrariamente con mi libertad hasta que, tras la lucha, no comprendo el nexo escondido por el que el individuo se desarrolla de modo paralelo al Estado. «En el fondo del Yo hay un Nosotros»: éste es el motivo constante, que se despliega en numerosas variaciones y modulaciones. En la base del Yo se halla «una especie de socialidad originaria»[25], que lo ancla y lo estabiliza en su identidad que, en caso contrario, sería insegura y móvil (porque, aun queriendo, el individuo no conseguiría nunca ser «este Yo», átomo aislado y único, el Único en el sentido de Stirner). El individuo es parte de la *societas*, a cuya vida contribuye. Todos llevamos dentro nuestro propio *socius*, y todo pensar es dialogar, simultáneamente, consigo mismo y con el otro por sí mismo, que no representa sólo un huésped pasajero, que no sólo está en nosotros, sino que es Nosotros. En la dialéctica concreta de lo «particular» y lo «universal» (dos entidades abstractas, si se consideran por separado), el individuo no es pura libertad, lo mismo que el Estado no es pura constricción. Sin embargo, la proclamada identidad entre particular y universal, entre libertad y autoridad resulta dudosa en Gentile. La naturaleza del Estado ético consiste, en efecto, en no conceder al sujeto, al Yo, ninguna autonomía real respecto del Estado. De este modo, la autoridad ahoga la libertad, el Nosotros ahoga al Yo. Mejor dicho, al individuo se le prohíbe la posibilidad de una efectiva negación, de innovación, de lucha y de decisión autónoma fructífera: todo queda avocado, en última instancia, a la majestad del Estado.

2. Hacia nuevas evidencias: filosofía y saber científico

El pensamiento matemático

Frente a esta estrategia teórica que disuelve y difumina el mundo, que coloca el acento en la duración, la velocidad, el acto puro, que privilegia el momento psicológico, subjetivo, constructivista, se sitúa una estrategia complementaria y contemporánea, basada en la descripción tersa y minuciosa de los fenómenos, considerados en su estructura, así como en su manifestación espacial o social y en la dependencia del sujeto respecto a la datidad inmutable que se impone por autoevidencia o constricción externa. Para comprender la diferencia entre estas dos líneas podemos recurrir a una comparación: mientras que la primera insiste en las funciones dinámicas, los fundidos, las superposiciones y todos los artificios técnicos subjetivos del film de lo real, la segunda se detiene más bien en el análisis cuidadoso de cada fotograma y se interroga sobre los procedimientos específicos de su construcción. En este último caso tenemos, a fin de cuentas, una recuperación, a un nivel más elevado, de la temática de la objetividad del conocimiento, una puesta en evidencia del carácter constrictivo que poseen ciertos datos y ciertas relaciones respecto al sujeto. El positivismo ingenuo, en su día, ya había tratado de resolver el problema de la objetividad basándose en el concepto de «dato»: los datos serían exhibidos ante todos y sólo habría que recogerlos con método, ordenarlos adecuadamente y exponerlos. En este proceso el pensamiento y la interpretación aparecían como aditivos no reconocidos, susceptibles de alterar la pureza cristalina de los hechos, mientras que la historicidad de los paradigmas perceptivos, lingüísticos y teóricos ni siquiera se examinaba, y asumía de modo naturalista un aspecto eterno. El sujeto era una esponja que absorbía el mundo. Pero cuando se constató que los datos y los objetos son el resultado de operaciones complejas; que la propia percepción sensible es una modalidad de estructuración; que existen múltiples órdenes posibles de organización de los datos; cuando también las «ciencias exactas» se vieron obligadas por su propia dinámica interna a abandonar la llamada de la intuición y se dieron cuenta de que los datos estaban subordinados a los parámetros de los sistemas observados elegidos, entonces pareció que el saber había perdido toda relación con la realidad, que toda certeza y evidencia inmediata habían pasado a mejor vida.

Incluso ciencias como la geometría y la aritmética, que durante miles de años de historia no sólo habían «demostrado su valía» sino que se habían convertido en un modelo aceptado para otras ramas del saber, manifestaban una profunda crisis de identidad. Su propio desarrollo, tan rápido, parecía casi perturbador y no podía remitirse a criterios unitarios de inteligibilidad (también aquí el impulso hacia adelante implica una pérdida de visibilidad de los fundamentos y exige un esfuerzo para recuperarlos, para volver a su origen y comprender sus movimientos). Como había sucedido ya con los números imaginarios, se constataba ahora la fecundidad operativa de determinadas construcciones, sin que, aun así, pudiésemos darnos cuenta plenamente de los motivos del éxito. De este modo, la negación del quinto postulado de Euclides –«en un plano, por un punto externo a una recta *r* se puede trazar una y sólo una paralela a *r*»– legitimaba de manera desconcertante otras geometrías «no euclidianas», que funcionaban perfectamente, en las que la intuición sensible normal quedaba fuera de juego: en las construcciones de Lobachévski y de Bolyai pasan infinitas paralelas por un punto externo a una recta; en la de Riemann, ninguna. Ya no hay geometrías más «verdaderas» que otras (porque se ha podido demostrar que el espacio sujeto a las leyes físicas de la teoría einsteiniana de la relatividad general no es euclidiano), y todas han de coexistir en una realidad pluralista. Cae así la idea de un espacio natural, representable intuitivamente, isomorfo respecto al euclidiano, y se acrecienta la separación entre la experiencia sensible común y la ciencia, que parece despegar hacia atmósferas extremadamente enrarecidas y constituirse en universos de reglas regidos solamente por la coherencia interna. Parece que la evidencia ya no procede de la referencia a un patrimonio colectivo de modalidades perceptivas y argumentativas, sino que se constata a niveles más profundos, presupone primero una separación traumática de aquél y un salto en dirección a lenguajes especializados, sectoriales, discontinuos, en los que la evidencia se presenta finalmente ante los iniciados. Así como al que entra en una orden monástica se le pide que abandone el mundo y que sienta y piense de otra manera, al que entra en la ciencia se le pide que sacrifique la intuición inmediata y que renuncie a las actitudes que antes eran naturales. Se le exige esa mirada que penetra más allá de los fenómenos exteriores, que se expresa tan eficazmente en un cuento taoísta: el duque Mu de Chin ruega a Po Lo que le encuentre un caballo extraordinario, pero éste, que ya es viejo, le recomienda a un amigo, Chiu-fang Kao, del que dice que es el mejor experto en caballos; pasan tres meses y Chiufang anuncia que ha hallado un corcel soberbio, al que ha dejado en Shach'iu:

«¿Qué clase de caballo es?», preguntó el duque. «Ah, pues es una yegua de color pardo grisáceo», fue la respuesta. Pero cuando fueron a recogerlo ¡descubrieron que el animal era un semental negro como la noche! Muy disgustado, el duque hizo llamar a Po Lo. «Ese amigo tuyo -le dijo-, al que había encargado que buscase un caballo, ha organizado un buen lío. ¡No sabe ni siquiera distinguir el color ni el sexo de los caballos! ¿Qué puede saber de caballos?». Po Lo suspiró satisfecho. «¿Se ha portado así de verdad? -gritó-. Pues entonces es diez mil veces más capaz que yo. No hay comparación entre nosotros. Lo que le interesa a Kao es el mecanismo espiritual. Para garantizar lo fundamental se olvida de los detalles más corrientes; preocupado por las cualidades interiores, pierde de vista las exteriores. Ve lo que quiere ver y no lo que no le interesa. Él ve las cosas que hay que ver y deja las que no tienen ninguna importancia. Kao es un juez tan competente en materia de caballos que lleva en sí las cualidades para juzgar cosas que son todavía mejores que los caballos». Cuando el caballo llegó, no hubo ya ninguna duda, era realmente excepcional[1].

El recorrido desde la ignorancia hasta el saber matemático ya no es tan relativamente plano como en el *Menón* platónico, donde también un joven esclavo inculto, si se le guía oportunamente, puede llegar a demostrar el teorema de la duplicación del cuadrado. Los entes matemáticos se han multiplicado y sus relaciones recíprocas se han hecho intrincadas. Podemos recorrer varios caminos para llegar a comprender la nueva situación, pero todos ellos presuponen un reforzamiento de los procesos fundacionales en un plano lógico o una reformulación de las nociones de intuición, evidencia y datidad (a veces estos recorridos se entrecruzan). En el terreno de las matemáticas en general se asiste, pues, a intentos altamente complejos de búsqueda de las bases comunes mediante una conexión entre matemática y lógica –atribuyendo un significado diferente a la objetividad de los entes matemáticos–, mediante estrategias de formalización que prescinden de la «verdad» objetiva de tales entes o mediante el descubrimiento de nuevos procedimientos intuitivos.

En la primera dirección van Cantor, Frege y el Russell del período anterior a 1914, que habían defendido la objetividad de los entes matemáticos, su ser platónicamente independientes de nuestro pensamiento. Así, al fundar una teoría lógica de la aritmética (considerada ya una ciencia, sin dificultad, la que se empieza a enseñar a los niños), Cantor conecta su concepto de «conjunto» a la idea platónica o al *miktón* (lo aglomerado, lo compuesto) del *Filebo*[2]. Y Frege, en su polémica con los defensores de la lógica psicologista, como Benno Erdmann, puede decir:

> Yo reconozco un campo de lo objetivo no real, mientras que los lógicos de la escuela psicológica sostienen que lo no real es en sí mismo subjetivo. Y aun así no se entiende por qué recóndito motivo lo que tiene consistencia independiente de quien juzga debe forzosamente ser real y resultar capaz de actuar inmediata o mediatamente sobre el sentido[3].

Una proposición matemática no deja de ser verdadera cuando yo ya no la pienso, «como el sol no deja de existir cuando cierro los ojos»[4]. Russell, que había creído, con Frege, en la realidad de los números que pueblan «el reino sin tiempo del ser»[5], es categórico cuando afirma la existencia platónicamente real de los números:

> La aritmética debe descubrirse exactamente en el mismo sentido en que Colón descubrió las Indias Occidentales y nosotros no podemos crear números del mismo modo que Colón no creó a los indios[6].

A través de la matemática la objetividad del saber se salva de la destrucción de la certeza sensible anterior y del arbitrio subjetivo y convencionalista, pero se ve obligada a transportarse hacia una región en la que el hombre ya no tiene poder de intervención, facultad de crítica. El matemático es el escribano fiel de leyes no humanas, y el infinito actual cantoriano no sólo es declarado exento del «panteísmo» del que fue acusado, sino que se sitúa en relación con el *infinitum creatum* divino de la tradición cristiana[7]. El hombre debe aceptar estas verdades no sensibles y no psicológicas que se imponen por sí mismas, fuera del pensamiento concreto, de la experiencia y de la historia. A través del platonismo renovado, la certidumbre indiscutible del «dato» positivista queda restaurada al cuadrado, es sustraída al cambio.

Aun así, el deseo de fundamentar la matemática sobre bases lógicas produjo no pocas dificultades. Relegada la referencia a la intuición, a la experiencia y a la psicología, y abandonada únicamente a la prueba de la coherencia interna, la razón matemática parece empantanarse en paradojas lógicas insolubles, análogas a las del clásico del Mentiroso de Eubulides que dice «yo miento» (esta afirmación ¿es verdadera o falsa?). Ya Cantor, en 1895, se había percatado de que su teoría de los conjuntos contenía una antinomia, pero fue Russell quien localizó en el quinto axioma de los *Grundgesetze* de Frege una contradicción paralizadora, la llamada precisamente antinomia de Russell, o de la clase de todas las clases que no son elementos de sí mismas. Tres años más tarde, en 1905, Julius König demostraba la fiabilidad de la teoría cantoriana de la fusión en un *aleph* de la consideración cardinal y ordinal de los conjuntos. De este modo, la relación misma entre lógica y matemática corría el riesgo de entrar en crisis. Frege se consolaba, en la posdata del segundo volumen de los *Grundgesetze*, diciendo que su situación no era peor que la de los demás: *Solatium miseris, socios habuisse malorum*. Pero la reflexión sobre este atolladero no dejó de tener resultados y llevó a Russell a la formulación de la «teoría de los tipos» (perfeccionada posteriormente con la «teoría ramificada de los tipos»), para la cual, con el fin de evitar las antinomias provocadas por la autorreferencia o «reflexividad» de las proposiciones, se hace necesaria una jerarquía de los entes lógicos, de tal modo que toda función proposicional sea de orden lógico superior a sus argumentos, y cada clase de tipo lógico, superior a sus elementos. En los *Principia mathematica* –escritos en colaboración con Whitehead entre 1910 y 1913– Russell consiguió de este modo reunir en un corpus orgánico los principios de toda la matemática.

En el mismo frente de la formalización de la matemática se mueve también David Hilbert. Pero éste no cree, como Bolyai, en la «virginal verdad» de sus entes, ni tampoco los hipostasia en términos realistas: se muestra satisfecho por la «seguridad» ofrecida por los sistemas formales no autocontradictorios. Desde los *Fundamentos de la geometría* de 1899 hasta los *Fundamentos de la matemática* (obra escrita con Paul Bernays entre 1934 y 1939) persigue la finalidad de crear sistemas axiomáticos no contradictorios (entendiendo los axiomas como postulados que establecen el sentido de símbolos que de otra manera serían indefinidos) que permiten la derivación mecánica de fórmulas, apoyados por una metamatemática que tiene la tarea de comprobar la solidez lógica de toda la matemática. Pero no se trata, para él, de renunciar a la intuición en cuanto tal –se puede seguir aunque sea de modo subordinado este método, como enseña su *Geometría intuitiva* de 1932–, sino de pensar con plena conciencia, sin presuponer espacios naturales o correspondencia ontológica entre aparato axiomático y mundo:

> Proceder axiomáticamente no significa, en este sentido, sino pensar con consciencia. Antes, en cambio, cuando no usaban el método axiomático, los hombres creían ingenuamente en varias conexiones como dogmas. La axiomática elimina esta ingenuidad, pero nos deja todas las ventajas de la creencia[8].

En contra de todas las doctrinas logistas y formalistas se sitúa el «neointuicionismo» de Brouwer y de Heyting, según los cuales la matemática está basada en la intuición del tiempo, «de la unidad en la diferencia, de la persistencia en el cambio». Y no en la intuición sensible como la del espacio, ni en las verdades lógicas, que son más bien producto de las prácticas constructivas que parten de los datos intuitivos, sino precisamente en esta inmediata intuición del paso de lo continuo. Brouwer admitía que un sistema formal no podía ser definido, por lo que no se vio en el mismo apuro que Hilbert, cuando Gödel pudo probar la existencia de límites en la demostrabilidad del carácter no contradictorio de los sistemas axiomáticos y la posibilidad idealmente infinita de construir metamatemáticas de orden superior a las que se mostraban en cada ocasión.

Los desarrollos de la matemática han sido posteriormente muy ricos, tanto en el planteamiento como en la apertura de territorios de búsqueda insospechados. Así, un grupo de matemáticos franceses (André Weil, Jean Dieudonné y otros), que se dio el nombre «colectivo de Bourbaki» y que comenzó a publicar en colaboración desde 1939, pudo sortear la oposición entre formalistas e intuicionistas insistiendo en la necesidad de sustituir los cálculos por las ideas y declarándose insatisfecho por la única exigencia del rigor. «Aunque la lógica –afirma Dieudonné– es la higiene del matemático, no le proporciona ningún alimento.» Por sus efectos sobre la reflexión epistemológica, entre los muchos resultados de los últimos decenios podemos recordar la expansión de la «matemática» pura en los campos de lo discontinuo y de la complejidad, como en el caso de la teoría de las catástrofes de René Thom, que analiza el repentino hundimiento de estructuras de equilibrio, o como en el del estudio de los objetos fractales, figuras geométricas muy irregulares, propuesto por Bénoît Mandelbrot. En cambio, en el ámbito de la «matemática aplicada» o, en todo caso, dependiente de la investigación extramatemática destaca la proliferación de nuevas ramas, debida en buena parte al enorme desarrollo de la informática (término que nace de la contracción, en francés, de *information automatique*) y también al surgimiento de la inteligencia artificial (disciplina que se propone construir máquinas inteligentes capaces de simular los procesos cognitivos de la mente humana o también, al contrario, de estudiar el pensamiento humano en analogía con los procedimientos efectivos, o algoritmos, de estas mismas máquinas). Sin contar los numerosos lenguajes formales, han surgido así, por ejemplo, la teoría de la matemática de la comunicación, iniciada por Claude E. Shannon y relacionada con el cálculo de probabilidades, y la computacional, que ha resquebrajado el concepto clásico de demostración. La incidencia en la filosofía y en las dinámicas sociales de los instrumentos de elaboración de la información y de simulación de facultades intelectuales y movimientos corporales humanos está a la vista de todos y su acción está muy lejos de haberse agotado.

La relatividad

Observando estos esfuerzos de la matemática para redefinir su estatus científico, podemos ver de forma estilizada la profunda agitación y preocupación social dirigidas a la reconstrucción de diferentes sistemas de coordenadas para interpretar lo real, redes de relaciones cuyos nudos están formados por «evidencias», por la identificación de puntos relativamente estables, de detención, en el ajetreo de los cambios. Gramáticas de la mirada, nexos sintácticos, campos de designación, hábitos de racionalidad, prácticas laborales se van estructurando penosamente de manera nueva. Queda superada definitivamente la cómoda imagen de la existencia de normas fijas, naturales, a la cual el conocimiento y los comportamientos humanos deben remitirse: el mundo parece repentinamente menos coherente, menos remisible a estándares de sencillez. El hecho es que también las normas anteriores eran producto de un complejo esfuerzo de sistematización de la realidad, pero se trataba de un esfuerzo prolongado, lento, hasta el punto de parecer casi inmóvil para el sentido común, para quien no tenía práctica del cambio conceptual. Pero ahora los cambios son macroscópicos, se efectúan bajo la mirada de todos, y la ciencia se hace cargo de ellos de forma más directa; actúa desde posiciones privilegiadas en el complicado juego de redistribución y recalificación de los roles y de las funciones sociales y transmite al «personal ajeno a la obra» no sólo los resultados simplificados de sus propias operaciones, sino el sentimiento mismo de la inestabilidad, de lo problemático de lo real. Los viejos polos de convergencia metafísica del todo (Dios, hombre y mundo), bajo los cuales se había enunciado la realidad, ya no resisten, se disgregan desde dentro. Los mecanismos sociales de focalización y de conexión de las cosas se han encasquillado en parte, están en reparación. La ciencia en conjunto, y no sólo la matemática, trabaja para ponerlos a punto y para adaptarlos a las nuevas circunstancias. Así, la imagen del mundo ofrecida por la física es sorprendente para el sentido común, da la vuelta a la idea de un universo siempre igual a sí mismo, independiente del sistema de referencia elegido para enmarcarlo y de la intervención del observador. A menudo está cortada en la tela de otros mundos posibles, que es lícito pensar sin contra dicciones y que sirven para medir la relatividad de los puntos de partida de toda investigación. Como en este universo pensado por Poincaré:

Imaginemos, por ejemplo, un mundo encerrado en una gran esfera y sometido a las siguientes leyes: la temperatura, no uniforme, es máxima en el centro y disminuye a medida que nos alejamos de él hasta reducirse al cero absoluto cuando se alcanza la esfera en la que está encerrado este mundo. Necesito ahora la ley según la cual varía esta temperatura. Pongamos que R es el radio de la esfera límite; y es r la distancia del punto considerado en el centro de la esfera. La temperatura absoluta será proporcional a $R2 - r2$. Supondré además que, en un mundo semejante, todos los cuerpos tienen el mismo coeficiente de dilatación, de modo que la longitud de un listón cualquiera sea proporcional a su temperatura absoluta; y, finalmente, que un objeto transportado de un punto a otro, cuya temperatura sea diferente, se ponga inmediatamente en equilibrio térmico con su nuevo ambiente. Nada en esta hipótesis es contradictorio o inimaginable. Un objeto móvil se hará, pues, cada vez más pequeño a medida que se vaya acercando a la esfera límite. Observamos, ante todo, que si este mundo está limitado desde el punto de vista de nuestra geometría habitual, les parecerá infinito a sus habitantes. En efecto, cuando éstos quieren acercarse a la esfera límite, se enfrían y se hacen cada vez más pequeños, de modo que nunca pueden alcanzarla[9].

Cuando, en 1902, Poincaré formulaba esta teoría, ésta sólo tenía un valor hipotético, debía corroborar sus tesis convencionalistas (sin embargo, es erróneo reducir, según la vulgarización de Le Roy, la epistemología de Poincaré al convencionalismo: las «recetas científicas» tienen también un significado teórico, de previsión, y además la convencionalidad no coincide con el arbitrio).

Apenas unos años más tarde, con las teorías einsteinianas de la relatividad restringida y de la relatividad general (de 1905 y de 1916), estos cambios, que parecen servir sólo para mundos imaginarios, se aplican también a nuestro mundo. Los conceptos de contracción de las longitudes y de dilatación de los tiempos relativizan la idea de una uniformidad absoluta de las medidas y de la existencia de sistemas de referencia absolutos: a un observador solidario con un sistema de referencia que se mueve a velocidad V respecto a otro al que se presume quieto un listón le parecerá más corto y un reloj más lento respecto a mediciones análogas efectuadas por el observador solidario con el otro sistema. No sólo el espacio sino también el tiempo y la noción de «simultaneidad» pierden el carácter absoluto que tenían en la física clásica.

Con todo, ya Galileo, en el *Diálogo sobre los dos máximos sistemas del mundo,* para explicar la relatividad de los movimientos, incluye el ejemplo de un barco que viaja de Venecia a Alepo. Las mercancías –«fardos, cajas y otros bultos» que están en la bodega– se mueven hacia Siria respecto del puerto de salida, pero no respecto del barco. En la llamada «relatividad galileana» cada movimiento es, pues, relativo al sistema de referencia adoptado. Se trata de una concepción del movimiento puramente cinemática y no dinámica. Es decir, que no se pregunta sobre las causas que producen, inhiben o modifican el movimiento. En Newton, en cambio, el problema consiste precisamente en determinar la naturaleza de las fuerzas, las cuales, en cada instante, modifican el movimiento inercial (rectilíneo y uniforme) que todo cuerpo abandonado a sí mismo tendría de manera espontánea. La fuerza de la inercia, asociada a conceptos absolutos de espacio y de tiempo, es, pues, lo que caracteriza la física newtoniana. En ésta el espacio actúa sobre los objetos, pero no viceversa, y existe independientemente respecto a éstos. El tiempo *verum et mathematicum* mide de manera absoluta todos los acontecimientos, estableciendo su simultaneidad o su sucesión. Mach había considerado que la postura de Newton sobre el tiempo absoluto era puramente metafísica: «Se tiene la impresión de que Newton aún está influido por la filosofía medieval». En efecto, afirmar que algo cambia con el tiempo significa decir «que los estados de una cosa *A* dependen de los estados de una cosa *B*». Pero dado que podemos elegir el sistema de referencia, se produce la «ilusión errónea» de que la referencia misma es esencial. Surge así la idea del tiempo absoluto y se confunde una abstracción metafísica con la realidad:

> No somos capaces de medir los cambios de las cosas refiriéndolos al tiempo. Por el contrario, el tiempo es una abstracción a la que llegamos precisamente a través de la constatación del cambio, gracias al hecho de que para la dependencia recíproca de las cosas no nos vemos obligados a utilizar una determinada medida[10].

Así pues, la teoría einsteiniana no se distingue de las teorías clásicas por haber introducido la idea de la relatividad, sino por haberla generalizado, por haberla hecho más compleja, insertándola en dispositivos conceptuales capaces de unificar campos del saber antes separados. Las grandes intuiciones de Einstein han sido las de demostrar cómo la inercia y la gravitación coinciden y cómo se pueden (y se deben) dejar a un lado las nociones de espacio y de tiempo absolutos. La teoría de la relatividad, como todos los modelos científicos, es, en efecto, una teoría de invariantes. Como constante natural, válida para cualquier sistema de referencia, queda sólo la velocidad de la luz en el vacío, según las ecuaciones formuladas por Maxwell en 1873. Este punto de vista contrasta con las leyes de la mecánica clásica, por la cual las velocidades de dos cuerpos que se mueven en dirección opuesta se suman, de modo que la luz que proviene de estrellas hacia las que la Tierra se acerca deberían poseer una velocidad mayor que la de estrellas de las que la Tierra se aleja. Si la velocidad de la luz es constante, serán variables los sistemas métricos. Como en ciertos cuadros de Dalí, en los que los relojes y reglas de cálculo son deformables y blandos y están «derretidos».

Un poco después (en 1908) Hermann Minkowski aplicará, a la teoría de la relatividad restringida, el llamado «cronotopo», un espacio cuasieuclidiano, cuatridimensional, constituido por la totalidad de los eventos (un evento que se verifica en el tiempo *t* en el punto *P* del espacio que tiene las coordenadas cartesianas *[x, y, z]* se representa, considerando al tiempo como cuarta dimensión del espacio, por medio de las coordenadas cronotópicas *[x, y, z, t]*). En la teoría de la relatividad general Einstein combinará el sistema cronotópico con el espacio riemanniano. También la diferencia entre materia y energía tiende a difuminarse en Einstein en la variación entre las distintas «densidades de campo».

La teoría de la relatividad, junto a la mecánica cuántica, representa una de las culminaciones del pensamiento científico del siglo XX (y, por los efectos de repercusión, también del filosófico). Sin embargo, a Einstein no podía gustarle el «principio de indeterminación» formulado por Werner Heisenberg, porque parecía poner en juego la perfecta calculabilidad del universo físico. En realidad, aquél niega solamente el «fantasma heurístico» de un modelo estático y rígido del mundo físico, de una descripción satisfactoria de la realidad de la que se excluya al observador con el fin de obtener la verdad en sí misma. En cambio, este principio se limita a afirmar que hay que elegir el modo de la descripción. En efecto, Heisenberg establece la imposibilidad de determinar –rigurosamente y al mismo tiempo– la posición de una partícula subatómica y su cantidad de movimiento. O se determina la primera (y la segunda queda sin determinar) o se determina la segunda (y queda sin determinar la primera). El observador perturba necesariamente, aunque poco, el objeto sobre el que conduce un experimento o una medición. Por recurrir a un ejemplo de manual, es como si quisiésemos establecer con total precisión la temperatura del agua caliente en la bañera. No podríamos hacerlo, porque el termómetro sustrae calor y, por tanto, modifica –aunque sea imperceptiblemente– la temperatura de la masa de agua. Sin embargo, esto no implica en absoluto que las leyes de la física se hagan inciertas, que se introduzca en la ciudadela de la ciencia el caballo de Troya de la irracionalidad. Simplemente quiere decir que las empresas cognoscitivas son más complejas de lo que estábamos acostumbrados a creer.

De esta complejidad se ha hecho intérprete, en años más recientes, Ilya Prigogine. En relación a la dinámica irreversible de las teorías clásicas y cuánticas, ha mostrado que el universo tiene también una historia y que el tiempo del mundo comparte con el tiempo del hombre el elemento fundamental de la irreversibilidad. Sin embargo, los fenómenos irreversibles –como los que estudia la termodinámica, en particular su segunda ley– no conducen necesariamente a un aumento de la entropía, del desorden, a la llamada «muerte por frío del universo». No se desarrollan, en efecto, en un sistema cerrado (es decir, que no absorbe energía del exterior, ni la cede), sino en un sistema abierto, «disipativo». Las fluctuaciones en su interior, las violaciones del equilibrio, producen así un nuevo orden, imprevisible pero rigurosamente analizable, que surge precisamente del desorden. Este planteamiento marca el final del determinismo, del triunfo de la necesidad, como había sugerido Laplace en el siglo XIX. No es cierto que, si conociésemos perfectamente el estado del mundo en un momento dado, seríamos capaces de predecir con rigor absoluto incluso sus estados futuros:

En la concepción clásica el determinismo era fundamental y la probabilidad era una aproximación a la descripción determinista. Hoy es al revés: las estructuras de la naturaleza nos obligan a introducir la probabilidad *independientemente* de la información que poseemos. La descripción determinista se aplica sólo, en efecto, a situaciones simples, idealizadas, que no son representativas de la realidad física que nos rodea[11].

Así, la distancia entre la presunta e inexorable fijeza de las leyes de la naturaleza y la inaprensible volubilidad del mundo humano tiende a reducirse. En distintos grados, la inestabilidad y la emergencia de lo imprevisto son comunes a ambas. Por consiguiente, puede recorrerse –aunque sea en perspectiva– el camino de una «nueva alianza» entre la naturaleza y el hombre, física y metafísica:

> Quizá nos estamos orientando hacia una nueva disciplina que heredará de la física la preocupación por el mundo, por la descripción cuantitativa, y de la metafísica clásica la ambición de una imagen coherente global que la incluya[12].

El espacio interior

Sujeto y objeto ya no se enfrentan entre sí, como en la física y en la metafísica clásicas, como entidades compactas que se desafían. Estos dos polos tradicionales se articulan, por el contrario, según esquemas de máxima complejidad y movilidad, en los que los choques son menos lineales y los antagonistas cambian continuamente de fisonomía y posición: se multiplican, se deforman, se enmascaran, abandonan en general la simplicidad operativa de las que Sartre llamaba «filosofías alimentarias», en las que el sujeto devora al objeto o viceversa. Y esto, naturalmente, no tiene que ver sólo con la vertiente del objeto que antes hemos considerado, la estructura del mundo físico, del «cielo estrellado» sobre nosotros, sino también con lo que se halla «dentro» de nosotros y que ahora se ve sondeado en sus aspectos más perturbadores por parte del psicoanálisis y de la nueva psiquiatría. Antes bien, en el psicoanálisis freudiano (al menos hasta

1924, en el artículo sobre *El problema económico del masoquismo*), la diferencia entre el sujeto y el objeto en el hombre, entre *res cogitans* y *res extensa*, psique y cuerpo, está muy atenuada, no sólo por la somatización de los conflictos psíquicos por lo que respecta a los síntomas o, pongamos, a las histerias de conversión, sino por el motivo bastante más relevante de que todo el aparato psíquico se considera en términos físicos, energéticos.

Aplicando a la psique humana el modelo helmholtziano del «sistema cerrado», Freud considera que hay una cantidad fija de energía psíquica que, en situaciones óptimas, se distribuye de manera equilibrada y puede circular fácilmente pero que, a veces, cuando su movimiento se ve dificultado, bloqueado, desequilibrado, taponado, se fija o se concentra en algunas zonas provocando sufrimiento o fenómenos «patológicos». Debido, precisamente, a que tal exceso de presión no se puede descargar hacia el exterior, hay que distribuir las cargas energéticas de manera diferente, dirigirlas hacia otras regiones, para aligerar los puntos más afectados. Las pulsiones, que no se pueden borrar, sufren así «vicisitudes» (remoción, sublimación, negación, etc.), que, bajo el perfil energético, son desplazamientos de cargas. Por ello, la terapia psicoanalítica no actúa sólo proporcionando al paciente la mera conciencia del origen de sus males, sino que produce también una dislocación de energía, eliminando las presiones energéticas –en forma, por ejemplo, de remoción– que impiden la transparencia de los propios conflictos. Al comienzo de la cura, más que ser una ayuda, el saber es más bien una fuente de angustia, el inicio de una batalla que moviliza todas las resistencias:

Es un concepto superado desde hace mucho tiempo (aunque a primera vista parece corresponder a la realidad) el que sostiene que el enfermo sufriría a causa de una especie de ignorancia, por lo que, si se elimina esta ignorancia informándole (sobre la conexión causal de su enfermedad con su vida, sobre los acontecimientos de su infancia, etc.), debería curarse. Este «no saber» no es el momento patógeno, sino la raíz de este «no saber» situado en las resistencias interiores, las cuales, en un primer momento, han provocado el «no saber» y lo siguen manteniendo todavía ahora. La comunicación de lo que el enfermo no sabe porque lo ha removido es sólo uno de los primeros medios de la terapia. Si el conocimiento del inconsciente fuese tan eficaz como creen los no expertos en psicoanálisis, bastaría, para curarse, con que el enfermo escuchase unas clases o leyese unos libros. Pero la eficacia de estas cosas sobre los síntomas es análoga a la que podría tener para un hambriento la lectura de unas listas de alimentos. Y la comparación podría extenderse más allá de su significado primitivo, pues las comunicaciones relativas al inconsciente suelen producir en el enfermo el efecto de que el conflicto se acentúa en él y las molestias aumentan[13].

Para interpretar estos conflictos y tratar de resolverlos, el psicoanálisis debe contar con la existencia de lógicas y espacios interiores distintos en su estructura psíquica: el *Es* [ello] del segundo tópico no conoce el tiempo ni la negación (el pensamiento se hace posible únicamente por el «no», revelado en la *Verneinigung*, o sea, en la aceptación sólo intelectual de lo removido por parte del paciente que permanece sobre el terreno del simple «saber»). La ausencia de la dimensión temporal en el inconsciente (y luego en el *Es*) implica la tendencia de las pulsiones a la inmortalidad, la coacción a repetir, el congelarse de un tiempo privilegiado en la edad de los primeros conflictos infantiles, que excavan el hueco por el cual van a discurrir los sucesivos.

En efecto, nuestro tiempo psíquico es complejo y está lleno de desniveles e hibridaciones temporales, porque en él coexisten –en tensión– dos modalidades del tiempo: la atemporalidad del *Es* y la temporalidad de la consciencia, la coexistencia y la sucesión. En la tradición filosófica estas dos dimensiones están separadas. Si tomamos una posición ejemplar, la de Leibniz, veremos de la manera más clara que el tiempo es el orden de la sucesión, mientras que el espacio es el orden de la coexistencia. En Freud, en cambio, el tiempo tiene, a la vez, las características del tiempo y las del espacio: «la sucesión implica también una coexistencia[14]». El primer resultado de importancia es que, de esta manera, el pasado convive con el presente; lo que ya ha sido, lo inmóvil, convive con lo que fluye, por lo que el tiempo psíquico es coexistencia de coexistencia y de sucesión, de pasado que no pasa y de presente que pasa proyectándose hacia el futuro o sedimentándose, es decir, coexistencia de lo que persiste y de lo que deviene. El segundo resultado es que en el tiempo hay copresencia de desarrollo y de conservación, de evolución y de inmovilidad. Esto explica la posibilidad de la regresión. En su devenir se conserva virtualmente todo. Nos damos cuenta de que

en la vida psíquica nada puede perecer una vez que se ha formado y que todo, de alguna manera, se conserva y que, en circunstancias oportunas, [...] cada cosa puede ser llevada de nuevo a la luz[15].

Si el organismo no está enfermo, todas las huellas mnemónicas se conservan, aunque estén sometidas a una continua reelaboración y reinterpretación, transcritas o «transliteradas» en el vocabulario y en la sintaxis de la «época de la vida» en la que nos encontramos.

En el interior del aparato psíquico tenemos, pues, un choque y una intersección de dinámicas pulsionales y de planos lógicos diferentes, con todas las torsiones, los paralelogramos de fuerza y las zonas de sombra que se derivan. También en el hombre, por así decir, existen espacios no euclidianos junto a las más visibles superficies euclidianas, espacios del *Es* estructurados según axiomas diferentes a los del Yo y el Superyó, aunque el Yo –y aquí está el aspecto nuevo del segundo tópico respecto del primero– sea también en parte inconsciente, y no posea en absoluto la pureza cristalina del *cogito* que de Descartes a Husserl se le atribuye. Y esto vale para todos los hombres, no sólo para los enfermos. Hay una «psicopatología de la vida cotidiana» indicativa de los microconflictos que operan en cada uno de nosotros y del esfuerzo individual y social destinado a la perpetuación de la «normalidad» o de la cantidad de energía que se emplea constantemente para mantener a raya lo removido y promover la «civilización». Se pone fin a la idea de una normalidad rígida y natural, del mismo modo que en otros campos hemos visto cómo se superaba el concepto de «norma». Lo patológico atraviesa ahora lo normal; el conflicto y la excepción impregnan la norma en un complejo cruce de códigos lingüísticos y comportamentales, en la oposición entre público y privado, lo que se puede revelar y lo que se debe esconder. La normalidad es una conquista continua, un estado nunca seguro porque lo patológico está dentro de nosotros.

Si Freud no cree en la posibilidad de alcanzar una vida psíquica satisfactoria (para él se pasa, como mucho, de una infelicidad patológica a una «infelicidad normal»), Carl Gustav Jung, en cambio, trata de recorrer esta vía. Por medio de una osada construcción teórica ilustra los escalones a través de los cuales se articula el proceso ideal de individualización que culmina en el ego, en la conquista lograda, en el vértice de la pirámide, de una consciencia de las propias fuerzas y de los propios límites. En la base de este majestuoso edificio se encuentra, sin embargo, el «inconsciente colectivo», con sus fascinantes pero al mismo tiempo amenazadores «arquetipos». Éstos tienen carácter universal y ubicuo, se encuentran en todos los pueblos y en todas las épocas, en los sanos y en los enfermos. Son, al mismo tiempo, emocionantes y peligrosos debido a que, por un lado, potencian al individuo pero, por el otro, corren el riesgo de aniquilarlo, reabsorbiéndolo en su anonimato y produciendo «la inflación del yo». Jung les reconoce una raíz orgánica, ya que no hay nada de raro en que ciertas funciones psíquicas se transmitan también a lo largo de eje del tiempo evolutivo:

Así como nuestro cuerpo conserva todavía en muchos órganos los residuos de antiguas funciones y de antiguas condiciones, del mismo modo nuestro espíritu, aunque en su desarrollo ha superado aparentemente esas tendencias arcaicas instintivas, lleva todavía las señales características de la evolución ya recorrida y repite el remoto pasado al menos en los sueños y en las fantasías[16].

Desde esta perspectiva, el arquetipo no constituye una representación heredada, porque no se transmiten los contenidos, sino la capacidad misma de representar. Sigue más bien

ciertos caminos heredados, es decir, el mundo innato en el que un polluelo sale del huevo, los pájaros construyen sus nidos, ciertas avispas pinchan con su aguijón el ganglio motor de la oruga y las anguilas hallan su camino hacia las Bermudas[17].

Éste es, de todos modos, el arquetipo biológico, distinto del que ocupa a la psicología, que lo considera una forma a priori (análoga a las categorías kantianas), molde vacío capaz de organizar la experiencia y de decidir las representaciones[18]. Éste se llena así de datos proporcionados por la existencia individual que, aun así, adoptan en su interior un carácter mítico y «numinoso», de revelación de algo inmenso, sea divino o demoníaco. Aunque peligrosa, la visión de los arquetipos abre al individuo resquicios de premonición y de emoción, en cuanto que moviliza, al mismo tiempo, el pensamiento y el sentimiento. Esto se nota en las obras de arte y en los «grandes sueños» (en los que más que una «satisfacción alucinatoria del deseo» freudiana se asiste a una consulta de cada uno de nosotros con las partes más oscuras de uno mismo que, aun cuando se comunican con lenguaje oracular, saben siempre más que la propia conciencia):

> Toda relación con el arquetipo, vivida o simplemente expresada, es «conmovedora», es decir, actúa porque desencadena en nosotros una voz más potente que la nuestra. Aquel que habla con imágenes primordiales es como si hablase con mil voces; aferra y domina, y al mismo tiempo eleva, lo que ha designado del estado de caducidad a la esfera de las cosas eternas; eleva el destino personal a destino de la humanidad y al mismo tiempo libera en nosotros todas esas fuerzas socorredoras que siempre han hecho posible que la humanidad pueda huir del peligro y sobrevivir incluso en las más largas noches[19].

En cambio, hacia otras direcciones se dirige la nueva psiquiatría pospositivista, iniciada por Jaspers en 1913 con la *Psicopatología general*, cuando –alejándose de su maestro Max Weber– afirma que toda acción y todo pensamiento están dotados de sentido. Una vez constatada la imposibilidad de descubrir un «bacilo de la locura» o lesiones orgánicas en las psicosis endógenas (y en concreto para el grupo de las que Bleuler ha definido «esquizofrenias»), considerada la inutilidad de la visión objetivante que tiende a catalogar, a entomologizar las distintas molestias, reduciéndolas a factores orgánicos y a etiquetas, comienza ahora el acercamiento de la psiquiatría a las filosofías más recientes, a Dilthey, a Bergson, a Max Scheler, del mismo modo que más tarde se referirá a Husserl, a Heidegger o a Sartre. Jaspers, que era al mismo tiempo psiquiatra y filósofo, es una figura emblemática de esta tendencia. La visión objetivante es altamente reductiva, tiende a reconducir a los fenómenos a una base natural, orgánica, sustancialmente inmóvil, creyendo así haber dado una explicación «científica». Transforma una sonrisa en una simple contracción de músculos. Interpreta la locura y el delirio como una negación seca de la razón y del discurso sensato, como alteridad impenetrable. La nueva psiquiatría, en cambio, situándose también en el terreno de las ciencias del espíritu, considera la incomprensibilidad del enfermo mental dentro de las relaciones interpersonales al igual que nuestra propia incomprensibilidad y opacidad recíproca en un grado más alto, y trata de sondear no su absoluta alienación, sino el proyecto de existencia del que es portador. Penetrar en estos mundos horrorosos de la locura, observar sus dolorosas figuras o las barrocas construcciones del delirio es un viaje de descubrimiento en los pliegues de la razón misma, una exploración de sus regiones más difíciles. Al igual que un cristal que, al caer y al exfoliarse según determinadas leyes, manifiesta planos de fractura latentes también en los cristales todavía enteros, el loco revela de forma evidente la existencia escindida de ese momento proyectual y proyectivo –de proyecto que involucra no sólo a la razón, sino también a la percepción sensible y a la tonalidad afectiva– que está presente en todos, más o menos incorporado a sus contenidos «reales». El enfermo mental revela con más evidencia el carácter de construcción según proyectos fundamentales que toda vida posee, y exhibe, agigantados, los desgarros presentes en todos, las posibilidades de fracaso latentes en toda existencia (por eso su visión y su contacto son perturbadores, fuente de angustia y de inseguridad: la «normalidad» se preserva escondiendo y aislando las «excepciones»). Pero al margen de los precarios equilibrios entre el momento «público», la pertenencia a un mundo y a un lenguaje común, y el momento «privado», la separación del proyecto fundamental de una vida respecto a una red perceptiva y comunicativa común –equilibrios que constituyen la gama de la «normalidad»–, están las irrupciones magmáticas del elemento proyectivo que se ha hecho autónomo, perturbado en su sintonización con la realidad y con los demás: entonces es cuando se escuchan voces que nadie más oye, se ven cosas que nadie más ve y los discursos se sustraen a los esquemas más corrientes, públicos, de desciframiento. Y no sólo queda afectada la razón, sino que se da también, podríamos decir, una locura de los sentidos: el tiempo tiende a congelarse o a invertir su dirección, el espacio tiende a contraerse, y el mundo, a recogerse en sí mismo.

Eugène Minkowski –desarrollando aquí la filosofía de Bergson– considera que la psicosis es una barrera del futuro vivida por el individuo, la flexión permanente del empuje hacia el mañana, el sufrimiento por una realidad que parece como bloqueada. Entonces el tiempo, perceptivamente, se solidifica o el enfermo ve que las agujas del reloj se mueven hacia atrás. O bien el espacio perceptivo, análogamente al espacio interior obstruido, se restringe, y el sujeto psicótico, conducido fuera, al aire libre, ejecuta obsesivamente, con estereotipias motrices, sólo unos cuantos pasos hacia adelante y hacia atrás o se encoge, adoptando la forma de un bulto espacial mínimo, como si quisiera anularse. Antes bien, podría decirse que la propia razón permanece íntegra en estas torsiones perceptivas y en esta imposibilidad de moverse hacia el futuro y expresa y describe con precisión el paisaje devastado que se percibe interior y exteriormente; una idea delirante «no es más, a fin de cuentas, que el intento del pensamiento que ha quedado intacto de establecer un nexo lógico entre las distintas piedras del edificio en ruinas»[20].

Así pues, los delirios tienen sentido, si somos capaces de reconstruir la génesis y la estructura de estos paisajes interiores y perceptivos, si somos capaces de traducir estas formas de privatización lingüística y experiencial en los términos de una lógica y de una concepción del mundo más amplias y complejas. La nueva psiquiatría de tintes existenciales adquiere un alto valor simbólico a nivel social y político porque, en vez de mostrar a los «desviados», los locos-delincuentes alejados de la norma (como hacía en Italia, por ejemplo, Lombroso), intenta más bien que se reconozca la desviación como algo íntimamente constitutivo de la propia norma, y al enfermo mental como el extremo de una vida deteriorada que todos, en grados distintos, padecen.

3. El *pathos* de la objetivación

Durkheim y Weber

Si la psiquiatría y la psicología no objetivantes corroían el concepto de norma y de legalidad rígida de los fenómenos, es decir, si ponían de relieve las variantes subjetivas y la multiplicidad de los proyectos individuales, en última instancia irrepetibles e inconmensurables, más que la posibilidad de atribuirlos a reglas generales, no por ello en las demás «ciencias humanas» se podía renunciar a las leyes. Así, en Durkheim, la sociología, que mantuvo estrechos nexos con sus matrices positivistas, delimita como una frontera externa el área de validez de la psicología y restablece la exigencia de una objetividad no sometida a refracciones y distorsiones individuales (cumple, desde fuera, esa misma función de garantía de la objetividad ante los temas individuales que el «realismo» de tipo platónico había tenido en el seno de las matemáticas). Subjetivamente, los individuos pueden actuar por los motivos más dispares, pero el resultado de sus actos, el hecho social, obedece a una lógica propia, posee una obligatoriedad específica:

> Es hecho social todo modo de hacer, fijo o no, que puede ejercer una coerción exterior sobre el individuo; o, también, que es general en todo el ámbito de una sociedad dada y que, al mismo tiempo, tiene una existencia propia, independiente de sus manifestaciones individuales[1].

Esto significa que el movimiento de estos átomos sociales que son los individuos no está tan completamente inconexo o indefinidamente diferenciado como parece por el lado psicológico, sino sometido a una forma apenas atenuada de necesidad, como la que estructura las limaduras de hierro a lo largo de las líneas de fuerza de un campo magnético o la que plasma la actuación individual según unas reglas, de tal modo que los hechos sociales «vienen a ser como unos moldes en los que nos vemos obligados a vaciar nuestras acciones»[2]. Por lo tanto, la esfera social tiende a adoptar un estatus diferente de la psicológica –debe estudiarse, para Durkheim, como colección de «cosas», es decir, no en fluidez–, y éste es el indicio de una relajación de las mediaciones entre individuo y colectividad. Por un lado la individualidad, rechazada en su soledad e insignificancia social en un mundo cada vez más organizado en el que cada persona es intercambiable, redescubre su propia complejidad y los amplios márgenes de incompatibilidad, de no absorbibilidad en el conjunto social, y por consiguiente enfatiza el carácter insustituible de su rol y el valor propulsivo de la diversidad y de la transgresión de la norma; y, por el otro, la sociedad en su conjunto se proclama independiente respecto a la aportación de los individuos aislados, los más exigentes, y afirma que es autónoma y que tiene, ella y no los individuos, los instrumentos de coerción, y que es el todo el que guía a las partes, y no al contrario. Aun cuando ciertas concepciones análogas de separación de la totalidad social respecto de los individuos han desembocado más tarde en ideologías totalitarias o «estadolátricas», en Durkheim (como en Croce o en Weber) no se trata de aniquilar la contribución de las individualidades, sino de disciplinarla, de llegar a un acuerdo con las nuevas individualidades complejas que se van constituyendo. Desde esta perspectiva, la sociología, comparada con la psicología, puede parecer como lo convexo respecto a lo cóncavo del mismo conjunto, como complemento del análisis de las funciones sociales e individuales, como distribución de los campos de investigación. Y, en Durkheim, puede parecer acentuación del elemento cooperativo fundamentado en la división del trabajo o, más íntimamente, en el carácter social, de «representación colectiva» que tienen los conceptos. El pensamiento, el órgano de la más elevada comunicación entre los hombres, no es un producto individual que reacciona químicamente sobre otros productos individuales, otros pensamientos, sino que es, al nacer, elemento social del que se apoderan los individuos y que adaptan, traducen e incrementan (y sólo ahora, con el conocimiento de tales procesos, recupera la psicología sus derechos).

Circula en la cultura europea de estos años –en demasiados ambientes geográficos y disciplinarios como para ser una mera casualidad– la exigencia de combatir el vitalismo psicologista anclando al individuo en la acción, en el hecho social, es decir, en el momento en que se objetiva, se conjuga activamente con el mundo y produce efectos constatables. Es, pues, la actuación humana lo que da sentido en Weber a un universo que en sí mismo carece de él, asignando «valores» a la realidad, objeto de los fines humanos, y construyendo instrumentos y medios para conseguir estos fines. La única ciencia posible es la de los medios, no la de los valores, entre los cuales se registra un conflicto, un «politeísmo» irremediable. De las diferentes formas de actuar con sentido (racional respecto a la finalidad, racional respecto al valor, pasional-emotiva, tradicional), el capitalismo desarrolla plenamente sólo la primera, confinando a la esfera privada y penalizando todas las demás. La racionalidad capitalista es puramente instrumental, basada en la eficacia, en la destrucción de las certidumbres tradicionales que frenan, en el control y el enfriamiento de la emotividad, en la puesta entre paréntesis del significado general de los demás valores. El Estado y la sociedad están organizados según los mismos criterios de la empresa capitalista y el mundo se ha desencantado porque se le ha privado de sus sustratos mágicos, se lo ha hecho más seguro, ordenado, calculable y científicamente comprensible. La religión –que ha sido el primero y más potente órgano de atribución de sentido al mundo y que, bajo sus ropajes calvinistas, ha generado el espíritu del capitalismo–, agotada su misión civilizadora, parece haberse retirado a la

3. El *pathos* de la objetivación

vida privada, convertida en instrumento de oscuro consuelo. En efecto, la realidad capitalista es muy dura, pero, según Weber, no se puede salir de ella, es una «jaula de hierro»; hace falta mucho valor para vivir tras sus barrotes, para contentarse con la sobria vocación del trabajo, de la profesión *(Beruf)*.

Pero el *pathos* con el que carga los momentos de la objetividad y del obrar fecundo no debe hacer perder de vista el aspecto subjetivo, la ética –de origen neokantiano– de la responsabilidad del individuo, hoy tremendamente solo en el esfuerzo de hacer coincidir la máxima de su actuación con la «legislación universal». Contrariamente a lo que podría pensarse, el peso de la subjetividad no disminuye en este mundo férreamente estructurado por la razón formal, por la ciencia, por la fábrica, por la burocracia, sino que crece paralelamente con respecto a éste. Cada uno de nosotros debe elegir, debe seguir «al demonio que maneja los hilos de *su* vida»[3] (y no al «jefe carismático»), sin amoldarse a un relativismo escéptico (puede que al de un historicismo invertebrado), sentirse como si se vieran las cosas desde la barrera o refugiarse en los brazos misericordiosos de las antiguas iglesias. Contra el relativismo, el laxismo y el misticismo, Weber insiste en mostrar –junto a los argumentos de orden ético– el carácter no indeterminista de nuestro conocer y actuar en el mundo. Los «tipos ideales», los conceptos con los que interpretamos la realidad poniendo en evidencia unilateralmente sólo algunos de sus aspectos son el resultado de drásticas opciones, de construcciones irreales, «escenas fantásticas», útiles para conocer y dominar (¡no para reflejar!) el mundo, producción de estructuras normativas de naturaleza lógica, desligadas de los «juicios de valor». Pero no son arbitrarios, mejor dicho, son objetivos al ser intersubjetivos y funcionan científicamente en cuanto que operan por medio de nexos causales. Polemizando con los deterministas, Weber niega la existencia de una causalidad absoluta, de una concatenación rígida de los hechos, típica de algunas posturas positivistas o del determinismo económico de ciertos exponentes de la Segunda Internacional, pero del mismo modo y con la misma fuerza rechaza el indeterminismo absoluto de un Eduard Meyer, que asigna un papel preponderante a la casualidad, a lo imprevisible, a la decisión individual y a la libertad de acción. Entre casualidad y necesidad existe un amplio espacio de gradación de lo posible. Apoyándose en los modelos del cálculo de probabilidades, en particular en los de Johannes von Kries, Weber elabora una teoría de la historia y de la acción humana que puede quedar clara con el ejemplo elegido por él mismo: si lanzamos un dado un número de veces suficientemente alto es absolutamente imposible saber con certeza cuál de los seis números saldrá en cada tirada; las posibilidades quedan distribuidas por igual en la frecuencia 1/6 para cada una de las caras del dado. Pero si trasladamos el centro de gravedad del dado, si usamos un dado «trucado», entonces podremos contribuir en cierto modo a que salga un número determinado. El traslado del centro de gravedad del dado es por lo tanto la «causa adecuada» para el paso de la casualidad absoluta a la previsibilidad, al sentido. También la acción humana dotada de sentido es una modificación análoga de la casualidad. Para comprender una acción individual o un acontecimiento histórico debemos, pues, proceder a imputaciones causales, desmontar los fenómenos e imaginarlos con o sin premisa alguna, utilizando la irrealidad de los «si» y de los «pero» para explicar lo real, para establecer el grado de contribución de un elemento a todo el conjunto.

De Croce a Gramsci

Contrariamente a Weber, los «si» y los «pero» no constituyen para Croce el criterio de la interpretación histórica. Precisamente porque en él es fuerte el *pathos* para el momento de la objetivación, de la incorporación determinada de nuestras acciones en el mundo, es ocioso preguntarse qué habría sucedido si los hechos se hubiesen producido de otra manera. Esta pregunta es un

jueguecito que solemos plantearnos en nuestro fuero interno, en los momentos de ocio o de pereza, fantaseando sobre el camino que habría tomado nuestra vida si no hubiésemos encontrado a una persona que hemos encontrado, o no hubiésemos cometido el error que hemos cometido; en él nos tratamos con desenvoltura, como si fuésemos el elemento constante y necesario, y no pensamos en cambiar también este nosotros mismos, que es el que es en este momento, con sus experiencias, sus añoranzas y sus fantasías, precisamente por haber encontrado entonces a esa persona dada o por haber cometido ese error: sin embargo, reintegrando la realidad del hecho, el jueguecito se interrumpiría sin más y se desvanecería[4].

La imposibilidad de formular previsiones para el futuro, el fin declarado de todo teleologismo y de toda filosofía de la historia (entendida como historia intencional), el respeto por la crudeza de los hechos y por la actuación de potencias ingentes y transindividuales, el precipitarse y el devenir irrevocable de la acción del individuo en los grandes torrentes de los acontecimientos del Todo, dejan espacio sólo para el reconocimiento del pasado. Pero esto no significa aceptar la necesidad ineluctable del curso de la historia incluso para el presente y para el futuro. Antes bien, empujados por las siempre nuevas necesidades prácticas que surgen continuamente, por el deseo de eliminar las oscuridades y los fantasmas que se interponen en la acción, de quitarnos de encima la servidumbre y el peso del pasado, lo interrogamos y lo hacemos contemporáneo «casi como cuando se dice que ciertas imágenes de cristos y vírgenes, heridas por las palabras y por los actos de algún blasfemo pecador, echan roja sangre»[5].

A través de la reflexión la filosofía –que es «metodología de la historiografía», conocimiento de ese «universal concreto» que está presente en todo acontecimiento– conseguimos comprender cuál es el sentido de la investigación histórica, del reconocimiento objetivo, mediado por documentos y testimonios, de lo que ha sido. La investigación histórica de los historiadores y la que cada uno lleva a efecto para reconstruir el significado de su propio comportamiento allanan el camino de la libertad, entendida como conciencia de la necesidad, cognición de las posibilidades reales del actuar, que por tanto excluye la aceptación pasiva de los acontecimientos lo mismo que el deseo de pasar por encima de los condicionamientos y las barreras de lo real sin enfrentarse a ellos. Convirtiendo el pasado en conocimiento, comprendiendo lo que se agita oscuramente en nosotros y en el mundo, estamos preparados para realizarnos, para convertirnos cada uno de nosotros en un creador de historia, en una «religión de las obras» que recuerda la ética weberiana de la vocación, del *Beruf*. Sólo lo que se objetiva, lo que se pone en relación con la actividad de los demás y deja alguna señal, tiene valor permanente: no los conatos impotentes, pues, no las fanfarronadas, no las distintas formas de «parálisis de la voluntad» que debilitan el ánimo, no la palabrería.

Por ello el arte debe ser «expresión», no reivindicación de una nebulosa interioridad que sería demasiado noble y profunda como para convertirla en lenguaje; debe ser comunicación, conocimiento, y no turbio sensualismo o instrumento de propaganda política y religiosa. Y la filosofía debe ser conocimiento efectivo de lo universal concreto y no recopilación de abstracciones útiles, de etiquetas, como Croce tiende a considerar, simplificando las posturas convencionalistas, corrientes también entre los científicos. Por ello los actos «económicos» deben ser realizados con buena conciencia, sin mezclar prejuicios morales (la categoría de lo «útil» y de lo «vital», esta fuerza «verde» en la que sitúa la herencia de Maquiavelo, de Marx, de los marginalistas y de la *Machtpolitik* de su tiempo, será la que más obligará a Croce a modificar sus esquemas teóricos, el elemento desestabilizador y ctónico que acechará al Olimpo del «Espíritu», la doctrina del equilibrio general de los «distinguidos»). Por ello, finalmente, las acciones morales no son actos sin cuerpo, etéreos, altruismo puro que apunta hacia un mundo superior diferente del nuestro, sino volición de lo universal que tiene como presupuesto la volición de lo individual, es decir, acciones dirigidas al interés general, de las que se beneficia cada individuo y que presuponen el abandono temporal del aun así lícito egoísmo individual. La vida del «Espíritu» es precisamente esta realización incesante del movimiento del Todo a través de las obras de los individuos, que no son sino funciones subordinadas de esta totalidad y se hacen «inmortales» en sentido laico y tienen valor sólo si se aceptan conscientemente como el material de construcción de una historia que se eleva por encima de sus cabezas, más allá de sus intenciones (son claramente visibles aquí el antipsicologismo de Croce y el carácter de un liberalismo no precisamente individualista):

Cada uno de nuestros actos, apenas realizado, se separa de nosotros y vive una vida inmortal, y nosotros mismos (que en realidad no somos más que el proceso de nuestros actos) somos inmortales, porque haber vivido es vivir siempre[6].

Nosotros somos vehículos, «pavesas», de esta enorme potencia del Todo, cuya dirección se nos escapa y que no podemos juzgar, aunque debemos recibirla «como si fuera un misterio»[7]. Estamos rodeados de organismos monstruosos a los que estamos obligados a plegarnos,

a esos Leviatanes que se llaman Estados, a esos colosales seres vivientes de vísceras de bronce, a los que tenemos el deber de servir y obedecer, y éstos, por su parte, tienen buenas y profundas razones para mirarse con malos ojos, para morderse y desgarrarse los unos a los otros, para devorarse, teniendo en cuenta que sólo así se ha movido hasta ahora, y así básicamente se moverá siempre, la historia del mundo[8].

Pero éste es nuestro único mundo, en el que quizá sufrimos, pero en el que se hallan los objetos de todo deseo, pasión, interés y conocimiento. En realidad, no querríamos el mundo que prometen las religiones: estamos indisolublemente ligados a nuestra naturaleza terrenal, a esta inmanencia (éste es el significado de la expresión «historicismo absoluto» y uno de los motivos que Gramsci tomará de Croce). Y debemos sumergirnos en él valientemente, aceptar el riesgo, la posibilidad del sufrimiento, las desilusiones y las amarguras:

¿Merece la pena vivir, cuando nos vemos obligados en cada instante a tomarnos el pulso y a rodearnos de pañitos calientes y a evitar toda corriente de aire por temor de las enfermedades? ¿Merece la pena amar, pensando y aprovisionando siempre a la higiene del amor, graduando las dosis, moderándolas, tratando, por turno, de abstenernos por ejercicio de abstinencia, temerosos de sacudidas demasiado fuertes y de desgarramientos en el futuro?[9].

En esta perspectiva incluso el mal pierde su aspecto sustancial. No es que se quiera abolir la conciencia o que, como en Vico, la filosofía nos salve de la angustia por «las esposas que paren» o por los «hijos que languidecen a causa de la enfermedad», pero aquél no tiene existencia ni poder autónomo separado de lo positivo. El mal lo sentimos como tal, y entonces no lo realizamos, o bien no lo es, y entonces se hace el bien: el jugador del ejemplo, en el momento en el que sabe que va a perjudicarse económicamente, no juega: su mano se detiene, y se detiene porque *saber* (en un sentido práctico) equivale a *querer*, y conocer el perjuicio del juego significa conocerlo como perjuicio, es decir, significa que el juego repugna. Si la mano vuelve a tomar los dados o las cartas, esto ocurre porque en él se elude ese saber, es decir, porque cambia ese querer; y en este caso el juego ya no se constata como daño, sino que es querido; es decir, en ese instante, vuelve a ser para él un bien porque satisface una necesidad[10].

La filosofía crociana es eminentemente una pedagogía política, el intento de educar a una clase dirigente italiana para que esté a la altura de sus tareas y adquiera una envergadura europea. Su invitación a la sobriedad, a la laboriosidad, a la seriedad es, políticamente, una invitación a abandonar las veleidades y sueños de gloria nacionalistas y colonialistas, a sacrificar los aspectos flojamente retóricos y el desenvuelto *trasformismo** que esta burguesía arrastra desde hace siglos, a eliminar las peores escorias conciencialistas, la palabrería y la cerrazón local para sumergirse activamente en los acontecimientos

---

* En origen, es el método de gobierno adoptado por el político A. Depretis en Italia a finales del siglo XIX, consistente en utilizar, sin prejuicios, a personas y grupos políticos para impedir la formación de una verdadera oposición. Por extensión, praxis política oportunista que se adapta a lo que conviene en cada momento. (*N. del T.*).

mundiales, a hacer suyas de manera subordinada algunas exigencias del movimiento obrero siempre que −claro está− se adecuen a la racionalidad burguesa. El proletariado,

> si quiere imitar de verdad a la burguesía en lo que se refiere a acabar con una sociedad vieja, debe tener la fuerza y la capacidad de imitarla también en los métodos severos de la demolición y de la reedificación. Son condiciones que impone la historia, y con su observancia, el socialismo es tan poco temible como todo lo *necesario*[11].

Por el contrario, el proletariado atraviesa todavía una fase pasional burda de su vida política, pero por otro lado la política es por esencia pasión, racionalización económica de intereses sectoriales, que prescinde de todo supremo valor moral y se justifica en sí misma. La previsión marxiana de una lucha de clases que termina con la desaparición de éstas es para Croce una utopía moral sometida a los cantos de sirena de la diosa Justicia. En cambio, el modelo filosófico de los «distinguidos» trata de mantener un equilibrio entre las clases y los bloques de intereses contrapuestos, de evitar giros drásticos y violentos. La idea de una «libertad» −hegemonía sin dictadura evidente− como garantía de que ninguna clase prevalecerá sobre las demás por medio de la violencia favorece sin duda, en términos gramscianos, la «revolución pasiva», la simple racionalización del dominio existente y el compromiso incluso con fuerzas preburguesas como la Iglesia. Con ésta hay una especie de tácita división de esferas de influencia: las élites al Estado laico y liberal, que las forjará de manera austera y eficaz; las masas a una religión que es una forma de filosofía inferior, pasional, que mantendrá al «pueblo» en la obediencia y en la pasividad. Hay aquí una implícita declaración de incapacidad para controlar extensos sectores sociales y para hacer que participen, incluso en tiempos largos, en una actividad histórica más amplia.

Como interlocutor de Croce, Gramsci tratará de dar la vuelta a este esquema, de plantear el problema y preparar los instrumentos que permitan participar a todos como protagonistas en la construcción de la historia y de las instituciones. Sobre todo después de 1917 la burguesía atraviesa un período de crisis profunda de hegemonía: la relación de fuerzas se ha modificado en favor de la clase obrera, que ya no se ve constreñida a la pasividad fatalista o a la rebelión sin salida, como cuando padecía la iniciativa del bloque histórico dominante. Ahora es capaz de dirigir las fuerzas productivas y conducir estados; ya es políticamente mayor de edad. Es necesaria una sólida «voluntad colectiva» para llevar a cabo la transición y un nuevo «sentido común» para elevar a las grandes masas al nivel de la ciencia y de las formas de vidas modernas. Y esto es más necesario en Occidente, donde la «sociedad civil» está extremadamente articulada para la protección del «Estado político»; la lucha será larga, será una enervante «guerra de posiciones». Para resistir la ofensiva proletaria y evitar la caída tendencial del tipo de utilidad o beneficio, los estados se reorganizan, tratan de involucrar directamente a todos los ciudadanos en la defensa del sistema vigente, capturando el consenso o consiguiéndolo con la coerción. Hay que aprender los métodos más elaborados del enemigo, no hay que dejarse sorprender sin preparación o retrasados en esta revolución que se cuece «a fuego lento», hay que abandonar el primitivismo económico y mecanicista anterior y desarrollar la capacidad de previsión y de guía de los acontecimientos, llamando también a los intelectuales para que colaboren en esta empresa histórica y acortando continuamente las distancias que se forman entre las líneas estratégicas de las cúspides y la capacidad de comprensión y de recepción de las bases.

El historicismo gramsciano quiere ser la estructura teórica para enfrentase a esa situación histórica determinada de lucha y de transición, erizada de desequilibrios, tensiones, puntas adelantadas y bolsas de atraso (en las que relacionar, por ejemplo, el norte industrial y el sur campesino, la alta cultura de la tradición burguesa y las creencias mágicas o el folclore de los sectores subalternos, la filosofía y el mito, el desarrollo de las fuerzas productivas, incluso a través de la aplicación de sistemas tayloristas, y los obstáculos interpuestos por las relaciones de producción atrasadas o arcaicas). Pero no se trata de un historicismo «suave» o, como se ha dicho, de «izquierda crociana», por mucho que Gramsci haya tomado tantas cosas de Croce (y de Gentile) como Marx de Hegel; por medio de los desequilibrios, la atención hacia el concreto desenvolvimiento de los acontecimientos, el esfuerzo para eliminar la división entre dominadores y dominados, la historia debe ser transformada según un proyecto de emancipación colectiva, no contemplada ni adorada como un misterio inescrutable y cruel en su incomprensible y eterna esencia. Su historicismo es tan radical e inmanente que lo que hoy, en esta concreta situación histórica, es verdad podrá dejar de serlo y lo que es falso podrá, en cierta medida al menos, ser verdad:

> Podemos incluso llegar a afirmar que mientras que todo el sistema de la filosofía de la praxis puede hacerse caduco en un mundo unificado, muchas concepciones idealistas, o al menos algunos aspectos de éstas, que son utópicas durante el reinado de la necesidad, podrían convertirse en «verdades» después, etc.[12].

El historicismo –interpretado por Togliatti– ha desempeñado una función relevante en la cultura italiana de la segunda posguerra mundial. Ha constituido el puente que permite el tránsito del idealismo a un tipo de marxismo que en Italia había tenido que saltarse una generación. En contra de cualquier «abstracción jacobina» ha puesto en evidencia los obstáculos, los bloques, la especificidad, lo concreto de cada situación histórica, la necesidad de calibrar el pensamiento sobre la realidad, de tener en cuenta las relaciones de fuerza impuestas por la situación internacional. El valor casi «neorrealista» de lo concreto, del nexo con las situaciones históricas y económicas determinadas, se hace fundamental. Hay que reconocer las ventajas y las desventajas de nuestro tiempo, evitando refugiarse dentro del ámbito cerrado y enmohecido de nuestra propia conciencia o dimensión privada. Contra el idealismo y el espiritualismo y contra la retórica fascista, deseamos que la filosofía vuelva a descender del cielo de las ideas puras y entre en las casas y en la vida de los hombres.

En esta marcha hacia una especie de «vía italiana al racionalismo» se trató de obtener, en efecto –bajo la égida de la política–, un entrelazamiento de historia y utopía. Una historia dinamizada, vertebrada y nervada por un fin utópico (el de la emancipación) debería haberse conjugado con una utopía frenada, que debía tomar en consideración los vínculos y las posibilidades, las barreras y los huecos para forzarlas. Son precisamente estos dos elementos los que se han ido disociando luego progresivamente, sustrayendo a la historia su finalidad en las filosofías de lo postmoderno y a la utopía su lastre de condicionamientos históricos, para que así vuelva a ser tendencialmente un género literario.

4. Los desniveles de la historia

El historicismo de Dilthey

Muy diferente había sido la implantación teórica del historicismo de Dilthey, que había estimulado las reflexiones y las críticas tanto de Weber como de Croce. También aquí el acento recae en la objetivación de obras individuales en un mundo humano dotado de sentido, que es el producto de su actuación pero que, al mismo tiempo, es también lo que las plasma y en cuyo interior se hacen comprensibles. Todo lo que surge de la actividad espiritual lleva la marca de la historicidad:

De la distribución de los árboles en un parque, el orden de las casas en una calle y el instrumento del trabajador manual a la sentencia del tribunal, todo está a nuestro alrededor, a todas horas, históricamente acaecido. Todo lo que el espíritu aporta hoy de su carácter a su propia manifestación de vida es mañana, cuando está delante, historia. Mientras el tiempo avanza, nosotros estamos rodeados de las ruinas de Roma, de catedrales, de castillos independientes. La historia no es algo separado de la vida, no es algo diferente del presente por su distancia temporal[1].

Nosotros nos alimentamos de este «espíritu objetivo», de esta historicidad, desde la infancia, aun antes de aprender a hablar: absorbemos las costumbres de la familia y de la comunidad, el orden de las cosas, los signos y las expresiones del rostro. Y luego, mientras avanzan los años, una vez que nos hemos adueñado del lenguaje, una vez que hemos comprendido el significado de muchas actitudes, pensamientos, instituciones, conseguimos orientarnos en este mundo que ya se ha hecho nuestro y al que contribuimos, pero que es fruto de todas las generaciones que se han sucedido hasta ahora. Por esta razón –por la «comunidad» que existe y que une a quien ha expresado algo a quien lo puede oír– la historia y las demás «ciencias del espíritu» tienen un estatus especial que las distingue de las ciencias de la naturaleza. La naturaleza nos es extraña, no la hemos hecho nosotros, es algo externo a lo que se da aplicación causal; la historia es obra nuestra, en ésta el sujeto del saber es idéntico a su objeto, y podemos «comprender» en «conexiones dinámicas», con relación a fines y valores, el sentido de sus acontecimientos, a través de la experiencia interior que los hace revivir, el *Erlebnis*, y la interpretación que los descifra y los reconstruye. No importa que hayamos vivido directamente o no la experiencia o la emoción que se trata de comprender. Antes bien, la historia y otras ciencias

95

del espíritu nos enriquecen y nos universalizan porque nos hacen partícipes de esas infinitas experiencias y combinaciones que los inevitables límites de la vida individual hacen personalmente inaccesibles:

Se abre el escenario: aparece Ricardo, y un alma penetrante puede, siguiendo sus palabras, sus gestos y sus movimientos, revivir algo que está fuera de toda posibilidad de vida real. El bosque fantástico en *Así es si así os parece* nos traslada a una disposición anterior, la cual nos permite reproducir toda excentricidad. Y en este revivir se halla una parte importante de la adquisición de cosas espirituales, de las que somos deudores respecto al historiador y al poeta. El curso de la vida produce en cada hombre una constante determinación, en la que se ven limitadas las posibilidades que están contenidas en ella [...] El oír, el saber, le abre un amplio campo de posibilidades, que no existían en las determinaciones de su vida real. La posibilidad de vivir inmediatamente en mi existencia estados religiosos es para mí, como para la mayor parte de los hombres de hoy, muy restringida. Pero cuando leo las cartas y los escritos de Lutero, las narraciones de sus contemporáneos, los actos de las conferencias religiosas y de los concilios como los de la narración oficial, yo vivo un proceso religioso de esta fuerza eruptiva, de esta energía, que en la vida y en la muerte está más allá de toda posibilidad de *Erlebnis* para todos los hombres de nuestros días[2].

Dilthey se muestra preocupado por la rigidez y la petrificación del mundo histórico, teme que los contextos de sentido ya no puedan ser descifrados por el individuo y que la experiencia histórica tienda a convertirse en cosa, en pasado incomprensible. Resulta un objeto que no tiene objetivo para nosotros, que es indiferente. El carácter de fijeza le hace perder su dimensión cambiante en base a razones demostrables. La historia tiene que servir a la potenciación de la vida, a reconstruir artificialmente la tradición. Aquélla parece tener que asumir también una tarea terapéutica, la de revitalizar una experiencia marchita, la de dar una tregua a una individualidad que se siente asfixiada por los mecanismos objetivos de la producción de sentido y por la complejidad, pero que al mismo tiempo ya no cree en las filosofías de la historia que prometen un curso de las cosas que sostiene el avance del sujeto sobre la cresta de su ola. El impetuoso desarrollo a través de las contradicciones presentado por la dialéctica se ha reducido a evolución. La continuidad y la viscosidad del movimiento histórico, su falta de cortes netos, ya se han aceptado. Ahora se trata ya de hacer intervenir al individuo, con el pretexto de seducción ofrecido por una potenciación del *Erlebnis*, en el mantenimiento con vida y la reproducción de los universos simbólicos y de sentido y, al mismo tiempo, en la conservación de la vitalidad social. Debemos hacer fructificar el espíritu objetivo en el doble interés del individuo y de la comunidad. A través de la mediación de la historia, el presente adquiere una tonalidad vital más intensa. Lo que aparece en universos simbólicos inertes debe ser reactivado mediante la comprensión típica del «círculo hermenéutico», el *Verstehen* (tratado en el ensayo de 1900 titulado precisamente *Hermenéutica*). Éste consiste en el juego abierto de anticipación del sentido global de un determinado problema, que, sin embargo, vuelve sobre sí mismo continuamente y rectifica siempre la comprensión por medio de una reorientación y un nuevo examen de las partes.

Por medio del *Verstehen* cada uno de nosotros puede vivir otras vidas paralelas a la suya, puede imaginarse dotado de varias biografías posibles, que multiplican las posibilidades. Porque, en efecto, el yo no es monolítico, sino que es como un tejido formado por mil hilos: es más robusto cuantos más hilos (o sentido, tomado de otros) es capaz de englobar. La historia ya no tiene sólo la tarea de determinar lo que ha ocurrido realmente, sino de entreabrir los universos de sentido que corren el riesgo de permanecer mudos en el ámbito del «espíritu objetivo». Aquélla constituye el remedio de las limitaciones causales y necesarias de la vida. Revive y reactiva gérmenes que ya vivían dispersos en nosotros y abre la vida a las posibilidades, ampliándola más allá de sus límites estrechos. La comprensión es el antídoto de la cerrazón y del aislamiento de los individuos. La historia (y también el arte) es el principal instrumento de universalización del individuo pero, aun así, no borra su individualidad.

Dilthey quiere evitar, por un lado, el vitalismo, el aislamiento del *Erlebnis*:

> Por parte de la mediación histórica, y por el otro lado, la historia como objetividad, como inexorable movimiento objetivo no mediado por la conciencia y la donación y decodificación del sentido individual. Por eso no renuncia al nexo entre psicología e historia, entre subjetividad y objetividad, entre individualidad y universalidad. La psicología individual es el punto de partida y el punto de llegada del proceso

de «comprensión»: el conocimiento histórico es conocimiento de la individualidad, aun cuando (como aparece en *Contribución al estudio de la individualidad*) para llegar hasta ella sea necesario pasar a través de generalizaciones y tipificaciones. A su vez, el individuo es el cruce de caminos del mundo histórico, el único portador y creador viviente de estas relaciones fluidas que constituyen la historia. El ideal de Dilthey se expresa en su constante referencia a la cultura alemana del período anterior a 1848 (Schleiermacher, Hölderlin, Goethe, Hegel), a esa fase en la que se buscaba un equilibrio entre individuo y Estado, subjetividad y objetividad, y en la que no se resaltaban todavía y no se imponían tan duramente los «Leviatanes», como sucederá, en cambio, en la época de Bismarck y Guillermo con Treitschke, Weber o Meinecke. El «espíritu objetivo», producido por la prolongada acción modeladora de las subjetividades humanas, no se presenta como un ente extraño y hostil para éstas: existe la posibilidad de reapropiarnos de ellas, de impedir, a través de la «comprensión», que se hagan autónomas y se conviertan en formas amenazadoras. Dilthey traza las líneas de un proyecto de desalienación y fluidificación de las concreciones y las reificaciones sociales –análogo, en sus fines, al ideado por Bergson– que no pasa a través de la modificación colectiva y política de las instituciones, sino a través de miríadas de iniciativas individuales que tienden a revitalizar y dar sentido a una civilización que va haciéndose más rígida por medio de formas de organización estatal y económica cada vez más integradas y coercitivas. Su filosofía es al mismo tiempo un timbre de alarma y un programa de contratendencia: un intento de modificar la ruta de colisión entre los estados europeos que conducirá hasta agosto de 1914.

La creciente importancia, también política, del conocimiento del hombre en su vida individual y en la de relación, junto a la «crisis de los fundamentos» de las ciencias naturales, provocan la aparición de las «ciencias del espíritu» *(Geisteswissenschaften),* de las que es necesario establecer los caracteres diferenciales. Para gobernar a los hombres, así como para sustraerse al dominio, hay que conocerlos, verlos no como esencia eterna, natural, sino como seres modificados continuamente por la historia, es decir, por sí mismos. El hombre es «criatura del tiempo», de sí mismo: su obrar es inteligible sólo dentro de un mundo histórico específico que los circunscribe y cuyas reglas hay que reconocer. El reconocimiento de la dimensión histórica, además de revelar el deseo de retomar las riendas de un proceso que resulta guiado por fuerzas distantes y oscuras, tiene para Dilthey también un significado emancipador. Una vez demostrada la relatividad y la caducidad de toda expresión de la vida histórica, de toda estructura social y de todo valor, se ha dado «el último paso hacia la liberación del hombre»[3]. Pero lo que queda en ese relativismo historicista es sólo «la continuidad de la fuerza creadora como elemento histórico esencial». La historia se presenta así como un enorme taller abierto, en el que no existen verdades preconstituidas, sino –precisamente– *verum ipsum factum.* Todos pueden participar de forma creadora en la empresa colectiva según sus fuerzas. Visto así, el historicismo es también una forma de movilización de masas, un llamamiento para decir que la historia está abierta a todos, que ha cesado de ser un privilegio de los poderosos de la Tierra.

De nuevo, como en Bergson, todo se traduce en una indeterminada fuerza creadora: queda la perennidad del cambio, pero no localizamos la dirección, ni los agentes, ni la dinámica específica. Por otro lado, precisamente sobre esta creatividad del movimiento histórico, en contraste con la regularidad cíclica y repetitiva de la naturaleza (al menos en tiempos no larguísimos), se funda la división entre ciencias del espíritu y ciencias de la naturaleza, entre «comprender» y «explicar», entre «conexión dinámica» y causalidad. Dilthey, cuando reivindica, en contra del positivismo, la autonomía y la dignidad de las *Geisteswissenschaften* respecto de sus hermanas más afortunadas, al hacer que abandonen un complejo de inferioridad ya arraigado, contribuye a fijar la separación entre las «dos culturas» en un momento en el que, entre otras cosas, las ciencias naturales renuncian al concepto clásico de causalidad rígida y las ciencias del espíritu (con Weber, Durkheim y Freud) se alejan del vitalismo y del psicologismo del *Erlebnis* para acercarse de nuevo a un concepto de causalidad más sutil y elaborado. Es cierto que en Dilthey no hay jactancia ni espíritu revanchista respecto a las dificultades que entonces atravesaban las ciencias de la naturaleza. Ante la insinuante sospecha de que éstas pudiesen haber perdido su infalibilidad y hubiesen sido expulsadas de su trono y lanzadas en medio de la plebe de las otras formas de conocimiento inciertas y conjeturales, obligadas, como la filosofía, a volver a discutir una y otra vez, siempre, los mismos problemas, no siente la apenas disimulada complacencia de otros filósofos que, ignorando el momento de crecimiento de esta crisis, habían considerado llegado el tiempo de pasar al contraataque y de proclamar la restauración de la filosofía como «reina de las ciencias» (en efecto, sólo ella podría gobernar legítimamente en esta situación de desorden, ya que, por tradición, tiene familiaridad con el inestable dominio de las construcciones conceptuales, conoce su dinámica de las transformaciones y está acostumbrada a los «tiempos de miseria»). Dilthey se limita a dividir el reino del conocimiento y, a diferencia de Croce, concede un significado teorético, y no económico-práctico, a las ciencias de la naturaleza. Su concepción de fondo es que éstas tienen un contenido más constante de verdad, al tener que medirse con la realidad menos móvil y mudable a lo largo del tiempo que la cognoscible por las ciencias del espíritu.

Las otras humanidades: filosofía de la antropología

Si el historicismo proporciona a la cultura europea la profunda conciencia de haber cortado el cordón umbilical respecto de la naturaleza, y de haber convertido al hombre en hijo de su propia historia; si aquél relativiza en el tiempo y en zonas comparativamente restringidas ese cambio de valores y experiencias de los que tenemos que apoderarnos, la nueva etnología tiende a verificar la multiplicidad de entrelazamientos entre naturaleza y cultura (para subrayar, indirectamente, la presencia de la naturaleza también en la historia de los «países civilizados») y a relativizar en el espacio los valores y las experiencias. Del mismo modo que Freud había llevado a cabo la conquista y el saneamiento de ese «país extranjero interior» que es el inconsciente, así, entre oscilaciones y bandazos, la etnología procede al descubrimiento y absorción de esa humanidad distinta que con anterioridad había merecido la calificación de «salvaje», prescindiendo de que fuese buena o mala. En un mundo cada vez más interdependiente, en una historia que se amplía hasta alcanzar de manera estable –y no episódicamente– una escala planetaria, el etnocentrismo occidental demuestra ser restringido, miope; y el comprender la alteridad significa comprenderse a sí mismos. Bajo la corteza de civilización, bajo el espesor de la historia, siempre está presente en el hombre europeo ese elemento «salvaje» que había sido exorcizado en tiempos de la anterior dominación colonial. Ahora se empiezan a advertir las carencias del esquema unilineal que se remonta a Adam Ferguson (según el cual todos los pueblos deberían recorrer los tres escalones del estadio salvaje, de la barbarie y de la civilización), y también la inadecuación y ambigüedad del esquema evolucionista, propugnado de varias maneras por Spencer, Tylor y Frazer (para los cuales existiría desarrollo, de lo más simple a lo más complejo, de un «espíritu humano» uniforme en todas las latitudes). Ahora la atención se dirige a la relación diferencial entre la cultura y el racionalismo europeos, y la variedad, la pluralidad y la irreductibilidad, a un sistema unitario de las civilizaciones «distintas». El análisis comparativo del «pensamiento salvaje», aunque suele terminar reafirmando la superioridad del pensamiento civilizado, afecta y relativiza insensiblemente la fe en la eternidad metahistórica y en la ubicuidad de nuestra lógica. Croce consideraba inútil el estudio del pensamiento de los salvajes, de los niños y de los locos, desde el momento en que podíamos dedicarnos a estudiar el de un Kant. El hecho es que precisamente la búsqueda de estas alteridades descartadas expresaba la necesidad de volver a fundar, desde abajo, una nueva cultura global y nuevas formas de pensamiento que acogiesen y activasen lo que antes nos era ajeno y que ahora, al dilatarse los horizontes geográficos y mentales, debe convertirse en patrimonio común. El desarrollo por caminos interiores de los puntos más elevados ya alcanzados por el pensamiento europeo (pongamos, precisamente, el de un Kant) se revelaba insuficiente.

En esta querella sobre la relación entre pensamiento occidental y pensamiento «distinto» –no sólo salvaje en un sentido etnológico: pensemos, por poner sólo un ejemplo, en la lógica del razonamiento infantil en Piaget– representa un papel determinante la categoría de causa, que en este enfrentamiento sufre ulteriores torsiones. Este concepto fundamental del racionalismo europeo, orgullosamente ligado a los progresos de sus ciencias, no se atribuye plenamente casi nunca a los salvajes o a las más o menos desarrolladas sociedades asiáticas. Para Frazer, la magia, «hermana bastarda de la ciencia», fase primordial de la mentalidad humana, a la que siguen ligados los hombres primitivos, aplica incorrectamente esos mismos principios asociativos que, correctamente aplicados, conducen al saber por las causas. Los salvajes se sirven, en efecto, de dos principios:

Primero, que lo semejante produce lo semejante, o que el efecto se parece a la causa; segundo, que las cosas que en alguna ocasión han estado en contacto continúan actuando la una sobre la otra, a distancia, una vez que el contacto físico ha terminado. El primer principio puede llamarse ley de similitud, el segundo, ley de contacto o contagio[4].

Los primitivos, los sin ciencia, viven según Frazer en el error y en un universo fantasmagórico, lejos del progreso y de la claridad alcanzada por las mentes de los hombres civilizados:

> Es, pues, una verdad evidente, y casi una tautología, decir que toda la magia es por necesidad falsa y estéril, porque si se convirtiese en verdadera y fructífera ya no sería magia sino ciencia[5].

Lucien Lévy-Bruhl, aun cuando en un primer momento acentuó el carácter «prelógico» de la mentalidad primitiva, no pretende en absoluto demostrar que ésta es inferior. Lo que quiere producir, en cambio, es un «efecto de extrañamiento», quiere bloquear la proyección espontánea de nuestra mentalidad y de nuestras costumbres sobre las demás. En sus mecanismos fundamentales la mentalidad de los primitivos no es diferente de la nuestra: sólo los presupuestos y las necesidades específicas son diferentes, y sólo podemos comprenderla dentro de este bloque de relaciones entre ambiente, necesidades y representaciones colectivas. De este modo,

> la actividad mental de los primitivos ya no se interpretará de entrada como una forma rudimentaria de la nuestra, como infantil y casi patológica. Se nos aparecerá, más bien,

como normal en las condiciones en las que ésta se ejercita, como compleja y, a su manera, desarrollada[6].

El primitivo sigue las reglas inconscientes de la «participación mística», vive una experiencia de inseguridad y de alerta ante los peligros y los encantamientos del mundo, mientras que nosotros –lo podemos decir legítimamente, en lenguaje weberiano– vivimos en un universo desencantado, en la confianza en la estabilidad de nuestro ordenamiento intelectual, aun cuando éste se pone momentáneamente en crisis:

Nosotros tenemos un sentido continuo de seguridad intelectual tan sólido que no vemos cómo podría ser perturbado; pues aun suponiendo la aparición repentina de un fenómeno totalmente misterioso, cuyas causas se nos escapasen completamente en un primer momento, no por esto estaríamos menos convencidos de que nuestra ignorancia es sólo provisional, de que estas causas existen y de que antes o después podrán determinarse. Así, la naturaleza en cuyo seno vivimos está, por así decir, intelectualizada con anticipación. Es orden y razón, como la mente que la piensa y que se mueve en ella. Nuestra actividad cotidiana, hasta en sus detalles más humildes, implica una tranquila y perfecta confianza en la invariabilidad de las leyes naturales. Muy diferente es la actitud mental del primitivo. La naturaleza en cuyo seno vive se le presenta con un aspecto completamente diferente. Todos los objetos y todos los seres se ven implicados en una red de participaciones y de exclusiones místicas: antes bien, éstas constituyen su contexto y su orden. Son, pues, éstas las que van a imponerse ante todo a su atención, y sólo ellas la mantendrán. Si está interesado por un fenómeno, y si no se limita a percibirlo, por así decir, pasivamente y sin reaccionar, pensará en seguida, como por una especie de reflejo mental, en la existencia de una potencia oculta e invisible de la que este fenómeno es una manifestación[7].

En esta simbiosis mística con las fuerzas ocultas, las representaciones del primitivo pueden no obedecer a nuestras categorías lógicas, a los principios clásicos de identidad y de no contradicción. Aquéllas pueden presentar a un tiempo cualidades opuestas, condensar entidades diferentes. Sólo cuando el peligro representado por una naturaleza demasiado potente se atenúa, sólo entonces, al parecer, se atenúa la cohesión de las representaciones que se transforman en conceptos. Así se expresa, en efecto, Lévy-Bruhl en *Las funciones mentales en las sociedades inferiores* (París, 1910):

La mentalidad colectiva siente y vive la verdad en virtud de lo que yo he llamado simbiosis mística. Pero cuando la intensidad de este sentimiento falta en las representaciones colectivas, la dificultad lógica comenzará a hacerse ver [...] Cuando los caracteres objetivos esenciales de la piedra, por decirlo así, se fijan en el concepto de piedra, el cual a su vez queda enmarcado en otros conceptos de objetos naturales diferentes de la piedra por propiedades no menos constantes que las suyas, se hace inconcebible que las piedras hablen, las rosas se muevan voluntariamente y generen hombres [...] Cuanto más se determinan, se fijan y se ordenan en clases los conceptos, menos tienen en cuenta estas relaciones las afirmaciones, que resultan contradictorias.

Después de Lévy-Bruhl la magia o la mentalidad primitiva cesan, básicamente, de representar fenómenos misteriosos. Viviendo en mayor medida en contacto con los «salvajes», eliminando en lo posible a los intermediarios, usando el método de la «observación participativa» es posible para algunos constatar la profunda coherencia de sus sistemas de representación y comprobar también cómo aquéllos no viven continuamente en una atmósfera de estupor mágico. Antes bien, existe una amplísima esfera profana en el pensamiento de los primitivos: como constatará Malinowski, sólo en el caso en que no sean capaces de dominar completamente un proceso, reaflora la magia. Para Marcel Mauss, además, que siente la influencia de la idea durkheimiana de *contrainte sociale*, la magia de los primitivos no es fruto de una mentalidad propia (inferior o diferente), sino de la necesidad de establecer una comunicación entre el individuo y la colectividad. El mago es un emisario de la sociedad, obligado a sentirse y ser «otro» por medio de adecuadas prácticas, que catalizan en intensos esfuerzos psíquicos las ansiedades y expectativas de la aldea: es como una especie de funcionario, investido socialmente de una autoridad en la que se compromete él mismo a creer[8]. Para que un individuo crea en la magia es necesario que toda la sociedad crea en ella. Por otro lado, todos los aspectos de la vida comunitaria están regulados por obligaciones y exclusiones de relaciones, por un código de intercambios, que involucra a personas y a objetos y que determina las actitudes psicológicas de cada persona. En el *Ensayo sobre el don*, Mauss muestra, a través del modelo del *potlatch* (o *potlách*) –es decir, de la obligación de intercambiar

regalos en una especie de competición que puede conducir a la ruina económica y a la muerte de los participantes–, que el intercambio primitivo, al contrario de lo
que pensaban los padres de la economía política clásica,
no está constituido por el trueque entre individuos de
objetos destinados a satisfacer necesidades elementales,
sino por el intercambio entre grupos organizados «de
cortesías, de banquetes, de ritos, de prestaciones militares, de mujeres, de niños, de bailes, de fiestas, de ferias».
La alternativa sobreentendida a esta obligación de intercambiar, a este mecanismo de socialización, es la guerra,
el intercambio destructivo. Así, pues, el intercambio no
se considera (de Malinowski a Mauss, a Godelier, del
kula al *potlatch*, a la «moneda de sal») una simple relación económica separable del contexto social o repre-
sentativo, sino un fenómeno complejo que implica necesidades, instituciones, prestigio y lucha.

Este planteamiento de las relaciones sociales como comunicación en el seno de un determinado sistema halla-
rá en Lévi-Strauss uno de sus más agudos indagadores.
Aplicando a la etnología los módulos de la lingüística y
de la matemática, tratará de establecer los principios formales del intercambio (de mujeres, como en las *Estructuras elementales del parentesco*) o el valor de posición de
ciertas creencias y mitos en culturas y ámbitos geográficos muy lejanos (muy bella, por ejemplo, la reconstrucción en *Raza e historia* de la creencia en «Papá Noel»).
Rechazando la oposición axiológica entre pueblos dotados de historia y pueblos sin historia, rechazando el privilegio de la explicación temporal de las situaciones humanas, Lévi-Strauss pone el acento en las estructuras

sistemáticas, en la solidaridad que liga sincrónicamente a sus componentes, en los tiempos largos y los amplios espacios, en las resonancias entre códigos diferentes y en la permanencia, también en nuestra cultura, del «pensamiento salvaje». Esto no significa, en efecto, pensamiento de los primitivos, sino pensamiento en estado salvaje, «distinto del pensamiento educado y cultivado precisamente con vistas a un rendimiento». Y este pensamiento sin domesticar coexiste con el cultivado en muchas de nuestras actitudes mentales o de nuestros comportamientos: en el arte, en la producción de mitos, en las asociaciones de imágenes, de sabores, en la manera de andar o de comer. Para comprender el pensamiento salvaje no es necesario recurrir a facultades ya sepultadas bajo nuestro ser civilizado o a formas de extraordinaria y cruel sensibilidad:

El indio americano que descubre una pista por indicios imperceptibles, el australiano que identifica sin vacilar las huellas dejadas por un miembro cualquiera de su grupo (Meggitt), no proceden de una manera diferente a nosotros cuando conducimos un automóvil y percibimos, de un solo golpe, cualquier ligero cambio en la dirección de las ruedas, o en la marcha del motor, o incluso la intención supuesta de una mirada, el momento oportuno de rebasar o de salvar un vehículo. Por incongruente que pueda parecer, esta comparación es rica en enseñanzas: porque lo que agudiza nuestras facultades, estimula nuestra percepción, da seguridad a nuestros juicios, es, por una parte, que los medios de que disponemos y los riesgos que corremos están incomparablemente aumentados por la potencia mecánica del motor, y, por otra parte, porque la tensión, que es resultado del sentimiento de esta fuerza incorporada, se ejerce en una serie de diálogos con otros conductores cuyas intenciones, semejantes a la nuestra, se traducen en signos que nos empeñamos en descifrar precisamente porque son signos que requieren la intelección[9].

El pensamiento salvaje queda inserto en este sistema de signos en el que hombre y mundo se integran mutuamente y en el que la experiencia se ordena según taxonomías no arbitrarias, aunque en apariencia resulten extrañas. Es cierto que el pensamiento salvaje no distingue el momento de la observación del de la interpretación de los signos, pero esto no quiere decir que no capte la realidad y que no sea eficaz en su ámbito.

Incluso el llamado pensamiento mágico no es lo opuesto del pensamiento científico, sino el presentimiento de la «verdad del determinismo», el heredero de una larga tradición de observaciones, de experiencias, de percepciones de regularidades y de incompatibilidades. Sin duda, las taxonomías del pensamiento mágico son a veces sorprendentes y muy incomprensibles para nosotros. Pero cuando las examinamos más atentamente revelan su legalidad y razón de ser analógica:

La cereza silvestre, la canela, la vainilla y el vino de jerez forman un grupo, no sólo sensible, sino inteligible, porque todos contienen aldehídos, en tanto que los olores semejantes del té del Canadá (*wintergreen*), de la lavanda y del plátano se explican por la presencia de ésteres. La intuición por sí sola incitará a agrupar la cebolla, el ajo, la col, el nabo, el rábano y la mostaza, aunque la botánica separe a las liliáceas de las crucíferas. Comprobando el testimonio de la sensibilidad, la química demuestra que estas familias, extrañas entre sí, se emparentan en otro plano: todas ocultan azufre (K., W.). Un filósofo o un poeta habría podido realizar estos agrupamientos inspirándose en consideraciones ajenas a la química o a cualquier otra forma de ciencia: la literatura etnográfica nos revela un cierto número de los mismos, cuyo valor empírico y estético no es menor[10].

El pensamiento mágico no lleva a cabo sólo organizaciones orientativas del saber, sino que posee también eficacia operativa y terapéutica, como muestra de modo ejemplar el encantamiento que el chamán de la etnia de los cunas, en la zona de Panamá, usa en caso de partos difíciles. Cada instante del parto es seguido y traducido en términos míticos (las fases de contracción y de dilatación corresponden al paso de animales cavadores como el armadillo, a la llegada de un pueblo de arqueros, etc.). El chamán proporciona a la parturienta un lenguaje mediante el cual su experiencia se hace expresable verbalmente, a partir de lo anárquicamente inefable de antes, y así «provoca el desbloqueo del proceso fisiológico, es decir, de la reorganización, en un sentido favorable, de la secuencia cuyo desarrollo sufre la enferma». La curación por el chamán se convierte de este modo en algo intermedio entre nuestra medicina orgánica y la terapia psicoanalítica, en cuanto que el conocimiento de los procesos hace posible ordenar los conflictos y dominarlos mejor:

La cura consistiría, pues, en hacer pensable una situación que de entrada se presenta en términos afectivos y en hacer aceptable para la mente dolores que el cuerpo se niega a tolerar. Que la mitología del chamán no corresponda a una realidad objetiva es un hecho sin importancia: la enferma cree en ello, y es miembro de una sociedad que también cree[11].

Desde una perspectiva diferente, resulta posible, también para el otro gran antropólogo contemporáneo, Clifford Geertz, comprender y traducir a su vocabulario –dentro de límites variables– las experiencias fundamentales de las humanidades distintas. Y no hay ninguna necesidad de recurrir a las misteriosas formas de intuición de las que estarían dotados los antropólogos. En efecto, es falso el

> mito del estudioso de campo que se asemeja a un camaleón, en perfecta sintonía con el ambiente exótico que lo rodea, un milagro viviente de empatía, paciencia y cosmopolitismo.

Para comprender es imprescindible referirse a los sistemas simbólicos (lenguaje, imágenes, comportamientos, instituciones) utilizados por culturas diferentes a la nuestra comparándolos a los nuestros e incluyéndolos en esquemas de mayor amplitud. Uniendo la autocomprensión al conocimiento de los demás se llega a describir y reconstruir el sentido de civilizaciones que nos son extrañas, sin necesidad de anularnos en el Otro o de mantener respecto a él una distancia insalvable. Siguiendo declaradamente el modelo diltheyano del «círculo hermenéutico», del «movimiento perpetuo intelectual», todo fenómeno parcial nos remite según Geertz a la comprensión global, la cual a su vez recibe un sentido sólo por una incesante reconsideración de las partes, por medio de una especie de comentario recíproco de ellas. No se puede saber qué es un guante de béisbol si no se sabe qué es el béisbol, pero el uso del guante o del bate, una vez que los hemos comprendido mejor, proyectan su luz sobre toda la dinámica del juego. Del mismo modo, un ritual extraño recibe su pleno significado sólo en un contexto simbólico general, sobre el cual luego se hace la luz. El «conocimiento local» nos remite al global y viceversa, del mismo modo que el conocimiento de nosotros mismos remite al de los demás: «La doble percepción de que la nuestra es una voz más entre otras y de que, dado que es la única que tenemos, debemos hablar con ella es muy difícil de mantener». La inconmensurabilidad completa entre las culturas humanas no existe, de la misma manera que no existe su identidad y superponibilidad completa o una verdad separada de quien comprende e interpreta.

Tras haber pasado muchos años en el centro de Java, en Bali y en una pequeña ciudad de Marruecos, Geertz se sirve de su experiencia para ofrecer un ejemplo clarificador. A ninguna cultura, dice, le falta la comprensión de sus propios componentes como personas, es decir, entidades diferentes de las piedras, de los animales o de los dioses. Aun estando muy lejos de la concepción occidental de individuo como «centro dinámico de consciencia, emotividad y juicio», sus nociones correspondientes al final resultan interpretables, trasladables al horizonte de su propia cultura. Vemos así que en Java la «persona» se entiende en base a la oposición entre *batir* (vida emotiva «interior», fluir de sentimientos en su inmediatez) y *lair* (comportamientos y acciones «exteriores», observables), y que el ideal que se persigue socialmente por parte de cada individuo es ser *alus*, «puro» o educado, en ambos niveles, aplanando «las colinas y los valles» de las pasiones y tendiendo siempre a una conducta controlada, no vulgar. En Bali, en cambio, los individuos deben estilizar su casual y transitoria existencia según esquemas teatrales, por lo que se ven obligados a representarse siendo fieles a su papel:

Pero las máscaras que se ponen, el escenario que ocupan, los papeles que representan y, lo que es más importante, el espectáculo que llevan a escena permanecen y constituyen no la fachada, sino la sustancia de las cosas, no menos que de sí mismos.

En Marruecos, finalmente, se comprende a los individuos contextualmente, sobre la base de la relación asociativa o «adscriptiva», *nisba*, que los define según la característica que se considera determinante en cada caso (tribu, lugar de nacimiento, profesión). En este modelo social, la identidad de la persona se da «en términos de categorías cuyo significado es casi únicamente posicional, del lugar ocupado en el mosaico general»[12]. Este esquema libre, constituido por coordenadas que varían según los lugares –mercados, campos, baños públicos–, deja un amplio espacio al «hiperindividualismo», en cuanto que el individuo puede cambiarse a sí mismo en los distintos contextos, ser «un zorro entre los zorros, un cocodrilo entre los cocodrilos», sin temor a perder su identidad.

Esta «antropología interpretativa» se construye deliberadamente siempre «después del hecho», no sólo en el sentido de que considera los fenómenos *ex post*, por las huellas que han dejado (porque antes de ser comprendidos deben haber sido vividos), sino también en el sentido de que son fabricados (no se obtienen a posteriori de una reserva incontaminada de verdades objetivas ni se encuentran «brillando» en la playa). Geertz ilustra el método de su propia disciplina por medio de una parábola:

Un sabio está sentado, acurrucado, delante de un elefante de carne y hueso que está justo ante él. El sabio dice: «Esto *no* es un elefante». Sólo más tarde, cuando el elefante se da la vuelta y ha empezado a alejarse moviéndose pesadamente, el sabio comienza a preguntarse si, después de todo, no podría haber por ahí un elefante. Finalmente, cuando el elefante ha desaparecido del todo, el sabio observa las huellas de las patas que el animal ha dejado tras de sí y declara con certidumbre: «Un elefante *ha estado* aquí[13].

Un comportamiento involuntariamente semejante había tenido Ernesto de Martino, registrando en la Italia meridional las huellas de fenómenos mágicos y religiosos en vías de extinción. Sin necesidad de salir de la «Europa civilizada», había encontrado a sus «salvajes» no muy lejos de su casa, del mismo modo que Marc Augé los ha hallado recientemente en las grandes ciudades de Occidente, mientras deambulan apresurados o perdidos, ignorándose recíprocamente, en los «no lugares» de las estaciones, de los aeropuertos o del metro[14]. Con una serie de ensayos publicados durante su vida –*El mundo mágico,* de 1948, *Muerte y llanto ritual en el mundo antiguo,* de 1958, *Sur y magia*, de 1959, *La tierra del remordimiento,* de 1961, y con la grande e inconclusa obra póstuma *El fin del mundo*, de 1977–, De Martino ha demostrado que las creencias y las prácticas mágicas conviven todavía en el sur de Italia junto a formas de religión oficiales. Éstas responden a la necesidad de proteger la frágil conciencia humana, la «presencia», de las fuerzas naturales y sociales que la amenazan. Constituyen corazas que le impiden disolverse en la angustia ante la incertidumbre cotidiana y el contacto con lo desconocido y lo nuevo. La repetición ritual de gestos, actividades y fórmulas en el ámbito de una comunidad (el llanto de las plañideras ante el cadáver de un difunto o los bailes de los «tarantulados», personas mordidas o picadas por un animal imaginario) somete al individuo a una disciplina del cuerpo y del alma que es capaz de reintegrarlo en la historia y de darle de nuevo seguridades. Con todo, la distancia entre este mundo mágico-comunitario y el racionalizado de la historia no puede superarse si la existencia de estas masas campesinas, expuestas al capricho de los elementos naturales y de la precariedad de las condiciones económicas, no se modifica, si no se supera la casi permanente «crisis de la presencia».

El pensamiento revolucionario

Si el pensamiento salvaje existe también entre los pueblos llamados civilizados y las prácticas terapéuticas y taxonómicas eficaces se hallan también entre los llamados primitivos, el modelo de un desarrollo histórico lineal que tiene en su base a los pueblos que se encuentran en los estadios iniciales del desarrollo, es decir, los *Naturvölker*, y en su cúspide a las naciones civilizadas hegemónicas, ya no tiene sentido. El mundo, trastornado por guerras planetarias y por revoluciones que modifican incesantemente los colores de los mapas y las relaciones de poder, ya no puede comprenderse a través de esquemas simples de monodominación y de sujeción sustancialmente abandonista a fuerzas estables. Continentes enteros se ven arrastrados ahora a un proceso global de cambios, y civilizaciones plurimilenarias (ya dañadas por la segunda oleada del colonialismo, la guiada por los Estados, en la que «la bandera precede al capital») se ven sometidas a la presión de formas de aculturación rápida y violenta provenientes del exterior. Incluso la naturaleza de las guerras masivas –que no perdona a la población civil y que provoca indirectamente la introducción de las mujeres en la actividad productiva en régimen completo, su abandono de la casa y de la vida privada como centro exclusivo, con el consiguiente debilitamiento ulterior de la familia patriarcal– crea modificaciones profundas y conflictos privados en la existencia y la psicología de millones de personas, que experimentan sobre sí mismos el poder y la incidencia de los acontecimientos colectivos.

Con la Revolución de Octubre, el proceso histórico se complica aún más. Lenin demostró prácticamente que éste no es necesariamente lineal, que ciertas etapas del desarrollo, como el dominio capitalista desplegado en un determinado país, se pueden saltar, que grupos relativamente restringidos de revolucionarios profesionales, que actúan como «vanguardia externa» del proletariado, pueden iniciar un movimiento que involucra y hace protagonistas a millones de hombres. Después de 1917 el marxismo, que nació como teoría científica compleja, además de arma política del proletariado, se acultura rápidamente en la Unión Soviética, donde se intenta producir, incluso a posteriori, esa maduración general de la conciencia de clase que el desarrollo de la historia rusa no había permitido antes y donde tiende a convertirse, en la época de Stalin, en una especie de religión de Estado, una ideología que trata de suprimir las viejas concepciones religiosas y «mágicas» de la Rusia campesina. La tarea de Lenin como teórico y político de esta fase de construcción del poder soviético es inmensa: las polémicas de *Materialismo y empiriocriticismo* de 1909 contra Bogdánov y los demás «maquistas» rusos y en favor de un conocimiento objetivo, de una aproximación continua a la verdad, de la reivindicación de una realidad material externa que nosotros reflejamos, son ya algo lejano y obsoleto; la comparación con Hegel y la dialéctica, que lleva a cabo entre 1914 y 1915 durante el exilio de Berna e incluye en los *Cuadernos filosóficos* que se publicarán póstumos en 1933, actúa de forma mediata incorporándose al análisis en caliente de los acontecimientos. En cambio, el problema que ahora se plantea con más urgencia es coordinar las avanzadillas de la conciencia e clase y del desarrollo industrial con el «atraso» de la mentalidad campesina y de la economía rural (y todo ello en un período en el que la guerra civil y el cerco internacional ponen en entredicho la mera supervivencia física y política del Estado soviético). Avanzar arrastrando el peso del pasado preburgués, conjugando tiempos históricos diferentes, absorbiendo de los adversarios de clase las ciencias y las técnicas y la herencia cultural más desarrolladas: éste es el mensaje de Lenin, que será captado de distintas maneras y con diferente alcance por Bloch, Gramsci y Lukács.

De todos modos, en esta lucha, los organismos de democracia de base pierden progresivamente su poder real y los rasgos autoritarios y burocráticos se abren camino inevitablemente. La dureza del choque provoca contragolpes y exige asimismo, para decirlo con Gramsci, «tallas monstruosas». La democracia y el socialismo están sólo comenzando, y el ardor revolucionario tiende en parte a enfriarse por las exigencias de la organización diaria y del proyecto de la sociedad nueva. Las masas populares, al perder en parte los instrumentos de autogobierno, los *soviets*, comienzan a dar señales de pasividad. Para Rosa Luxemburgo, la dictadura del partido revolucionario y las limitaciones de la libertad dañan a la revolución, detienen la activa labor de ese laboratorio político colectivo que ya había empezado a funcionar:

La libertad sólo para los seguidores del gobierno, sólo para los miembros de un partido –por muy numerosos que puedan ser– no es libertad. La libertad es siempre, únicamente, libertad de quien piensa de manera distinta. No por fanatismo de «justicia», sino porque todo lo que es educativo, saludable y purificador en la libertad política depende de esta convicción, y pierde toda eficacia cuando la libertad se hace privilegio.

El socialismo no se construye por decreto, sino que debe nacer de la escuela misma de la experiencia de todos:

Lo negativo, la demolición, podemos decretarlos; la construcción, lo positivo, no. Tierra virgen. Mil problemas. Sólo la experiencia es capaz de corregir y de abrir nuevas vías. Sólo una vida fermentadora sin impedimentos imagina mil formas nuevas, improvisa, emana una fuerza creadora, corrige espontáneamente todas las pifias. Por ello, precisamente, la vida pública de los estados con libertad limitada es tan deficiente, tan pobre, tan esquemática, tan estéril, porque si excluimos la democracia nos negamos a toda fuente viva de toda riqueza y progreso espiritual (prueba: los años 1905 y los meses de febrero-octubre de 1917). Y del mismo modo que es así políticamente, lo es económica y socialmente. Toda la masa del pueblo debe tomar parte. De lo contrario el socialismo es resultado de un decreto, autorizado por la mesa de una docena de intelectuales. Es necesario, sin condiciones, que haya un control público. De lo contrario el intercambio de experiencias se estanca en el círculo cerrado de los funcionarios [...] La praxis socialista exige una completa transformación espiritual de las masas degradadas por siglos de dominación de clase de la burguesía. Instintos sociales en lugar de los instintos egoístas, iniciativa de las masas en lugar de pereza, idealismo que eleve por encima del sufrimiento, etc., etc. Nadie lo sabe mejor, lo describe con mayor eficacia, lo repite más testarudamente que Lenin. Sin embargo, se engaña completamente respecto a los medios. Decretos, poder dictatorial de los inspectores de fábrica, penas draconianas, reino del terror, son todos ellos paliativos. El único camino del renacimiento es la escuela misma de la vida pública, de la más ilimitada y amplia democracia, opinión pública. Es precisamente el reino del terror lo que provoca la desmoralización[15].

A partir del pensamiento de Lenin y de Luxemburgo se inicia el «marxismo utópico» de Ernst Bloch, que constata, en el período estalinista, un predominio de la «corriente fría», del economicismo y de la *Realpolitik*, sobre la «corriente caliente» del empuje hacia una sociedad sin clases. Aun habiendo justificado, en su momento, las purgas de Stalin, Bloch subraya el aspecto creativo del marxismo, que es heredero de todos los intentos de emancipación de la historia humana, de todos los esfuerzos para dar «dignidad» al hombre. Personalmente –como le gustaba recordar a menudo–, su experiencia se ha visto marcada profundamente, antes que por Marx, por el ejemplo de la insurrección de los campesinos contra los príncipes alemanes, en 1525:

Hay una antigua canción que me vuelve a la memoria continuamente, que yo, por así decir, he repetido dentro de mí con frecuencia de manera invisible o imperceptible, quiero decir que he repetido en mi manera de filosofar. La antigua canción, que los campesinos alemanes derrotados cantaban después de la batalla de Frankenhausen, cuando la antigua miseria cayó sobre ellos multiplicada. Los que sobrevivían, aquellos a los que todavía no se les habían sacado los ojos, ni arrancado las lenguas, cantaban esta canción: «Vencidos volvemos a casa. Nuestros nietos conducirán a mejor fin la lucha».

El marxismo herético de Bloch, entendido como «ciencia de la esperanza», tiende a rescatar, incluso después de la Revolución de Octubre, todo aquello que en el hombre siempre se ha visto reprimido, mutilado, humillado. Recupera y reactiva los residuos incoercibles de aspiraciones a una vida mejor que no hayan sido absorbidos y convertidos en funcionales por los poderes vigentes, ese vasto mundo subterráneo de deseos, proyectos y luchas que hasta hoy ha sido derrotado siempre o que no ha hallado suficiente reconocimiento. Lo que debe orientar la búsqueda de lo nuevo es todo el pasado irredento, que empuja hacia el futuro, las esperanzas de los vencidos, todo aquello a lo que la humanidad ha renunciado en nombre de una realidad caracterizada por la explotación, la división en clases y por la sumisión a la naturaleza. Las esperas mesiánicas de los profetas del Antiguo Testamento, las visiones de Gioacchino da Fiore, las revueltas de todos los oprimidos de un largo y accidentado camino que conducirá a una sociedad sin clases, son momentos del «sueño de una cosa»[16]. En tiempos pasados ha sido la religión, sobre todo, la que ha proporcionado al hombre el significado global de la existencia, la imagen de una vida más digna y más llena. Este espacio ocupado por la religión debe ser conquistado y saneado, eliminando los elementos fantásticos y retrógrados. La permanencia de la religión, aun después de que su carácter de ilusión proyectiva haya sido desvelado, es índice del hecho de que las necesidades que llevaban a ella no han podido hallar una satisfacción más alta. Aniquilar la religión significa realizarla en el mundo. En este sentido sólo un ateo puede ser buen cristiano. En estas reflexiones el pensamiento de Bloch se entremezcla con el de los mayores teólogos del siglo XX. En efecto, con el Karl Barth de la *Carta a los romanos* comparte la lucha contra la imagen banalizadora de un Cristo «humano, demasiado humano» como lo caracterizaba la «teología liberal»; con Rudolf Bultmann la idea de una religión desmitizada, la voluntad de renovación y la percepción de que el «evento escatológico», la revelación de las cosas últimas, no se sitúa en un lejano futuro, sino que ya es presente, aquí y ahora; con Jürgen Moltmann, finalmente, la imagen de Dios como «promesa» y «potencia del futuro». Pero, si para Bloch el cristianismo se hace verdad sólo en el horizonte del mundo (dejando, con todo, un gran punto interrogativo sobre la transcendencia), lo mismo puede afirmarse de los ideales burgueses de *liberté, égalité, fraternité*. La Revolución Francesa los proclamó pero no los llevó a la práctica. Y podrán realizarse sólo a condición de que se consideren respectivamente: la libertad como fin de la constricción social y natural no estrictamente necesaria y reconocible; la igualdad no como plana igualación de los individuos sino como riqueza de las facultades humanas desplegadas de manera variada; la fraternidad como solidaridad no ofuscada por los antagonismos de una sociedad en la que los hombres están separados por la necesidad y por intereses irreconciliables. La revolución proletaria prolonga, desde este punto de vista, la línea de tendencia democrática y emancipadora presente en las revoluciones burguesas: «No hay democracia sin socialismo, no hay socialismo sin democracia». Bloch, sensible a las lecciones de Rosa Luxemburgo, tiende a un marxismo como experimentación continua, *experimentum mundi,* implicación de todos en la construcción del comunismo. La utopía representa el antídoto contra el anquilosamiento burocrático de los estados socialistas, y la recuperación del concepto del derecho natural de «dignidad humana» debería representar el antídoto contra sus desviaciones policiales y contra el superpoder de un partido con mil ojos. Pero la religión, los ideales de libertad, de igualdad, de fraternidad, de dignidad humana no son más que provincias del «continente esperanza», la extensión de todo lo que ha de devenir, que tiende a encarnar la utopía.

Con todo, no es necesario dar al término «esperanza» un significado psicológico o simplemente teológico. El «principio esperanza» contiene una lógica del deseo que no afecta sólo al plano racional, sino también al de los sueños con los ojos abiertos. El peligro de la reificación puede evitarse también por medio del impulso en esta dimensión psíquica. Ya que la esperanza no está ligada necesariamente a escenarios grandiosos, Bloch no devalúa los deseos de la sociedad de masas (tener los dientes blancos, un cuerpo esbelto y atlético, ropa de calidad). No muestra hacia aquéllos la sospecha de inautenticidad denunciado por Heidegger, ni el «esnobismo» de Adorno. El deseo representa la corteza, la «corteza provisional» que encierra las potencialidades reales o realizables de los individuos:

> Los deseos no hacen nada, pero pintan y conservan con particular fidelidad lo que debería hacerse. La muchacha que desearía sentirse brillante y cortejada, el hombre que sueña con futuras empresas, soportan la pobreza o la cotidianidad como una corteza provisional.

Y no se deben reprimir los deseos porque éstos, una vez suprimidos, se marchitan tanto en nuestro inconsciente como en nuestra consciencia. Ni despreciarlos, porque incluso a través de los deseos aparentemente más fútiles se esconde la posibilidad de encontrarnos a nosotros mismos: «Lápiz de labios, maquillaje, plumeros ajenos ayudan, por así decir, a nuestro sueño de salir de la caverna»[17]. Estos deseos, a su nivel, son no sólo legítimos, sino también capaces de extraer de nosotros las mejores potencialidades. A quien muestra ambiciones tan reducidas no se le pueden imputar culpas subjetivas. Su actitud nos remite al hecho de que todos nosotros (la política, la sociedad, la historia) hemos sido incapaces de ofrecerles algo mejor. En esta revalorización de la *rêverie*, Bloch se acerca –incidentalmente– a Gaston Bachelard, que ve en la pérdida temporal de la presencia plena de uno mismo, de la lucidez y continuidad de la conciencia una gozosa ampliación del radio de la experiencia significativa. En ésta nos despojamos del principio de individualización, al que ha tenido que obedecer por comodidad, al determinarse, nuestra vida de adultos. Volvemos a los numerosos yoes posibles que habríamos podido ser y que alentaban ya en nuestra infancia:

Cuando, soñando durante mucho tiempo en la soledad, nos alejamos del presente, para revivir los tiempos de nuestra vida, vienen a nuestro encuentro numerosos rostros infantiles. Nosotros fuimos muchos en nuestra vida ya vivida, en nuestros primeros años de vida, y sólo a través de lo que nos cuentan los demás hemos comenzado a conocer nuestra unidad. A partir de nuestra historia contada por los demás acabamos, año tras año, por parecernos. Recogemos a todos nuestros seres alrededor de la unidad de nuestro nombre[18].

La *rêverie* representa un estado intermedio, de oscilación e indecisión, entre el percibir y el imaginar, el sentir y el recordar, entre la lógica de los despiertos y la de los durmientes. Es un inframundo entre conciencia e inconsciente, el destello, el fulgor, que introduce en una realidad despotenciada: un *menos que ser* se esfuerza hacia el ser». Para propiciar la *rêverie*, la llama de una vela aparece como un «operador de imágenes» y de tramas psíquicas de enorme eficacia. Aquélla «separa del mundo y agranda el mundo del fantaseador», transformándolo –según la terminología de Paracelso– en una *exaltatio utriusque mundi*. Los pensamientos pierden, en esta esfera mágica de luz rodeada de zonas de sombra cada vez más espesas, sus revestimientos sucesivos, las «túnicas» en cuyos estratos estaban envueltos[19]. Y no a pesar de, sino gracias a esta pérdida, los pensamientos multiplican paradójicamente los significados que encerraban y comprimían, creando a su alrededor campos de gravedad capaces de capturar a larga distancia todo lo remoto que pasa cerca de ellos. Así se renueva el frescor de la imaginación, que es *toujours jeune*.

Con todo, el deseo utópico se prolonga para Bloch mucho más allá de los sueños con los ojos abiertos, extendiéndose de los proyectos de sociedad perfecta a la impensable victoria sobre la muerte. Por un lado, la esperanza es como el aire: inodora, insípida, invisible e impalpable. Pero sin ella no podríamos respirar. Parecida a la «cándida paloma» kantiana que cree que vuela mejor si no encuentra resistencia del aire, permite a nuestra razón avanzar precisamente porque la sostiene la corriente ascendente. Por otra parte, es también proteica y puede asumir roles perversos, como sucedió con el nacionalsocialismo, en el que la necesidad de patria, de identidad y de seguridad se entremezclaron con concepciones más arcaicas y bárbaras. En efecto, Bloch no concibe el tiempo histórico, lo mismo que el tiempo cronológico, como una única línea, divisible en partes iguales, sino como contrapunto de tiempos diferentes, *multiversum* de desniveles (entre individuos, clases, pueblos), que hace que la historia sea compleja, elástica, deformable, al igual que el espacio riemanniano, por la acción de los acontecimientos. En este universo lleno de torsiones y aperturas hacia lo nuevo, la materia misma no es cantidad pura o extensión inerte, sino «existente en posibilidad», movimiento hacia adelante, con el que el hombre está llamado a colaborar, de modo que el comunismo –en cuanto que es, con Marx, «naturalización del hombre» y «humanización de la naturaleza»– le parece a Bloch la síntesis más alta entre naturaleza y sociedad, la «utopía concreta» que orienta a la historia. El nacionalsocialismo, en cambio, sobre el que se detiene Bloch en los primeros años de su exilio en algunos penetrantes ensayos de *Herencia de nuestro tiempo,* es fruto también de los desequilibrios temporales, de la no contemporaneidad del tiempo histórico *(Ungleichzeitigkeit)* de las clases sociales en Alemania. En este país, en efecto, hay, además de las dos clases fundamentales que viven el presente histórico al nivel más alto, amplias capas campesinas y pequeñoburguesas atrasadas, apartadas de un presente del que no llegan a comprender racionalmente su dinámica ni su dirección. A falta de una comprensión racional, lejos del motor del desarrollo económico, frustradas en sus expectativas y desorientadas hasta la desesperación por los oscuros períodos de la primera posguerra mundial y por la inflación salvaje, viven su relación con la política en forma de mito, soñando desquites, restauraciones autoritarias, drásticas limitaciones del poder de la clase obrera, superioridad de la nación alemana y de la raza aria. De este modo, el nacionalsocialismo, como «jacobinismo del mito», consigue transformarlos en masa maniobrable e insertarlos orgánicamente en un amplio frente de intereses, que comprende la gran industria, el ejército y la burocracia, bajo el control del partido y de su jefe. Rasgos que todavía son feudales, que reflejan el tiempo histórico o las imágenes de restauración de clases sociales retrasadas (el mito), se fusionan por completo con la eficacia tecnocrática y la racionalidad formal de los aparatos industriales, militares y burocráticos, y juntos todos ellos constituyen el rostro multiforme del fenómeno nacionalsocialista.

Mito y razón instrumental en el nacionalsocialismo

Pero la ideología nacionalsocialista asume otros muchos desequilibrios diferentes en su naturalismo y darwinismo social y en su lucha contra los principios de libertad, igualdad y fraternidad. La ciencia y la naturaleza son convocadas como testigos en favor de la jerarquía social, de los saludables desequilibrios, y contra el presunto estancamiento de las facultades humanas y de las naciones, cuando domina el igualitarismo democrático y socialista. ¿Acaso no es cierto que (en la hidráulica, en la termodinámica, en la electricidad) no habría ningún movimiento, ninguna comunicación de energía, sin un desnivel entre las masas de agua, sin una diferencia de calor y de potencial? ¿Que los ríos, los líquidos en los vasos comunicantes, las locomotoras y los fluidos eléctricos no se moverían sin esta beneficiosa desigualdad? Pues lo mismo –se añade– acaece en las comunidades humanas: si acaban prevaleciendo los flojos predicadores de la igualdad y de la compasión hacia los débiles, la humanidad está destinada a morir. El espectro del aumento de la entropía del universo físico, que llevará a una degradación de la energía y a un progresivo enfriamiento del cosmos, continúa agitándose, y no sólo en sus primitivos ropajes tardopositivistas) ante el mundo social, concebido como un sistema cerrado. Almacenar la energía, utilizar instrumentalmente el alto potencial de las masas, intensificando, a su vez, la carga del polo ulteriormente distanciado de las élites: ésta es una de las respuestas y modalidades más frecuentes de autodefensa para una estructura social que se siente amenazada por el estancamiento y por el avance de las «muchedumbres».

Ya Nietzsche (por otro lado tan radicalmente crítico de lo existente y sin duda no responsable de todas las sugerencias y aplicaciones unilaterales de su pensamiento) considera necesaria la extensión de la escala jerárquica, obtenible incluso a través de una difusión preliminar de la democracia entre el rebaño humano, y el mantenimiento en toda su dureza de la moderna esclavitud del trabajo asalariado. Es más, el secreto de la explotación no ha de divulgarse entre la clase obrera. Todos aquellos que, como los socialistas, han osado romper esta barrera de silencio son corruptores, sembradores de infelicidad entre los mismos a los que querían defender:

> ¡Desgraciados seductores, que han destruido con el fruto del árbol del conocimiento el estado de inocencia del esclavo![20].

El saber y el conocimiento deben acrecentarse sólo por el lado de quien manda, y deben disminuir relativamente por el lado de quien obedece. Al ser ya imposible mantener a grandes masas en la ignorancia, no queda sino una variedad de combinaciones entre «disciplina metálica» y control de la instrucción, de la cultura, de la información y de toda la sociedad. Esta última tarea se ve favorecida por la dificultad, y no sólo para los más, de obtener un panorama global de lo que sucede y acceder a los lenguajes científicos. La conexión de los acontecimientos ha alcanzado una escala planetaria; la complejidad y la interdependencia de los datos más diversos, una dimensión casi inconmensurable respecto a la capacidad de apoderarse de ellos y de elaborarlos por parte del individuo; la conciencia común apenas puede orientarse en el desarrollo rápido, accidentado y desigual de cada una de las ciencias que, con sus formulaciones intrincadas, discontinuas, plagadas de tecnicismos, la mantienen a respetuosa distancia. Los *arcana imperi* y el saber operativo tienden de este modo a convertirse en patrimonio de oligarquías restringidas, la cuales, ayudadas por un tropel de técnicos entre los que se propaga una concepción neutral de su actuación, recomponen a nivel político y estatal los fragmentos de las ciencias, de las técnicas y de las prácticas sociales. Para mantener al mismo tiempo el desarrollo técnico productivo y el control de las masas, la ciencia debe coexistir con el mito, la técnica con el vitalismo, el weberiano mundo desencantado –la *Entzauberung*– con el misterioso y mágico carisma de los jefes.

En el nacionalsocialismo, precisamente, la auténtica sabiduría se encuentra sólo en el jefe, que distribuye las mentiras conscientes de los mitos sociales y teoriza la doctrina de la doble verdad, de la función instrumental de determinadas ideas. Así, el propio Hitler declara a Rauschning que no cree en el «mito del siglo XX», en la raza:

También yo sé muy bien como lo saben sus intelectuales, sus pozos de ciencia, que no existen las razas en el significado científico de la palabra. Pero usted, que es agricultor y ganadero, usted sin duda se ve obligado a basarse en la noción de raza, sin la cual toda cría de ganado sería imposible. Pues bien, yo, que soy un hombre político, necesito también una noción que me permita quebrar un orden arraigado en el mundo y contraponer a la historia la destrucción de la historia. ¿Entiende usted lo que quiero decir? Es necesario que yo libere al mundo de su pasado histórico [...] Con la noción de raza el nacionalsocialismo llevará su revolución hasta la fijación de un orden nuevo en el mundo[21].

A las masas, por otro lado, se las considera constitucionalmente «no pensantes»:

¡Es una gran suerte para los hombres de gobierno que las masas no piensen! Se piensa sólo cuando se trata de impartir una orden o de garantizar su ejecución. Si fuese de otro modo la sociedad humana no podría subsistir.

Al no poder impartir órdenes, sino sólo recibirlas, las masas no corren el riesgo de pensar. Por ello la crítica incisiva y el pensamiento no reglamentado son desestabilizadores, mientras que siguen siendo lícitos y valorados los discursos puramente técnicos, sectoriales. Incluso se predica una «entusiasta intolerancia» hacia quien demuestra demasiada voluntad de saber, de coger el fruto del árbol del conocimiento, al que se representa como escuálido enfermo de hipertrofia intelectualista. Por esto se exigen comportamientos gregarios, tanto místicos como técnicos, se exigen las virtudes de los sometidos al amo, virtudes condensadas en el lema de las SS («Mi honor se llama fidelidad») y, en el ámbito del fascismo italiano, en la consigna *Credere, obbedire e combattere* ('Creer, obedecer y combatir').

A través de la intensificación de la explotación de la fuerza de trabajo interna primero y extranjera después, de la violencia, de la utilización de los nuevos medios de comunicación de masas, toma cuerpo un gigantesco proyecto de ingeniería humana, de modificación antropológica y genética colectiva. Rotos los nexos de solidaridad de clase, de amistad, de familia, colocado y aislado el individuo dentro de las estrechas mallas de miradas cruzadas y próximas (desde la del jefe de comunidad a la de los propios familiares), se le ofrece desde la infancia el tranquilizante refugio de los camaradas, el sentimiento «heroico» de la pertenencia a un noble pueblo y a un guía iluminado, que resplandece por todas las cualidades de las que se ha privado a los individuos y que ahora reciben como luz refleja en los desfiles, en las concentraciones, en la radio. Al carecer el éter de líneas privilegiadas, la radio borra en principio la distinción entre centro y periferia, entre ciudad y campo; su voz penetra en los grupos más cerrados y en los lugares más remotos, movilizando a las clases que hasta ese momento habían sido las más inertes o más refractarias a la política. La radio, el cine, la oratoria de los jefes aculturan a marchas forzadas zonas de la sociedad a las que hasta ese momento sólo guiaba la costumbre o las convicciones incoherentes, se apoyan sobre los elementos regresivos del mensaje transmitido: la emotividad, la densidad de las imágenes y de las figuras retóricas, el *pathos* racionalista, la sangre y la tierra, un sucedáneo de vida de olores fuertes y una rebelión imitada y vigilada contra las privaciones, la obediencia y la meticulosidad de la explotación. Por otro lado (y podría demostrarlo la naturaleza, «cruel reina de toda sabiduría»), la existencia es, en sí misma, durísima: «Un ser bebe la sangre de otro. Uno halla alimento en la muerte del otro. Es inútil parlotear de humanidad [...] La lucha sigue ahí»[22].

El espesor de la «segunda naturaleza», de la civilización, sobre la que se había basado la «razón» de la Ilustración y la del idealismo clásico alemán, ha disminuido hasta casi desaparecer. Es la primera naturaleza ahora, en sus manifestaciones más despiadadas, la «sabiduría» de los animales, la que ofrece el modelo de la segunda naturaleza, justificando sus desaguisados. Casi como una consolación se ofrece el viático de la inconsciencia y la despersonalización. «Yo no tengo conciencia –solía decir Göring–; mi conciencia es el *Führer*.» La visión de la realidad, que para muchos se ha hecho insoportable, empuja a la mente a anestesiarse, a demandar la comprensión de las cosas a quien tiene capacidades sobrehumanas. A cada uno se le asigna su cuota de conocimiento y de cultura con una especie de «ley férrea» de la conciencia, pero sólo lo que basta para desarrollar con eficacia el papel que se le ha asignado. Cuanto más subordinado se está, menos hay que saber, como resulta evidente por el programa de Himmler para los pueblos sometidos de la Europa Oriental:

Para la población no alemana de la Europa Oriental no debe haber ninguna enseñanza que supere la primaria de cuatro años. La finalidad de esta escuela primaria debe ser tan sólo enseñar a contar como máximo hasta 500, poder escribir el nombre y el apellido, y finalmente enseñar que es un mandamiento divino obedecer a los alemanes y ser honrados, diligentes y sinceros. No considero indispensable enseñarlos a leer[23].

5. El encuentro de las filosofías y la nueva epistemología

«De orilla a orilla»

La llegada del nacionalsocialismo a Alemania y las crisis políticas y económicas de algunas naciones europeas provocan uno de los más significativos fenómenos de ósmosis cultural entre áreas con tradiciones diferentes, pero siempre en el seno de países «desarrollados». Las persecuciones raciales y políticas empujan al exilio a muchos miles de intelectuales (de los que más de la mitad son alemanes y dos tercios de éstos de origen judío), algunos de los cuales poseen un altísimo nivel. Es una nueva diáspora, un proceso de polinización cultural que produce quizá efectos mayores que los derivados de la fuga a Italia de los sabios bizantinos de los últimos tiempos del imperio de Bizancio, tras la caída de Constantinopla. En función de sus inclinaciones políticas o de las oportunidades de investigación y de trabajo, se distribuyen por todos los rincones de la Tierra: de Japón (Löwith) a los países escandinavos (Brecht y Korsch en los primeros años de emigración), de la Unión Soviética (Lukács) a Francia (Benjamin). Pero es a los Estados Unidos adonde llegan en mayor número y en grupos más compactos. Y en este caso la lista sería larga: basta mencionar los nombres de Einstein, Thomas Mann, Adorno, Horkheimer, Marcuse, Erikson, Fermi, Salvemini, Lang, Schönberg y Neumann. Estos intelectuales consiguen hacer una aportación fundamental y novedosa sobre todo en algunos sectores como la física, la sociología, el psicoanálisis y el cine.

A veces aislados o desconfiando unos de otros –léase el *Diario de trabajo* de Brecht– se integran difícilmente o bien no desean integrarse en la sociedad estadounidense. Los herederos de la refinada cultura «mitteleuropea» encuentran que los indígenas son «bárbaros de buena índole», según la definición de Thomas Mann, pero por lo general quedan impresionados por la estandarización de la existencia, el empobrecimiento de las relaciones humanas bajo la capa de la «desublimación represiva», de la manipulación y reificación de la conciencia, por el gran formato de las experiencias buscadas, por el gusto de lo colosal y por la ingenua fe en los «hechos» y en lo empírico. La sociedad de masas, el «mundo administrado» a través de los instrumentos más ligeros del conformismo y de la industria cultural, la «muchedumbre solitaria» de las grandes ciudades, todo ello turbaba a los que habían podido zafarse del más duro y sangriento totalitarismo nacionalsocialista y les daba la impresión de que en cualquier lugar en el que se estuviese ante una «realidad bloqueada», ante una enorme prisión en la que los hombres habían perdido, en su mayoría, la esperanza de una vida mejor y se habían adaptado y plegado a un dominio de rostro anónimo, a una nueva barbarie que se manifiesta con ropajes «racionales» y pretende obediencia a lo que llama sin más inexorables leyes objetivas; en la que incluso la clase obrera –la promesa marxiana de liberación de toda explotación– había llegado, en Estados Unidos, a un pacto con el poder vigente y había sido englobada por éste, o bien había sido presionada y despedazada en Europa por el doble cerco del nacionalsocialismo y del estalinismo.

El proceso de reificación y embotamiento de la conciencia, de exaltación de la «realidad negativa» y de irrisión respecto a los intentos de emancipación o de pensamiento no conformista (etiquetados como utópicos, extraños, inútiles) opera, pues, a nivel mundial, pero es en los Estados Unidos donde varios intelectuales europeos toman conciencia de ello. Y es en este desequilibrio entre ideología democrática y situación efectiva, en esta «camaradería a base de empujones», donde se manifiesta ante Adorno y Horkheimer todo el horror de la «vida deteriorada», el enjaulamiento de los individuos dentro de una mentalidad rígida y pasiva, incapaz de experiencia y de pensamiento espontáneos, víctima de la manipulación social, una mentalidad que queda expresada sintomáticamente por este pequeño episodio en el que Adorno cuenta su primer impacto contra el mundo norteamericano: Entre los distintos colaboradores que trabajaban conmigo provisionalmente en el "Princeton Project", había una señora joven. Después de un par de

días tomó confianza conmigo, y me preguntó con toda
amabilidad: "Doctor Adorno, ¿le molesta que le haga
una pregunta personal?". Yo dije: "Depende de la pregunta, pero dígame", y ella continuó: "Dígame, por favor: ¿usted es introvertido o extrovertido?"»[1]. En este
universo conceptual estandarizado la subjetividad y la
objetividad se han invertido completamente:

> Objetivo es el aspecto no controvertido del fenómeno, el cli-
> ché aceptado sin discusión, la fachada compuesta de datos
> clasificados: es decir, lo subjetivo; y subjetivo es lo que rom-
> pe esa fachada, lo que penetra en la experiencia específica
> del objeto, se libera de los prejuicios convenidos y coloca la
> relación con el objeto en el lugar de la resolución de la ma-
> yoría de aquellos que, no sólo no lo piensan, sino que ni si-
> quiera lo ven –o sea, lo objetivo[2].

Éste es el comportamiento difuso, masificado, que Adorno encuentra entre la «gente» y que describe en su fenomenología de la vida deteriorada. Pero ¿qué posturas filosóficas influyen en la cultura cuando él llega a los
Estados Unidos, y hasta qué punto han actuado o actúan
todavía sobre la conciencia común?

La filosofía estadounidense

La filosofía estadounidense –que Tocqueville había declarado inexistente en 1840– está relacionada entre los
siglos XIX y XX con las tradiciones europeas: el empirismo inglés, la filosofía escocesa del sentido común, el

idealismo clásico alemán y el positivismo evolucionista de Spencer. Pero con Peirce, James y Dewey se crea una tradición autóctona, fuertemente caracterizada por su constante relación con el sentido común, la vida práctica, la acción, las técnicas, y marcada por la reflexión sobre el poder de las creencias, de la fe, y por la voluntad de elaborar hábitos de racionalidad y de conducta para las nuevas élites que, en un Estado encaminado hacia una rápida e intensa industrialización, se alejaban del credo religioso pero pedían su sustitución, al menos parcialmente, con otras certezas. Pero lo que éstos ofrecen no son las certezas de la metafísica, del idealismo o del materialismo europeos, sino construcciones teóricas que aceptan y exorcizan al mismo tiempo el riesgo, la precariedad, el error, que tratan de englobar progresivamente los métodos de las prácticas científicas en el sentido común.

Así, Peirce, acentuando el momento probabilista de los procedimientos científicos y con la ayuda de sistemas simbólicos, de un «álgebra lógica», trata de comprender la función del pensamiento en la producción de «hábitos de acción». Hacer que nuestras ideas sean claras significa formular hipótesis sobre los efectos prácticos que éstas podrían tener y pasar de la inquietud y de la insatisfacción que acompaña la confusión mental y la indecisión conjunta de la voluntad a la fijación de una creencia que nos satisface y que es controlable en el seno del circuito cognoscitivo. Desde los ensayos reunidos en *Azar, amor y lógica* hasta los monumentales *Collected Papers*, la producción de Peirce se centra eminentemente en este punto entre pensamiento, acción y creencia. La ventaja de la ciencia y de los modelos de comportamiento que se inspiran en ésta es saber reconocer su propia falibilidad y proceder a través de continuas autocorrecciones, sin perder la confianza en el avance y sin sacudidas traumáticas, insertándose en la corriente misma de esa tendencia a la verdad que es parte de la naturaleza del hombre. La verdad es, pues, una conquista provisional en sus resultados individuales, pero permanente en su realización, no siendo otra cosa sino el proceso práctico de verificación que pone fin a un estado de duda, para luego restaurarlo en un plano distinto y más elevado.

Con William James se somete a discusión el nexo creencia-verdad, pero en él casi han desaparecido los procedimientos cognoscitivos de control y verificación de las creencias. En efecto, la verdad posee un carácter proyectual, es la respuesta eventual a la fe en una hipótesis, no se mide en el presente, sino en su empuje hacia el futuro (y es en este terreno en el que Bergson se reconoce en la filosofía de James). Podríamos decir, parafraseando a Stendhal, que la fe es una promesa de verdad. El pragmatismo no es una simple reedición del utilitarismo: verdadero es igual a útil, pero no siempre útil es igual a verdadero. La verdad se caracteriza en su posesión por un *sentiment of rationality*, por sentirnos a gusto, como en casa, por la familiarización con el mundo. Y esto nos debe bastar. No podemos transformar la complejidad de la vida y de la experiencia en ideas abstractas, en pensamiento puro, que para nosotros es dañino: «Somos como peces que nadamos en el mar del sentido, limitados por arriba por el elemento superior, pero incapaces de respirarlo en estado puro o de penetrar en él»[3].

La excesiva cantidad de oxígeno del pensamiento abstracto, la voluntad de eliminar sin residuos la opacidad del vivir, nos sería fatal. Por otro lado, la fe no se opone a la realidad. Sin ella no nos decidiríamos nunca a emprender la acción, permaneceríamos paralizados. En todo momento importante de la vida debemos, precisamente, «dar un salto en la oscuridad», y no hay ninguna «compañía de seguros» que pueda asegurarnos por los riesgos que corremos. Sólo la fe, movida por «hipótesis vivientes», nos permite aceptar el riesgo «con los ojos abiertos», pidiendo la colaboración del intelecto: *fides quaerens intellectum,* precisamente.

Por otra parte, el «pluriverso» en el que vivimos no forma ninguna unidad compacta a la que podamos referirnos como modelo. En efecto, no existe, para James, una «realidad», sino múltiples «subuniversos de realidad». Pues nuestro mundo de mundos está construido en forma de racimo. Es fruto de la continua selección entre numerosas maneras de estructurarlo según exigencias y estructuras de orden diferentes pero finitas: la de las cosas sensibles, la de la ciencia, la de las relaciones ideales de tipo matemático o metafísico, la de las ilusiones, la de los sistemas religiosos y míticos, la de los sueños, la de la locura o la de las obras de arte. Cada subuniverso de realidad está dotado de criterios de relevancia e incluso de parámetros temporales diferentes e inconmensurables; por eso el mundo del sueño no es una mera copia del mundo de la vigilia, y los criterios de explicación del mito no coinciden con los de la razón filosófica. Nosotros salimos y entramos continuamente de estos sectores cualitativamente diferentes y debemos aprender a vivir en todos ellos.

Cada uno de nosotros es, a su vez, un mundo de mundos seleccionados. Por ello, la experiencia se manifiesta como flujo de la vida, que ofrece a la reflexión, al mismo tiempo y de forma seriada, material diverso, transformando así la mente en teatro de posibilidades simultáneas y sucesivas. También por estos motivos, se asigna a la filosofía la misión de restaurar y acreditar el rol que lo «indeterminado» desempeña en nuestra vida psíquica, «un tercio como poco» de la cual es cruzada por «premonitorias y rápidas vistas prospécticas de esquemas de pensamiento, todavía no articulados». Así como no se da en absoluto un solo mundo, tampoco existe ningún yo idéntico a sí mismo en sentido propio. Éste varía incesantemente, aun cuando mantiene en general una vaga percepción de su propia continuidad: «Una "idea" o *Vorstellung* permanente que se aparezca a la conciencia con intervalos periódicos es una entidad mitológica del tipo "Sota de picas"». Los distintos yoes que están en nosotros, al igual que los diferentes subuniversos de realidad que frecuentamos, nos pertenecen en cuanto que aparecen caracterizados por una simple «marca» y los reconocemos como nuestros sólo si conservan el «calor» que hemos dejado en ellos con anterioridad. James expresa esta teoría incisivamente mediante la fusión de dos imágenes. La primera, muy norteamericana e incluso «del Oeste», describe una escena al aire libre; la segunda remite en cambio al recogimiento de una práctica religiosa:

Del rebaño que ha dejado en libertad durante el invierno en alguna extensa pradera, el propietario, cuando llega la primavera, elige y abastece a aquellos animales en los que ve la marca de su propiedad. La marca del rebaño es, para las distintas partes del pensamiento, ese cierto calor animal al que hemos aludido. Este calor se extiende por todas esas partes, lo mismo que el hilo corre a través del rosario, y forma un todo, al que tratamos como una unidad, aun cuando estas partes puedan diferir mucho entre ellas. A este carácter se añade el otro, que los distintos Yo se nos aparecen como si hubiesen sido continuos entre ellos durante largos períodos de tiempo, y los más recientes de ellos hubiesen sido continuos respecto a nuestro Yo del momento presente»[4].

En un «universo pluralista», abierto a la casualidad, a lo indeterminado, pero también a la libertad humana, debemos acostumbrarnos al riesgo, inmunizarnos contra éste, convertirlo para nosotros en una segunda naturaleza.

Éste es el hilo conductor, el mensaje, que recorre la obra de James. Sus huellas se encuentran –parcialmente y en forma científicamente más elaborada, orgánica y reflexiva– en John Dewey, de cuya filosofía desaparecen muchos de los elementos vitalistas y fideístas del pensamiento de James. Dewey, que en su juventud estudió a fondo a Hegel, conserva del filósofo alemán el gusto por las construcciones teóricas fuertemente estructuradas en un sentido antimecanicista, en las que cada elemento está en relación de «interacción» con los demás y en el que cada equilibrio alcanzado se muestra precario y, al provocar en el sujeto situaciones «perturbadas, penosas, ambiguas, confusas, llenas de tendencias contrastantes, oscuras, etc.», lleva a la experiencia y a la investigación hacia soluciones más elevadas y satisfactorias. En *Lógica: teoría de la investigación*, de 1938, cuando Dewey tenía ya setenta y nueve años, se traza el recorrido del conocimiento, desde la experiencia bruta, inmediata, hasta el planteamiento de un problema, hasta la formulación de ideas y previsiones «de lo que sucederá, para que ciertas operaciones se ejecuten en relación precisa con las condiciones observadas»[5], hasta el razonamiento como desarrollo de las hipótesis o de las posibilidades, hasta el experimento y finalmente hasta el juicio con el que la incomodidad inicial se resuelve. La experiencia, que constituye la interacción entre un ser vivo y su ambiente natural y social, tiene una amplitud mayor que el mero conocimiento. La razón tiene un carácter instrumental, resuelve las dificultades, rectifica la experiencia y los desequilibrios, transforma el mundo y promueve la convivencia humana, se sitúa en la línea de continuidad entre naturaleza y hombre, entre lo biológico y lo mental, lo objetivo y lo subjetivo. Aquélla no está determinada nunca de forma abstracta, sino que la mueven intereses, necesidades, peticiones de aclaración que surgen de la existencia individual y social. Por ello, también en la educación se debe reconstruir el acuerdo entre conocimiento e interés, entre lógica y naturaleza, entre trabajo intelectual y trabajo manual, desarrollando los gérmenes de sociabilidad presentes en los individuos y mostrándoles el nexo inescindible que existe entre búsqueda de la verdad y democracia, entre incremento creativo de la individualidad y progreso social. Incluso el lenguaje es verdad sólo en su contexto biológico y social, afirma Dewey, polemizando con Carnap y con los neopositivistas, que no sólo consideran que los enunciados lingüísticos están dotados de verdad intrínseca fuera de su inscripción social, sino que declaran que son verdad también exclusivamente los empíricamente controlables o tautólogicos, definiendo indecibles o carentes de sentido los que tratan de los valores, de asuntos políticos y morales, los que para Dewey es más urgente conocer y someter a un control.

La epistemología del neopositivismo y su crítica

Así pues, en la filosofía norteamericana el estatus del dato observable es menos rígido e ingenuo de lo que le parecía a Adorno desde la óptica del sentido común. Pero, si observamos mejor, lo que éste combate a nivel teórico no es una filosofía norteamericana (que más bien parece ignorar), sino una filosofía de la vieja Europa trasplantada a los Estados Unidos, donde ha hallado, en esos años, un clima favorable que le ha permitido prosperar con exuberancia: el neopositivismo, obstaculizado también por Dewey. Éste nace en países de lengua alemana a finales de los años veinte y se divide en los dos círculos de Viena (Schlick, Carnap, Gödel, Waismann, Frank) y de Berlín (Reichenbach, Hempel, Von Mises), unificados culturalmente por la revista *Erkenntnis*, dirigida entre 1930 y 1938 por Carnap y Reichenbach. El Círculo de Viena, que tiene aquí una importancia mayor para nosotros, se refiere en su manifiesto fundacional a las enseñanzas de Peano, Frege, Russell, Whitehead y Mach, pero es conocido que sus estudiosos, en particular Schlick y Carnap, tuvieron influencias de las doctrinas del *Tractatus logico-philosophicus* y de algunas conversaciones con Wittgenstein. Es característica de este empirismo lógico la distinción entre juicios analíticos y juicios sintéticos, entre proposiciones que conciernen a ideas (y que pueden considerarse fundamentalmente tautologías) y proposiciones que conciernen a hechos y que pueden verificarse mediante el recurso de datos observativos elementales. Fuera de estos dos géneros de enunciados, que poseen valor científico, están las insensateces de la metafísica, imputables a un uso impropio del lenguaje, a la utilización de palabras carentes de sentido o a la conjunción sintácticamente errónea de palabras dotadas individualmente de sentido. En *La superación de la metafísica a través del análisis lógico del lenguaje*, Carnap señalará a Heidegger como ejemplo a no imitar en cuanto al uso impropio del lenguaje.

El modo neopositivista de teoría científica se ha representado como una pirámide de enunciados, en cuyo vértice se hallan los más generales y no demostrados, en las secciones intermedias los deducibles lógicamente de los precedentes y en la base están los que poseen generalidad mínima, los que se refieren a observaciones particulares. El aspecto de axiomatización y el recurso a los datos observativos forman parte de la misma imagen de la ciencia. Pero la estructuración teórica del modelo varía mucho entre los distintos autores y, con frecuencia, en un mismo autor. Veamos el caso de Carnap. En 1928, en la *Construcción lógica del mundo*, no se hace referencia, como en Mach, a la sensación como dato irreductible (en efecto, la psicología de la forma ha demostrado que las sensaciones son ya el resultado de procesos abstractivos), sino a las «vivencias elementales», a las *Elementarerlebnisse,* a momentos psicológicos que luego se conectan por medio de «relaciones» de orden lógico.

Así pues, el programa de Carnap contempla, por un lado, la «reconstrucción racional» de los conceptos científicos sobre la base de la referencia a lo inmediatamente dado, y, por el otro, pone de relieve relaciones estructurales capaces de articular los datos. Pero ya en la *Sintaxis lógica del lenguaje,* de 1934, las «vivencias elementales», de naturaleza psicológica e inverificables, son sustituidas por los «protocolos observables», de naturaleza lingüística y controlable. Carnap avanza cada vez más hacia el examen de lenguajes altamente formalizados, convencionales, expresados por el «principio de tolerancia», por el cual «cada cual puede construir como quiera su lógica, es decir, su forma de lenguaje». Bajo la influencia de Hilbert y del lógico polaco Tarski, traza un «metalenguaje» con el que analizar el lenguaje-objeto de las proposiciones científicas, es decir, establecer las características de un sistema deductivo axiomático. La verdad analítica, definida ahora en términos sintácticos, también adquirirá, más adelante, un aspecto designativo, semántico (en la *Introduction to Semantics*, 1942), y el lenguaje, según Charles Morris –junto al cual, y junto a Neurath, Carnap había elaborado en 1938 la *Enciclopedia de la ciencia unificada*–, se estudiará también desde una perspectiva pragmática, en relación con los comportamientos inducidos por aquél. Al mismo tiempo, se abandonará el rígido verificacionismo y Carnap deberá replegarse hacia la simple «confirmación» de un enunciado sobre la base de su grado de probabilidad.

A otro emigrado, a Inglaterra en este caso, le corresponderá la crítica del planteamiento neopositivista: Karl

Raimund Popper. Éste se aleja cada vez más de los planteamientos del Círculo de Viena, es decir, de un modelo de ciencia basado en protocolos observativos y en un sistema de enunciados ciertos y definitivos. Los problemas científicos para él no son reductibles a un correcto uso de la lengua «en la construcción de complicadísimos modelos que funcionan, pero en miniatura –de enormes sistemas de diminutos chirimbolos–»[6], al contrario de lo que ocurre con Carnap. La ciencia tiende a resolver, a través de pruebas y errores, los «enigmas» del mundo, y es algo imperfecto, aunque continuamente perfeccionable. Es un agregado de conjeturas, de prejuicios, de anticipaciones prematuras y de «hipótesis arriesgadas» que, afortunadamente, son objeto constante de control por parte de la comunidad científica. El conocimiento ya no debe perseguir el ídolo deletéreo del conocimiento absolutamente cierto, objetivo, definitivo:

> Pues la adoración de este ídolo reprime la audacia de nuestras preguntas y pone en peligro el rigor y la integridad de nuestras contrastaciones. La opinión equivocada de la ciencia se delata en su pretensión de tener razón: pues lo que hace al hombre de ciencia no es su *posesión* del conocimiento, de la verdad irrefutable, sino su *indagación* de la verdad persistente y temerariamente crítica[7].

Es un error considerar las ciencias como si estuvieran caracterizadas por una base observable, y la metafísica como si se dejase llevar por las alas de la especulación. En primer lugar, porque las grandes teorías científicas, por ejemplo la de la relatividad, se basan muy poco en datos empíricos y, en segundo lugar, porque la metafísica, lejos de reducirse a puro no sentido, como querían los neopositivistas, orienta la empresa científica misma (fue, en efecto, la «metafísica influyente» del culto a la luz, de origen neoplatónico, lo que llevó a Copérnico a la formulación de sus hipótesis astronómicas). La línea de demarcación entre ciencia y metafísica o entre ciencia y pseudociencia no pasa por la divisoria sentido/ no sentido, sino por la de lo «falsable»/«no falsable». Es decir, una teoría científica no puede ser corroborada por medio de verificaciones, acumulando pruebas destinadas a confirmarla, recurriendo a la inducción. Ninguna regla puede garantizar que una generalización inferida de observaciones verdaderas, aun cuando se hayan repetido muchas veces, sea verdadera. Sin embargo, hay una asimetría entre verificabilidad y falsabilidad, debido a que las afirmaciones universales de la ciencia no pueden derivarse nunca de afirmaciones singulares, pero, aun así, pueden ser contradichas por éstas. Las afirmaciones de base, por tanto, podrán falsar una teoría, no fundarla. Es científica una teoría cuya forma lógica es falsable mediante afirmaciones empíricas, mediante un *experimentum crucis*, mientras que una teoría es metafísica y pseudocientífica cuando no puede ser confutable por principio.

Este aspecto tiene, según Popper, el psicoanálisis y el marxismo, tal como los había conocido desde su juventud, porque pretenden dar explicaciones omnicomprensivas y claras (mientras que la explicación científica es «la reducción de lo conocido a lo desconocido», a niveles mayores de generalidad) y hallar continuas verificaciones a sus proposiciones:

Un marxista no podía abrir un periódico sin hallar en cada página pruebas confirmatorias de su interpretación de la historia [...] Los analistas freudianos subrayaban que sus teorías eran constantemente verificadas por sus «observaciones clínicas»[8].

Pero, precisamente porque estas doctrinas no son resultado de previsiones arriesgadas, no se ven obstaculizadas por el acaecimiento de ciertos eventos, se sirven de suposiciones auxiliares *ad hoc* y se sustraen a toda confutación, todas ellas, precisamente, no son científicas. En cambio, posee estatus de ciencia por ejemplo la teoría einsteiniana de la gravedad, porque ha pasado indemne a través del crucial experimento de Eddington, bajo el cual podía sucumbir:

La teoría gravitacional de Einstein conducía a la conclusión de que la luz debía sufrir la atracción de los cuerpos de gran masa (como el Sol), precisamente de la misma manera en que son atraídos los cuerpos materiales. Como consecuencia de esto, podía calcularse que la luz de una estrella fija distante cuya posición aparente es cercana al Sol llegaría a la Tierra desde una dirección tal que la estrella parecería haberse desplazado un poco respecto al Sol; en otras palabras, parecería como si las estrellas cercanas al Sol se alejaran un poco de éste y una de otra. Se trata de algo que normalmente no puede observarse, pues durante el día el abrumador brillo del Sol hace invisibles a tales estrellas; en cambio, durante un eclipse es posible fotografiar dicho fenómeno. Si se fotografía la misma constelación de noche, pueden medirse las distancias sobre las dos fotografías y comprobar si se produce el efecto predicho[9].

El marxismo no puede ser para Popper una teoría científica porque se basa asimismo en dos presupuestos falsos: el historicismo y la dialéctica. Por «historicismo» entiende Popper una «antigua superstición» según la cual existirían fuerzas irresistibles que nos empujan hacia adelante y que legitiman profecías disfrazadas de previsiones científicas, opciones disfrazadas de indicadores del futuro. Esto significa divinizar la historia, transformarla en tribunal del mundo, justificar todo totalitarismo. Hegel y Marx, estos «falsos profetas», han producido, respectivamente, a Hitler y a Stalin, y han sido los más sañudos propugnadores de un colectivismo tribal, cerrado; han sido los enemigos de la «sociedad abierta», en la que se da la crítica, el debate, posibilidades de «falsar» las posiciones de los demás, de disentir libremente (los límites ideológicos y también filológicos de esta interpretación del pensamiento de Hegel y Marx no necesitan ser subrayados). La sociedad abierta o, más tarde, la democracia no es, sin duda, perfecta: es simplemente el régimen en el que el poder político –sometido al más estrecho control, con el fin de evitar la tiranía– provoca menores daños. Estrechamente conectada con el historicismo está la dialéctica, dado que las contradicciones se ven magnificadas hasta convertirse en el motor de la historia. Pero la ciencia no puede resignarse a las contradicciones, debe eliminarlas, y ésta es la única fuerza que lleva hacia adelante al desarrollo dialéctico:

No es una fuerza misteriosa residente dentro de esas dos ideas [tesis y antítesis] ni una misteriosa tensión entre ellas lo que promueve el desarrollo: es, simplemente, nuestra decisión, nuestra resolución de no admitir contradicciones lo que nos induce a buscar un nuevo punto de vista que nos permita evitarlas[10].

En las más recientes discusiones sobre la epistemología las tesis falsacionistas han sido concretadas y rectificadas por el propio Popper y por sus seguidores Agassi y Watkins. Pero han sido puestas en entredicho, en varios aspectos, por Kuhn, Lakatos y Feyerabend. Kuhn afirma que Popper ha confundido todo el curso de la ciencia con sus pocos momentos revolucionarios. En los períodos de «ciencia normal», en efecto, la actitud crítica y falsacionista no está difundida en absoluto. Sólo en las fases poderosamente innovadoras, cuando cambia repentinamente el paradigma de una teoría científica y quedan descalificados los viejos planteamientos, sólo entonces la investigación procede según módulos asimilables a los de Popper. Lakatos (estudioso húngaro emigrado a Inglaterra después de 1956, formado en las filosofías de Hegel, Marx, Lenin y Lukács, y convertido luego en un popperiano heterodoxo) destaca en cambio –yendo más allá de una de las intuiciones de Popper– cómo el carácter científico o no científico no es imputable a una única teoría, sino a una sucesión de teorías, a un «programa de investigación», que se ve determinado incluso en su propio núcleo por presupuestos preanalíticos de tipo metafísico, y por tanto no falsables. Finalmente, para Feyerabend, propugnador de una epistemología que ya es «anárquica» y contraria a toda regulación rígida, a todo método de investigación científica, la práctica de la ciencia es imprevisible, rica en inventiva, en estratagemas, no ligada a ningún «código de honor», astuta como lo es la historia para Hegel y para Lenin. La ciencia no funciona según los criterios policiales de «orden y ley», sino más bien gracias a la sistemática violación de todas las reglas establecidas y de todas las reglas y todas las teorías, incluso de las que parecen haber sido confirmadas por resultados experimentales bien establecidos. Se sigue el criterio del *anything goes,* del «todo vale», porque éste permite la proliferación de las teorías, con la consiguiente liberación de energías intelectuales e imaginativas que en caso contrario estarían destinadas a quedar comprimidas o inertes. Es interesante observar que en los estudios recientes –de los años setenta–, ante los problemas planteados por el cambio conceptual, por la sucesión de teorías científicas, que avanzan por inclusión y al mismo tiempo por negación de las anteriores, la filosofía hegeliana y la dialéctica, tan despreciadas por los neopositivistas y por Popper, han vuelto a estar en auge con Lakatos, Feyerabend y otros, como modelo a estudiar para comprender el nexo entre continuidad y discontinuidad en la forma de la *Aufhebung* o superación. Por un lado se rechaza la concepción tradicional por la que la ciencia tendría un carácter acumulativo, continuista, que iría de conquista en conquista; por el otro se tiende a restringir el discontinuismo fuerte, tal como aparece en Bachelard o en el Kuhn de *La estructura de las revoluciones científicas.* Junto a las sugerencias dialécticas, se trata, al mismo tiempo (por ejemplo, a través de los modelos formales de Sneed y Stegmüller, o a través de las concepciones de la racionalidad «local» y «reticular» de Larry Laudan), de salvar el concepto de progreso en el curso del pensamiento científico y de ofrecer una imagen de cómo la ciencia puede crecer a partir de sí misma, negando siempre sus propios límites. Del lado americano –tras un dominio total de las posturas de Carnap, Neurath, Tarski y, más tarde, de teóricos de la filosofía del lenguaje ordinario– el adiós a la filosofía analítica es lento. La amenaza más radical a su hegemonía ha llegado en estos últimos quince o veinte años de la «filosofía continental» de Foucault, Derrida, Gadamer o Habermas, que habían penetrado en un primer momento a través de los departamentos de francés o de literatura comparada de la costa este y de California. De todos modos, las señales más precoces de rebelión interna contra el neopositivismo pueden remontarse a comienzos de los años cincuenta, cuando Willard van Orman Quine escribe en 1951 el artículo *Dos dogmas del empirismo*. En él afirma la imposibilidad de sostener la distinción entre enunciados analíticos (tautológicos, tipo «soltero significa no casado», que se basan en el significado de los términos y son válidos de manera independiente respecto a los datos de la experiencia) y enunciados sintéticos (empíricos, no deducibles del mero razonamiento, sino de la observación contingente), entre verdad de razón y verdad de hecho. Los primeros se atornillan sobre sí mismos en un círculo vicioso de inextricables remisiones recíprocas entre sinónimos, como en el caso de «soltero» y «no casado»; los segundos no pueden ser interpretados a través de una remisión directa a los meros datos perceptivos. En efecto, ningún enunciado es susceptible de ser confirmado de manera singular, fuera de su contexto global, «holístico». Desaparece así la posibilidad de reducir todos los enunciados significantes a la experiencia inmediata, y también la noción de «significado» (en cuanto concepto rígido que se refiere a algo externo, a un hecho desnudo y mudo, no interpretado). Esta postura abre el camino a la idea de que existan varios «paradigmas», en cuanto que toda observación está cargada de teoría, o varias «versiones del mundo», en cuanto que diferentes esquemas conceptuales generan maneras diferentes de construir la realidad. Por ejemplo, Norwood Russell Hanson se pregunta: «Kepler y Tycho Brahe ¿veían lo mismo cuando observaban la salida del Sol?»[11], es decir, ¿cuando uno lo veía quieto junto a la Tierra mientras ésta rueda en torno a aquél y el otro lo veía girar alrededor de nuestro planeta? Además, en el sentido de Nelson Goodman, si no existe ya ningún vínculo entre nuestros enunciados y la realidad perceptiva, ¿entonces no le será posible a la ciencia fabricar una pluralidad de mundos, dotados de una consistencia interna propia, igual que los fabrica el arte?[12].

El pluralismo de paradigmas o de versiones del mundo la confuta tanto el lógico Saul Kripke (que, en contra de toda actitud «kantiana» de un mundo desconocido a interpretar, presenta de forma realista la idea de bautizar las cosas a través de nombres o designadores rígidos) como, sobre todo, Donald Davidson, que muestra que no tiene sentido contraponer múltiples esquemas conceptuales, inconmensurables y rivales entre sí, que serían los que organizan la experiencia. En efecto, la propia noción de «esquema conceptual» es impracticable, en singular y en plural. No se da ninguna realidad bruta, preexistente respecto a la red de esquemas con la que trataríamos de capturarla, y ni siquiera existe una alternativa categórica entre la intraducibilidad completa de nuestros esquemas (o lenguajes que los expresan) y su perfecta convergencia, lo que permitiría al acceso a un único mundo compartido. Abolido el dualismo entre esquema y contenido, considerado el «tercer dogma del empirismo» (igual que su colega de Harvard, Hilary Putnam, rechaza el existente entre hechos y valores), Davidson admite únicamente traducciones de enunciados que hay que comparar entre sí, con el fin de hallar el sentido de aquello de lo que se habla con relación a eventos extralingüísticos, comunes al «consorcio» humano. Si afirmamos la diversidad de los esquemas conceptuales, deberíamos demostrar su intraducibilidad. Sin embargo, aun queriendo, no seríamos capaces de hacerlo, ni respecto a los lenguajes parcialmente intraducibles ni respecto a los completamente intraducibles. Pese al «principio de caridad», que nos invita a elegir la interpretación más coherente y sensata de las afirmaciones ajenas manifestadas en una lengua desconocida, de éstas podríamos dar siempre ulteriores interpretaciones, aunque sin lograr fijar su significado concreto. Además, en caso de absoluta ininteligibilidad, se hace legítimo incluso dudar de si constituyen un lenguaje, de si corresponden a un comportamiento lingüístico, en el sentido de que «detrás» de aquéllas hay estados mentales de sujetos que tienen intención de comunicar. En efecto, «tanto el acuerdo como el desacuerdo resultan inteligibles sólo sobre el fondo de un acuerdo consolidado y difundido»[13].

6. El pensamiento dialéctico

Conciencia y totalidad

Sin embargo, la filosofía hegeliana, con sus conceptos relacionados de dialéctica y totalidad, había dado ya mucho antes sus frutos con uno de los maestros de Lakatos, György Lukács, que también se vio obligado en 1919, tras el fracaso de la República de los Consejos de Béla Kun, a tomar el camino del exilio: Viena, Berlín y Moscú, donde tiene la posibilidad, durante unos doce años, de observar de cerca al régimen estalinista. La figura de Hegel (que, finalizado un largo período de latencia, había vuelto a proyectarse sobre varias filosofías del siglo XX, de Dilthey al «existencialismo» y de Adorno a Lakatos, allí donde se combatía la «reificación» social, burocrática, científica) encuentra en Lukács no sólo uno de sus más atentos intérpretes, sino también un teórico que, a través de su acercamiento a Marx, la introducen de nuevo en lo más vivo del debate político de los últimos decenios. Al disminuir, en la primera posguerra mundial, las esperanzas revolucionarias de la Europa Occidental, el marxismo se dividió en dos ramas que marcaban la diferente experiencia de los que estaban en la oposición y los que estaban en el poder –aunque no se presentaba ya como distinción entre iglesia militante e iglesia triunfante–, además de remitirse a varias matrices históricas y nacionales. Mientras en la Unión Soviética la dureza de la lucha política en curso y los esfuerzos por construir una base económica sólida para el socialismo obligan a poner el acento en los momentos de necesidad, en el realismo, en la objetividad, en Occidente, donde el fascismo empieza a gobernar en algunos países y donde el período de transición se presenta largo, la reflexión marxista tiende a asumir tonos más utópicos o «extremistas», a recuperar una dimensión antieconomicista, proyectiva, filosófica, que se base en la toma de conciencia de las dificultades y de los puntos muertos a superar. A este fin está dedicada la obra *Historia y conciencia de clase,* de 1923.

Lukács, que durante su juventud había absorbido las ideas del historicismo de Dilthey, de la filosofía de los valores, de Simmel y de Weber, presupone todavía en los ensayos que constituyen este volumen la distinción diltheyana entre ciencias de la naturaleza y ciencias del espíritu y, asimismo, el análisis que de la reificación y del capitalismo habían efectuado la *Filosofía del dinero* de Simmel y los escritos de Weber (incluidos los publicados póstumos, cuyo contenido Lukács conocía en parte, por haber frecuentado en Heidelberg la casa de

Max Weber). Para él, la dialéctica no puede aplicarse a la naturaleza, que está regida por esas leyes de uniformidad metahistórica, de eternización y de aislamiento de los datos, del cálculo y la cuantificación de las ciencias naturales que el capitalismo pretende aplicar también a las sociedades humanas (precisamente en un momento en que las ciencias cambiaban de aspecto, Lukács continúa teniendo una visión más arcaica que Dilthey). Así pues, capitalismo y ciencias de la naturaleza son solidarias: se toma en serio la afirmación de Weber según la cual «la ciencia es el único partido de la burguesía». Pero también capitalismo y reificación son solidarios: en el mundo de las mercancías también el hombre tiende a ser considerado y tratado como una cosa, a verse reducido a mero apéndice de la producción. Lo que se opone victoriosamente a esta reificación y a la ideología que la justifica es la dialéctica con su idea de totalidad, que restablece los nexos vivos y procesuales de la realidad, inserta la historia en los «datos», vincula teoría y práctica en la comprensión y transformación del mundo, conecta al sujeto con el objeto y permite una visión global en una época de variaciones continuas y con frecuencia imperceptibles de la estructura del conjunto en un escenario mundial. El conocimiento de la totalidad no autocontradictoria es posible sólo para la conciencia de clase del proletariado. Anteriormente, en las épocas precapitalistas, la división en castas y estamentos *(Stände)* ocultaba del todo la totalidad social y, como consecuencia, hacía que la previsión, la proyección y el control de la dinámica histórica fueran imposibles. Con el advenimiento de la burguesía, con la formación de las clases modernas y la autonomía de la esfera económica, las visiones del mundo y la percepción de los conflictos de interés se hacen totales, y «la conciencia de clase entra en el estadio de *conciencia refleja* posible»[1]. La burguesía (a diferencia de los campesinos o de su fracción más disgregada, la pequeña burguesía) tiene más bien una visión dialéctica de la realidad, pero es una visión trágica y contradictoria: la conciencia burguesa, como los personajes que Lukács había estudiado en *El alma y las formas* y en la *Historia del desarrollo del drama moderno*,

> arrastra la maldición de que en el momento culminante de su despliegue entrará en irresoluble contradicción consigo mismo y acabará, por lo tanto, suprimiéndose y superándose. Esta trágica situación de la burguesía se refleja históricamente en el hecho de que todavía no ha aplastado completamente a su antecesor, el feudalismo, cuando ya aparece un nuevo enemigo, el proletariado[2].

La burguesía no puede soportar la visión de la totalidad, que incluye la de sus propios límites y la de su fatal desaparición; se ve constreñida a situarse a la defensiva y a perturbar para sí misma y para los demás la percepción global de los nexos históricos. En cambio, la clase obrera, que goza de la ventaja de considerar a la sociedad a partir de su «centro», desde el motor de la producción, no sólo no teme a la totalidad social, sino que está interesada en conocerla, para poder guiar el proceso de transición y abolirse a sí misma en una sociedad sin clases. Muchos años más tarde, en el *Prefacio* a la traducción italiana de 1967, Lukács reconocerá haber cometido varios errores en *Historia y conciencia de clase*: al haber confundido la «objetivación», ineliminable en toda actividad humana, con el «extrañamiento», que es históricamente revocable; al haber hecho perder al trabajo la característica que Marx le había atribuido en toda sociedad, la de garantizar el recambio orgánico de la sociedad con la naturaleza, y por haber incurrido, en particular, en «un exceso (hegeliano), contraponiendo a la prioridad de la esfera económica la centralidad metodológica de la totalidad»[3].

La importancia de Hegel, de la dialéctica y de la categoría de totalidad no será repudiada nunca en toda la producción de Lukács. Antes bien, sobre todo después de que Stalin inaugurase la política de los frentes populares, elabora abiertamente una línea estratégica de gran amplitud que prevé, como corolario de la alianza entre burguesía progresista y proletariado, la unión con el gran momento cultural de la burguesía progresista, antes de su definitiva caída en el «irracionalismo». Los nombres de Hegel, de Goethe y de Ricardo constituyen los puntos de referencia y la herencia más sana y dialéctica de la tradición burguesa: éstos representan esas individualidades plásticas que el proletariado se esfuerza en producir en cada hombre. Pero luego el irracionalismo ha envenenado la filosofía, el arte y la economía política burguesa (a Lukács se le escapa, en la justa polémica contra la cultura que ha conducido al nacionalsocialismo y a la guerra, cuánto conocimiento hay también en la «decadencia», qué antídotos a la crisis se mezclan con las toxinas: de ahí que liquide sumariamente a tantos autores en *El asalto a la razón*). Estas ideas de Lukács tendrán un gran peso en Italia (entre los años cincuenta y sesenta, en la época de la «desprovincialización»), cuando se inserten en el preexistente historicismo marxista ante la perspectiva política de una alianza entre la clase obrera y las clases medias democráticas: contribuirán así a la formación de un «humanismo marxista», no carente de elementos de tono clásico, armónicamente compuestos. Incidencia menor tendrán en cambio, y no sólo en Italia, las últimas y más maduras reflexiones del filósofo húngaro, desde su monumental *Estética* hasta la *Ontología del ser social*, donde se hace frente orgánicamente a los problemas del reflejo de la vida cotidiana (un tema que le será transmitido a su alumna Agnes Heller) en el arte, en la peculiaridad de su mímesis y de sus métodos de «señalización», y del conocimiento directo de un «existente en sí» estratificado en varios niveles mediados por el trabajo, que la historia ha hecho inteligibles para nosotros.

La dialéctica negativa

A esta concepción de una dialéctica fuertemente compositiva, armónica incluso a través de las contradicciones más desgarradoras, y a la imagen de una totalidad ya adquirida, se oponen Adorno y Benjamin, que, en conexión con la estructura trágica de las filosofías de Kierkegaard y de Rosenzweig, y con la idea neokantiana de la inconmensurabilidad de la parte respecto al todo, de la totalidad como simple *focus immaginarius*, revalorizan esa «lógica de la disgregación» que se expresa en el arte y en los conceptos de las vanguardias del siglo XX.

Para Adorno, hay que vivir hasta el final los desgarros de este período histórico en el que, junto al avance de la socialización, la totalidad se ha convertido en totalitarismo, sistema en el que es vigente la ley de la unidad, de la eliminación de lo diferente, de lo no compatible con el dominio. Ante esto no se debería buscar –como haría Lukács– una «conciliación forzada», no debería transfigurarse la realidad negativa del presente en formas sólo aparentemente pacificadas. En cambio, habría que someter a la luz de la conciencia las mutilaciones, las escisiones y la degradación que la vida sufre y que el arte grande de un Kafka, de un Trakl, de un Picasso o de un Schönberg representan. La condición sólo puede concebirse «al margen de la locura»[4], en lo que hoy está aplastado, oprimido, impotente, individual, inútil, no fungible en un mundo regido por la intercambiabilidad, por el principio de la equivalencia, de identidad. En todo lo que se rechaza alberga la esperanza de que el poder y la fuerza de las cosas, el destino de esta época, no tengan el predominio para siempre. Sólo a través de esta acumulación de dolor, proyectándonos hacia un tiempo que no es el nuestro, podremos entrever la desaparición de la totalidad antagonista, la redención de la particularidad, la paz como «estado de una diferenciación sin poder, en el que lo que está diferenciado participa recíprocamente del otro»[5]. Únicamente entonces finalizará la marxiana «prehistoria» de la humanidad. Pero para ello tendremos que sustraernos a la sugestión de lo existente, alterarlo en su obviedad, poner en marcha la «fantasía exacta» que recupere todo lo que hasta hoy ha sido apartado y mantenido al margen; sustituir la lucha de clases, que se ha interiorizado, por la resistencia al dominio de pequeñas minorías; activar, en fin de cuentas, la razón dialéctica que es «la irracionalidad frente a la razón dominante»[6] y que –dice Adorno, polemizando con Popper y los «cientificistas»– no está cerrada holísticamente, ni es extraña al objeto. Antes bien, en su negatividad, que no acepta pasivamente los datos sensoriales o las tautologías como si fuese la verdad misma, es mucho más respetuosa con la vida y las contradicciones del objeto que las concepciones neopositivistas o cientificistas, despreciadas por la dialéctica pero que, a su vez, consideran que la dialéctica es una serie de fútiles revoloteos retóricos:

> En cierto sentido, la lógica dialéctica es más positivista que el positivismo, al que desprecia: respeta, como pensamiento, lo que se debe pensar, el objeto, aun en los casos en que éste no sigue las reglas del pensamiento. Su análisis toca las reglas del pensamiento. El pensamiento no se ve obligado a contentarse con su propia normatividad; es capaz de pensar contra sí mismo, sin renunciar a sí mismo. Si fuese posible una definición de la dialéctica, debería proponerse ésta[7].

El pensamiento dialéctico trata de pensar la «historia congelada en las cosas», ese nudo temporal del devenir que los científicos ocultan y que se filtra, más allá de toda ideología, en el arte y en el pensamiento no reglamentados, que avanzan «por intermitencias», tendiendo hacia el «no todavía».

Esta congelación no es, precisamente, un destino:

Como la finalidad, también el origen de la música va más allá del reino de las intenciones, y está emparentado con el gesto, estrechamente afín al llanto. El gesto de relajación: la tensión de la musculatura facial cede, esa tensión que, al volver el rostro hacia el ambiente ante la acción, lo aísla al mismo tiempo de éste. Música y llanto hacen entreabrir los labios y dejan libre al hombre que sujetaban...

El hombre que se deja llevar por el llanto y por una música que ya no se le parece en nada deja refluir al mismo tiempo hacia sí la corriente de lo que él no es y que había estancado detrás de la barrera del mundo de los objetos concretos. Con su llanto y su canto penetra en la realidad alienada[8].

Para Adorno, la música, al igual que el arte en general y que las grandes filosofías, deja hablar lo que el dominio y la ideología esconden bajo la coraza de la identidad o expurgan como irrelevante y nocivo. En efecto, por las necesidades de la conservación la humanidad ha tenido que resistirse en sus comienzos a la llamada de lo diferente y al carácter pánico e indiferenciado de la naturaleza. Ulises reacciona al canto de las sirenas ordenando a sus compañeros que se tapen los oídos con cera y que remen sin descanso, después de haberse atado, él mismo, para oír libremente, al palo del barco. Ésta es la «prehistoria del sujeto», que se constituye a través de una separación traumática de la naturaleza interna y externa y a través de la fundación de un polo centralizado de control en sí mismo y en la sociedad, pero que no por eso deja de advertir la nostalgia del estadio inicial, el deseo de volver a él:

La humanidad ha tenido que someterse a un tratamiento terrible para que naciera y se consolidara el Yo, el carácter idéntico, práctico, viril del hombre, y algo de todo esto se repite en cada infancia. El esfuerzo de mantener unido el yo pertenece al yo en todos sus estadios, y la tentación de perderlo siempre se ha relacionado con la ciega decisión de conservarlo [...] La angustia de perder el Yo, y de anular, con el Yo, la frontera entre nosotros mismos y el resto de la vida, el temor a la muerte y a la distinción, está estrechamente unida a una promesa de felicidad por la que la civilización se ha visto amenazada constantemente[9].

Cuanto más débil es el yo, más tiende a someter la naturalidad; y el pensamiento y la primacía lógica de la identidad no son más que el correlato de la subordinación que la totalidad social exige a cada individuo. La dureza de la lucha contra una naturaleza hostil y déspótica ha requerido, hasta hoy, la atribución al género de un poder de coerción y de cohesión que sacrifica inevitablemente la singularidad. La densidad de la totalidad social y el reforzamiento de la identidad personal garantizan la supervivencia de la especie y de los individuos en un mundo todavía conflictivo, aunque al precio de una «vida deteriorada» y de la renuncia a la felicidad integral, que centellea, como sucedáneo, en la fantasía y en el arte. La plenitud de la vida posible, más allá de los mecanismos de perpetuación social y de dominio, se concede siempre que se declare ineficaz, pura ilusión sin pretensión de perturbar la seriedad de lo real.
A partir del Renacimiento, y a lo largo de toda la época del capitalismo competitivo, ha habido un período en el

que el individuo se ha sustraído parcialmente al mando de la totalidad idéntica o, mejor dicho, en el que la totalidad misma de lo social, roto en su favor el equilibrio con la naturaleza, ha podido tolerar dentro de sí un conflicto más acentuado, y legitimarlo. Como culminación de ese momento histórico tenemos, desde un punto de vista práctico, el desarrollo de la «pequeña empresa psicológica» del individuo y el empuje de las fuerzas productivas y, desde un punto de vista teórico, la dialéctica de Hegel y de Marx y el gran arte del siglo XIX. Pero luego, al surgir el capitalismo monopolista, debido al aumento de las tensiones económicas, políticas y sociales, la totalidad se hace más rígida de nuevo, penaliza las desviaciones de lo diferente, trata de borrar el ya iniciado proceso de individualización, con la esperanza de conseguir, mediante la abolición de la espontaneidad en el comportamiento de los individuos, el reforzamiento de las estrategias anticrisis. La «pequeña empresa psicológica» fracasa y la sustituyen los «grandes almacenes» de la conciencia manipulada[10], y esos mismos valores que antes habían servido de combustible indispensable para el despegue del capitalismo competitivo (individualización, autodeterminación, libertad de pensamiento, conflictividad) se condenan ahora como un lujo anticuado y dañino. Del sujeto autoconsciente, propugnado por el idealismo clásico alemán, se vuelve así a la sustancia amorfa, a la comunidad conformista norteamericana, a la *Gleichschaltung*, es decir, a la nivelación forzada nacionalsocialista o al partido de los mil ojos de Brecht. En todo caso, con las cadenas del miedo o con las de las necesidades, el ser social queda indisolublemente ligado a la conciencia.

La «estructura» penetra e invade la «superestructura», haciendo que caiga, por un lado, la apariencia residual de una zona autónoma respecto a la esfera económica, pero reduciendo, al mismo tiempo, al individuo a mero portador de los mecanismos económicos, de tal manera que obstaculiza en él el motor subjetivo del cambio que había comenzado a operar con sordina a raíz de la individualización. Una vez rotos los envoltorios protectores del individuo –autonomía subjetiva, familia, amor, amistad, solidaridad de clase–, éste acaba encontrándose de nuevo en contacto directo con la totalidad primordial, que somete lo particular al «mal» universal. La parábola de la «ilustración» *(Aufklärung)* lleva de una barbarie a otra, de la tosquedad natural a la planificada. Y en el clima de la docta barbarie del presente la revolución queda aplazada para una fecha a concretar.

Sólo pequeñas minorías pueden contraponerse a la opresión vigente, con una resistencia cuantitativamente débil, aunque ciertamente bastante más que simbólica. Adorno opone al concepto de lucha de clase el de resistencia al dominio; a la lucha colectiva y organizada, opone la individual o la de grupos restringidos; a la guerra de movimientos –para servirnos de la terminología gramsciana–, la de posiciones, en trincheras dispersas. La «realidad bloqueada» puede hacerse fluida poco a poco gracias a la labor de unos pocos, de los parias, de los herejes, de los perseguidos por el orden vigente:

Los débiles, los impotentes, a los que la historia ha echado a un rincón y aniquilado según el veredicto de Spengler, personifican negativamente, en la negatividad de tal civilización, lo que permite, aunque sea débilmente, romper el dominio y poner fin al horror de la prehistoria. En su protesta reside la única esperanza de que destino y poder no tengan la última palabra[11].

El sujeto histórico de la emancipación, el proletariado, parece haberse vuelto incapaz, como tal, de oponerse a la potencia de lo existente, al hallarse entre el socialismo burocrático, la enfatización del consumo y el terror fascista. Por otro lado, la degradación de la vida se manifiesta de mil maneras y con frecuencia se nos presenta «enferma» también «cada cosa que deviene», porque lo nuevo se abre camino con dificultad entre vínculos, barreras, retrocesos y senderos que no conducen a ninguna parte. En una despiadada y al mismo tiempo conmovida fenomenología de la existencia cotidiana, se desgranan ante los ojos de Adorno todas las miserias y los vacíos disfrazados de mayor libertad e inmediatez que la lógica «capitalista» de la identidad (como intercambio de equivalentes en el que la sustracción de plusvalía se borra) promueve y hace penetrar hasta las más íntimas manifestaciones de la conciencia individual y del comportamiento social: los hombres olvidan el arte del don, ya que

hay algo absurdo e increíble en la violación del principio de intercambio; a menudo también los niños miran de arriba abajo al donante, como si el regalo no fuese más que un truco para venderles cepillos y jabón.

La búsqueda de una mayor comunión entre individuos que carecen ya de espontaneidad y de nexos afectivos profundos se produce a través de la falsa cercanía de una «camaradería hecha de empujones», que «no es más que otro signo de la creciente imposibilidad de la convivencia humana en las actuales circunstancias».

Contra la desaparición virtual y el embotamiento de la experiencia, la filosofía y el arte pueden constituir antídotos, la primera al inmunizar a los hombres contra el «excesivo poder de la sugestión» que emana lo existente, la segunda, presentándose como el «lugarteniente» del sujeto colectivo auténtico pero que todavía no ha aparecido. Filosofía y arte deben revolucionar la aparente obviedad e inmutabilidad de lo real, sobre todo indicar sus líneas de fractura latentes y visibles, su ser surcado por contradicciones por el momento insuperables. Desde joven, Adorno ha afirmado que utilizó una idea para él fundamental, la de una «lógica de la disgregación», que tuvo ocasión de ver en acción no sólo en las vanguardias musicales vienesas, en las técnicas dodecafónicas, sino también en las filosofías «atonales» de un Benjamin o de un Bloch o en la pintura de un Picasso. La «dialéctica negativa», que renuncia a la conciliación actual, es, pues, el instrumento para desencuadernar la presunta impenetrabilidad e intransformabilidad de lo real, para desvelar –por desgracia, todavía a pocos– que el gigante del dominio tiene pies de barro y que su duración depende del consenso involuntario o extorsionado de los oprimidos. Teóricamente, aquélla es la «conciencia consiguiente de la no identidad», pero la «esperanza de la conciliación acompaña al pensamiento inconciliable». La dialéctica negativa debe resarcir a lo no idéntico por su eliminación de la totalidad vigente, debe basarse sobre lo que todavía resiste en la periferia de la realidad o combate contra ésta, sobre lo «aconceptual individual y particular» para expresar así la «historia congelada de las cosas», disolviendo la identidad, la totalidad y la reificación social con el ácido corrosivo de las contradicciones. Los residuos de la actual sociedad son la levadura de la sociedad futura, no su configuración completa. Y la lucha por conseguir su concreto amanecer es eficaz; no es banalmente utópica, no está destinada inevitablemente a la derrota.

7. El mundo y la mirada

Husserl: la visión de la cosa

Retrocedamos ahora en el tiempo para ver cómo los «filósofos puros» se han enfrentado a la relación sujeto-objeto –la mirada y la cosa– y han intentado fundar nuevas certidumbres. Empecemos otra vez por Husserl, que guía la superación del psicologismo, del relativismo historicista y de la oposición cognoscitiva que introduce la conciencia común en el saber científico hacia puntos de vista más elevados, arrancándola –no sin violencia– de su espontánea actitud naturalista, para la cual la realidad está simplemente ante nosotros y basta con reflejarla. Pero

una realidad absoluta vale lo mismo que un cuadrado redondo.
Realidad y mundo son, para nosotros, los títulos de determinadas unidades de «sentido», relativas a determinados nexos

significativos de la conciencia pura, los cuales confieren, precisamente, este sentido y no otro y muestran su validez[1].

Esto no significa caer en un idealismo de tipo berkeleyano o declarar que el mundo es producto de la conciencia. Quiere decir tan sólo que la conciencia es «intencionalidad», es siempre conciencia de algo; por tanto, no existe por un lado la conciencia y por otro la cosa, por un lado el sujeto y por otro el objeto, sino que existe un nexo bipolar inseparable y constitutivo. Y nosotros no tenemos sólo la percepción sensible de datos individuales, sino también la percepción directa de los universales, la visión de las «esencias», de los *eide* que recibimos al pensar. Así pues, en el acto de pensar somos pasivos, no participamos en la construcción de los conceptos de la lógica pura, pero sí aceptamos su datidad.

Adorno ha visto en este planteamiento una forma de terrorismo y de «absolutismo lógico» por el que la verdad se convierte en algo sobrehumano que se impone a la conciencia con una evidencia carente de mediaciones; la congelación en esencias eternas del movimiento de las cosas y de la historia, que refleja la ya cumplida abdicación de la subjetividad burguesa respecto a una poderosa totalidad social anónima. La visión de las esencias y la *epojé* (es decir, la tematización de la indagación a través de la puesta entre paréntesis de la actitud natural) son para Adorno la negación de la dialéctica y el predominio de la estaticidad:

Como el fotógrafo de otros tiempos, el fenomenólogo se cubre con el paño negro de su *epojé*, suplica a los objetos que se queden inmóviles e inmutables y al final realiza pasivamente, sin la espontaneidad del sujeto cognoscente, retratos de familia, como el de la madre, «que posa su mirada afectuosa sobre el grupito de sus pequeños»[2].

Pero en Husserl hay algo más: se trata de ver, de dejarse impregnar por el mundo, suspendiendo el juicio, dando voz de nuevo al objeto, redescubriendo el sentido y el orden de las cosas que la modificación continua de los sistemas de referencia y de apoyo ha hecho inciertos y problemáticos. El análisis eidético reproduce a un nivel más elevado de inteligibilidad ese orden que la *epojé* había suspendido. De este modo, el método fenomenológico se presenta como una continua donación de sentido a una experiencia que es muda o tiende a serlo en la conciencia común. Esta última puede, como Orfeo, subir de los infiernos de lo «vivido» hacia el luminoso reino de las esencias, del saber, sólo si es capaz de no mirar hacia atrás, de no recaer en la actitud natural. De esta manera, realizando un esfuerzo para desengancharse de la espontaneidad de las costumbres, a la conciencia común le resultará evidente que los objetos no existen de manera natural, que son unidades intencionales, nudos en la red de coordenadas con las que el mundo se estructura. Pero ¿cómo orientarse en él? ¿Cómo separar la intención cognoscitiva (que para la mayoría de los hombres no tiene una especial excelencia o constancia) de las demás modalidades de referencia del mundo? ¿Y cómo encontrar, por debajo de las estratificaciones culturales e históricas, el sustrato material de la «cosa»? El mundo circundante tiene varias valencias, incluso prácticas:

Éste [el mundo] está constantemente «a mano», y yo mismo soy un miembro de él. Y está ante mí no sólo como un *mundo de cosas*, sino también, con la misma inmediatez, como un *mundo de valores, mundo de bienes, mundo práctico*. Ante mí encuentro las cosas dotadas de caracteres de valor, como las propiedades físicas, bonitas o feas, agradables o desagradables, placenteras o no placenteras, etc. Las cosas se presentan inmediatamente como objetos de uso, la «mesa» con sus «libros», el «vaso», el «piano», etc. También estos caracteres axiológicos y prácticos pertenecen constitutivamente a los objetos como tales, aunque yo no les preste atención a ellos y a los objetos. Y lo mismo que para las meras cosas, esto vale también para los hombres y animales que me rodean y respecto a su carácter social. Éstos son mis «amigos» o mis «enemigos», mis «inferiores» o «superiores», «extraños» o «parientes», etc.[3].

El hombre, al ser un «cuerpo vivo», es también sujeto de necesidades, está inmerso en un sistema de dependencias que le hace actuar para alcanzar una meta, está rodeado por objetos útiles que tienen el carácter de «mercancía»[4].

Pero si yo quiero conocer la constitución material de la cosa (empresa a la que Husserl se dedica ya en la *Lección sobre la cosa* de 1907 y en las *Ideas II*) debo penetrar por debajo de estas valencias individuales y sociales hasta captar el estrato de materialidad que la distingue del puro fantasma, es decir, de la «datidad carente del estrato de aprensión de la materialidad». Tomemos el ejemplo del color, al que Husserl se enfrentó no sólo en las *Ideas II,* sino también en un manuscrito en parte aún inédito de 1910, *Fantasma y cosa*[5], y formulemos la sencilla pregunta de cuál es el color de un objeto. Por lo pronto, la distinción entre forma y color de una cosa se transforma fenomenológicamente en la diferencia entre «color» y «coloración», o sea, entre el color y su extensión. En segundo lugar, ya que el color se da sólo en presencia de una fuente luminosa, dependerá de su iluminación y se presentará, al variar ésta, en «oscurecimientos» o «sombreados» distintos en cada caso. Pero nosotros atribuimos al cuerpo un color objetivo, cuyas modificaciones se atribuyen a elementos de perturbación. Lo que quiere decir que una cosa tendría siempre el mismo color, tanto en la oscuridad de un armario como ante una luz débil o a pleno sol. Sin embargo, en realidad, el color objetivo atribuido a una cosa es una norma, es algo pensado, pero no algo visto. Nosotros establecemos condiciones óptimas y normales que determinan el color del objeto:

> Así, ciertas condiciones resultan ser las «normales»: la visión en las condiciones constituidas por la luz del sol y por un cielo claro, sin la intervención de otros cuerpos que pueden influir en el color de la aparición. El *optimum* que se obtiene de esta manera vale igual que el color mismo, a diferencia, por ejemplo, del rojo del anochecer que «sofoca» todos los colores propios del cuerpo. *Todos los demás colores de la calidad son un «aspecto de»,* «apariciones de» este privilegiado color de la aparición[6].

La «cosa» se presenta así como unidad normativa que permanece igual en todas sus modificaciones (que siempre podemos eliminar recuperando las condiciones óptimas) y que, a diferencia del «fantasma», produce entrelazamientos causales, actúa.

El hecho de que las ciencias naturales no hayan comprendido el carácter constitutivo de las cosas, al haberlas entendido de forma naturalista, ha llevado a un oscurecimiento del sentido de la racionalidad europea. *La crisis de las ciencias europeas* (libro escrito entre 1935 y 1937 pero publicado en 1954) describe precisamente este extravío, la pérdida del empuje teleológico. En esta época trágica, en la que los totalitarismos se extienden y la racionalidad parece servir tan sólo a fines de destrucción o para ponerse a disposición del poder, la ciencia tiene sus responsabilidades, en cuanto que ha contribuido a que se trate también al hombre como una cosa. Los filósofos, estos «funcionarios de la humanidad»[7], deben comprender el porqué de la crisis y contribuir a su solución, indicando en el «mundo de la vida» *(Lebenswelt)* el fundamento olvidado de las ciencias, el origen de sus preguntas. Ahora Husserl ya no considera a la filosofía una «ciencia rigurosa», sino una superación práctica del naturalismo[8].

En 1917, cuando Husserl acuña el neologismo *Lebenswelt,* éste ya ha asumido carácter de síntoma. En efecto, revela la profunda fractura entre la actitud teórica de quien se dirige al «mundo», a la totalidad de lo real, y de quien, en cambio, se sitúa en el «mundo de la vida», es decir, en el centro de un «horizonte de cosas que no son meros cuerpos, sino objetos de valor». La primera actitud expurga al sujeto, considerándolo con lejanía un objeto entre otros muchos; la segunda teje y vuelve a tejer incesantemente la tupida red de relaciones cognoscitivas y afectivas en cuyo seno el sujeto se ve enredado en el mundo. Una se basa en la categoría de «causa» y se esfuerza por asignar un sentido concreto a los fenómenos individuales; la otra se apoya en el criterio de la «motivación» e interroga a los factores que inducen al propio sujeto «a pensar, evaluar, desear, actuar». La conducta de todos aquellos que operan en el plano de la objetivación del mundo tiende a encerrar a cada ente y «esencia» en el ámbito de la univocidad; la de aquellos que se sienten insertos en el *Lebenswelt* trata de conservar, en cambio, una tolerante apertura ante la pluralidad de significados de la experiencia, de los diferentes niveles de realidad. Los sujetos capaces de comunicarse informalmente sin plantearse demasiados problemas, pero también sin atrincherarse en la dimensión de lo inefable, los hombres que padecen y actúan en contacto directo con su medio cambiante son, en general, los mismos que –en determinadas culturas y circunstancias– se colocan las anteojeras habituales del cientificismo naturalista, al creer que así elevan su pensamiento por encima de la opacidad de la experiencia irreflexiva. Desde ahora aparece ya en Husserl el esbozo de una pregunta: la actitud teorética objetivante ¿es la única que se le consiente al saber de la especie humana o se puede suponer un tipo de conocimiento igualmente eficaz, que, por un lado, no se pueda remitir a la objetivación y, por el otro, a las turbias intuiciones del vitalismo o de los indiferenciados atisbos subjetivos del *Erlebnis*?[9]. Que esta ardua empresa esté destinada también a quedar incompleta lo demuestran tanto el largo recorrido que conduce a Husserl hasta la *Crisis de las ciencias europeas* (y más allá, hasta las últimas conversaciones transcritas por su hermana) como el privilegio acordado al término mismo de *Lebenswelt*. Antes de recibir plenos derechos de ciudadanía lingüística, el vocablo debía parecer a muchos un híbrido monstruoso, un «centauro conceptual», formado por *Welt*, que alude a la totalidad compacta, duradera, densa del «mundo», y por *Leben*, que nos remite a la multiforme, frágil y caduca finitud de la «vida».

Renunciando provisionalmente a las ventajas garantizadas por el ordenado universo de las ciencias, Husserl corre el riesgo de caer en el relativismo o en las nebulosas filosofías de la intuición, es decir, en las formas de pensamiento que siempre aborreció. En ellas cada cultura humana –según las doctrinas de Spengler y de Toynbee–, aislada de las demás, tiene las mismas pretensiones de legitimación. Cualquier canon para medir el grado de credibilidad de prejuicios, opiniones y valores o para discutir ideas, costumbres, estados de ánimo resulta, por tanto, infundado. Así pues, si la implicación de la filosofía en el mundo de la vida superase –en la *Crisis de las ciencias europeas*– un determinado nivel, todo aquello que constituye el aspecto de contingencia y de arbitrariedad de lo vivido readquiriría esa fuerza y ese prestigio que la ciencia moderna ha conseguido arrancarle tras una dura lucha. En este caso, la universalidad de la «conciencia transcendental» –la irreductibilidad de la conciencia al objeto, que une a todos los hombres– se vería destruida en beneficio de la multiplicidad empírica de sujetos psicológicos inconexos y de civilizaciones que se proclaman soberanamente inconmensurables. Se tolerarían el discurso y la

comunicación sólo gracias al hecho de compartir determinadas vivencias y tradiciones específicas, espontáneas o inducidas. Se convertirían en una mera cuestión
de pertenencia y de homogeneidad cultural a los diferentes grupos humanos. De todos modos, el instrumento
de la «reducción fenomenológica» proporciona a Husserl una salida a estas dificultades. Le deja una esperanza
razonable, que se manifiesta en una paráfrasis de la frase
evangélica: «Aquel que pierda su vida la salvará». La
pérdida del mundo de la vida –es decir, el hecho de po-
nerla entre paréntesis a través de la *epojé*– se convierte,
en efecto, en la premisa de su reconquista. Gracias al
patrimonio de universalidad acumulado por el «sujeto
transcendental» que se refleja radicalmente en sí mismo
y exhibe así las formas y las vías de donación del sentido, también el mundo de la vida es rescatado e iluminado. Suspendiendo provisionalmente el juicio, se hace
problemática la obviedad. Se inhiben simultáneamente
tanto la prevaricación subjetivista, que tiende a proyec-
tar de forma rutinaria y fantasmal sobre la «cosa» esquemas perceptivos, pensamientos consolidados e intereses provenientes del mundo de la vida, como la
tentación objetivista que (con el fin de conservar el estrato de aprehensión de la materialidad) le sustrae luego
la complejidad de las dimensiones y la variedad de los
puntos de vista para privilegiar como normativa una
única actitud y descalificar consiguientemente a todas
las demás. La *epojé* permite oír nuevamente el entre-
mezclarse de voces que provienen del polo de la cosa y
del polo del sujeto, renegociar el sentido fuera de la
obligación de la obviedad.

Schütz: migraciones de sentido

En el sociólogo y filósofo austríaco Alfred Schütz se articula y especifica el mundo indistinto y unitario de la vida de Husserl (que en este filósofo, por otro lado, permaneció básicamente inexplorado en su cartografía concreta). No asume el aspecto de «subuniversos de realidad», como en William James, sino de «provincias finitas de significado», dotadas todas ellas de autonomía. Cada una es un universo simbólico, virtualmente autosuficiente, en el que se permanece hasta que un trauma, un paso brusco y discontinuo, un «salto kierkegaardiano», lo induce a superar los límites:

> Hay tantos géneros de experiencias traumáticas como diferentes provincias finitas de significado sobre las cuales yo puedo poner el acento de la realidad. Indicaremos algunos ejemplos: el trauma de dormirse como salto al mundo de los sueños; la transformación interior a la que estamos sometidos cuando se levanta el telón como transición hacia el mundo del escenario; el cambio radical de actitud si, ante un cuadro, actuamos de manera que nuestro campo visual se limite a lo que está dentro del marco, como paso al mundo pictórico; nuestra incomodidad, que se relaja cuando reímos, si, al oír una historia graciosa, nos sentimos por un momento dispuestos a aceptar su mundo ficticio como una realidad en relación con la cual el mundo de nuestra vida cotidiana asume un carácter absurdo; el volverse el niño hacia su juguete como paso al mundo del juego, etc.[10].

En el seno de cada mundo todas las experiencias son por sí mismas coherentes y compatibles. La *epojé* marca la frontera entre las distintas provincias: nosotros emigramos continuamente y volvemos de estos otros mundos. Dividimos la experiencia según zonas de significado, por las que los distintos mundos están formados por aglomerados de sentido, y no por una multiplicidad de elementos heterogéneos agrupados por causalidad, cuya síntesis corresponde al yo. La sociedad misma, como muestran los artículos de sabor simmeliano *El extranjero: ensayo de psicología social* y *El superviviente*, posee ya virtualmente, en efecto, los «moldes» de reproducción de los mundos psicológicos e institucionales destinados a filtrar los acontecimientos. Esto ocurre según reglas que captan la riqueza de significados que se abre con la multiplicación de las esferas de realidad. Sólo el mundo vital de lo cotidiano (que Husserl, por otro lado, no distinguía del mundo de la vida) es capaz de ejercer un dominio sobre las demás provincias de sentido, proclamando su «suprema realidad» o *paramount reality*. La ciencia es, para Schütz, una de tantas provincias de significado, sin una superioridad absoluta sobre las otras, pero nos atrae la variedad de sus intereses, de sus «criterios de relevancia». El paso de los distintos mundos vitales a la dimensión de la ciencia no es un paso de lo notorio a lo conocido, del sentido a la verdad, sino una apertura desde lo que es más o menos familiar a lo que no lo es pero puede serlo:

La familiaridad [...] indica la posibilidad de referir nuevas experiencias, por lo que respecta a su tipicidad, a mi fondo habitual de conocimiento ya adquirido [...] Cada experiencia que ha entrado a formar parte de nuestras posesiones habituales (y por ello nos es familiar) trae consigo la anticipación, en principio, de que reconoceremos ciertas experiencias futuras como referidas a los mismos objetos experimentados con anterioridad, o al menos a objetos que son idénticos y típicamente semejantes[11].

El «acento de la realidad» se traslada y se retira de una provincia finita de significado a la otra. Cada provincia finita de significado tiene ahora su tensión específica de la conciencia, su específica *epojé*, su modalidad específica de percibir el Yo, su específica socialidad y su específica temporalidad que establece la sucesión o la simultaneidad de los fenómenos. Recientemente se han retomado estos temas, lo que conduce a una desdramatización del tránsito a través de las distintas «provincias de significado». Así, en Peter Berger, sociólogo alemán afincado en los Estados Unidos, ya no hay necesidad de traumas para pasar de un mundo vital a otro. En una sociedad moderna y urbanizada estamos ya, sin más, en el interior de su multiplicidad y en el área de sus intersecciones, en cuanto que los mundos vitales no se presentan tan separados y compactos como sucedía en las sociedades tradicionales. En todo caso, se han convertido en extraños o indiferentes entre sí. Nuestra actual existencia, en especial en las metrópolis, nos introduce incesante y ya casi imperceptiblemente en varios mundos, que cruzamos también continuamente (más que de una ruta, podríamos hablar de un sistema de cambios ferroviarios). No existe ya ningún mundo auténtico, no manipulado, que podamos contraponer al mundo auténtico: la conciencia está formada por un ensamblaje de «paquetes» *(packages)* de consciencia preconfeccionados, proporcionados por los mundos vitales de pertenencia que no tenemos tiempo, ganas o competencia para abrir y controlar críticamente, al ser ya de por sí una empresa fatigosa aprender saberes formalizados, prácticas y profesiones[12]. Éstos siguen juntos hasta que las disonancias cognitivas o morales se hacen demasiado estridentes, impidiendo un fructuoso «acceso a la realidad».

Se descubren, en las sociedades occidentales, las ventajas y las desventajas de la modernidad: por un lado, la conciencia componencial, por el otro, la conciencia abierta, que ya no se siente ligada a su situación en la *paramount reality* del mundo cotidiano. Podemos pensarnos como dotados de biografías diferentes, imaginar cómo podríamos ser o en qué podríamos convertirnos, distanciándonos de la identidad o del rol desempeñado actualmente y descubriendo o activando muchos yoes potenciales a través de un despliegue más acentuado de las *if attitudes* (de la imaginación de los «si...»). Es necesario un yo componencial, desmontable, que permita simétricamente la transición «blanda» de un mundo vital al otro, evitando las crisis de desadaptación. Debemos sentirnos como «en casa» en el mayor número posible de mundos, lo que quiere decir que no debemos tener una casa, que somos *homeless* (sin techo). Desde este punto de vista, la multiplicación de las esferas de la realidad parece apartar los problemas, en vez de resolverlos. Dividido en una pluralidad de mundos vitales coexistentes y componibles, el *Lebenswelt* husserliano conduce al final a mundos divergentes e incongruentes, «ingobernables». Sin embargo, la casa se convierte en un edificio con varias habitaciones y la «provincia del hombre» se extiende hasta transformarse en un mapamundi coloreado que engloba a todos los territorios separados. En Berger los mundos vitales –a diferencia del acento puesto por Husserl y por Schütz en su relativa estabilidad– sufren, en efecto, incesantes transformaciones, moleculares o catastróficas, que retraducen y recalifican sus contenidos y sus formas. Por consiguiente, estamos rodeados no sólo por innovaciones e hibridaciones, sino también por símbolos muertos, sometidos a despotenciación y desclasamiento, que sobreviven encapsulados en los pliegues de nuestros mundos vitales. Éstos, a su vez, se ven recorridos por continuos flujos de inversión y desinversión de sentido, por actos de significación y por fases de olvido, atravesados o punteados por espacios o entes contiguos pero no comunicantes. Bajo este aspecto, la experiencia se presenta también como un viaje dentro de los distintos mundos de la vida de lo cotidiano y de lo extracotidiano, una migración entre esferas de sentido a veces disonantes que inducen al individuo a componer por sí mismo, con un margen cada vez más amplio de discrecionalidad, su propio «plan de vida» como integración continua de segmentos de mundos vitales y construcción de una identidad móvil, desencantada o trágica. Al igual que el héroe homérico o que el moderno protagonista del *Ulises* de Joyce, experimentar significa adquirir la competencia necesaria para distinguir, penetrar y comprender los innumerables mundos de la vida (presentes y cercanos, desaparecidos y lejanos, «reales» o «imaginarios») que se recorren respectivamente en diez años de peregrinaciones por mares y tierras desconocidas o en un lapso de veinticuatro horas, en zonas abruptas o en lugares abiertos de nuestra ciudad. Como los personajes de Beckett, en cuyas obras «el sujeto muere antes de haber alcanzado el verbo»[13] en el doble sentido de que siempre queda inacabado (debido a que no alcanza nunca el verbo por excelencia, el ser, o la acción) y de que no logra nunca completar una frase sensata, decir una cosa que valga la pena ser dicha: se corre el riesgo de morir sin memoria y sin conciencia, en un mundo de la vida en el que lo absurdo y lo obvio intercambian sus papeles, en los que se mueven hombres reducidos a larvas, a «no yo», *Notme*, felices sólo en el olvido obtuso y en la negación del mundo y de sus relaciones (como en *Murphy* o en *La última cinta de Krapp*).

La teoría de los mundos vitales plantea indirectamente problemas filosóficos de importancia decisiva. Si, en efecto, se niega la existencia de una única realidad y se sostiene, en cambio, que hay muchas, cada una de las cuales ocupa una diferente y específica provincia de sentido, se resquebrajan hipótesis y soluciones que durante mucho tiempo han legitimado las más difundidas maneras de pensar y las más variadas prácticas políticas y religiosas. Cuando el mundo deja de representar un todo coherente, que se articula según un orden admirable, dotado de belleza y racionalidad intrínsecas (es decir, cuando pierde los atributos que lo constituían como *kosmos* o *mundus*), incluso las oposiciones canónicas de naturaleza y artificio, verdad como adecuación a estructuras objetivamente vinculantes y verdades como construcción de la mente, terminan por perder su propia razón de ser. Además, la alternativa ya no es neta como entre pluralidad de los mundos y mundo en singular, entre vidas paralelas y vida única, entre identidad absoluta y «uno, ninguno y cien mil», entre realismo y utopía. Todo se vuelve incomparable, inconmensurable. Al no haber una realidad única a respetar, reflejar y transcender, el único movimiento posible resulta ser el paso «horizontal» de un mundo vital a otro. Este tránsito hace superflua la labor de quien trata de demostrar que el mundo, en conjunto, avanza hacia una determinada dirección, descalificando indirectamente toda búsqueda de autenticidad e incluso la respuesta –según el vocabulario de Simone Weil– al *déracinement*, al desarraigo, mediante un nuevo *enracinement* o arraigo. La búsqueda de las raíces se presenta como un remedio patético para la extendida impresión de pérdida de un articulado y perspicuo mundo de la vida, de la propia morada, pérdida advertida –cada vez– nihilistamente como luctuosa o, serenamente, como inevitable.

Tanto Husserl como, en mayor medida, Schütz no se dirigen hacia un «reencantamiento» del mundo, de un salto hacia lo extraordinario o de una creación de nichos protegidos como los descritos por la más atenta sociología contemporánea, cuando localiza, por ejemplo, en el espacio cóncavo y protector de los bares de la gran metrópoli un verdadero microcosmos, un pequeño mundo de la vida, como lugar de distensión y de conflicto, de actividades lícitas e ilícitas, a un tiempo sucedáneo de la casa y evasión de ésta. En el interior de este «subuniverso» de realidad valen reglas y criterios de relevancia que en otro ámbito serían impensables: es más fácil hablar con desconocidos, nos dejamos transportar por la casualidad de los encuentros, se aborda a hombres y mujeres, se cuentan historias indemostrables sobre la propia existencia, leyendas con proyección de deseo[14]. Pero Husserl o Schütz no muestran ni siquiera actitudes de desprecio, de conmiseración por la cotidianidad o de suficiencia, como sucede en cambio en el análisis que Heidegger lleva a cabo del «se» *(Man),* en la adecuación, es decir, en la «charla», del individuo al impersonal pensar y actuar de «todos y nadie» (como en las locuciones «*se* dice así...», «*se* hace así...»). Ellos no temen la «americanización del mundo», el dominio de la sociedad de masas, aunque –por contraste– no sean capaces de advertir la ambigua y desesperada protesta de la individualidad, del «sí mismo» auténtico que no se resigna a su ocaso en la esfera del anonimato. No contraponen la «autenticidad» de lo extracotidiano a la banalidad de la existencia de todos los días, ni tratan de ennoblecer y consagrar de nuevo la vida a través de una inmersión en la tonalidad afectiva de la «angustia» y de la «llamada» (voz inarticulada de la conciencia que, en el silencio, interioriza la elección de lo definitivo). En ella la conciencia despierta el «sí mismo» del individuo respecto de su pérdida del «se»:

La llamada no la proyectamos nunca, ni la preparamos ni la realizamos deliberadamente *nosotros mismos.* «Alguien» llama contra lo que esperamos y contra nuestra voluntad. Por otro lado, la llamada proviene *de* mí y aun así de algo *por encima* de mí.

Esta voz inarticulada no pertenece a otro ser que es su «poseedor». Es el *Dasein*, o «estar», la realidad del hombre, que se llama a sí mismo de manera inarticulada, sin palabras, a través de la tonalidad emotiva de la angustia y que encontramos sólo en la perspectiva de la destrucción final de la individualidad:

> El quien del que llama no es determinable más que como *nada*. Éste es, en efecto, el estar de su «extrañamiento», es decir, el originario y lanzado-ser en el-mundo como no-sentirse-como-en-casa, el desnudo «qué» en la nada del mundo[15].

El objeto de mi deseo –el no querer ser, pirandellianamente, «nadie», sino «uno» y auténtico– puede conseguirse no en el reconectarme con el hilo del pasado, sino en el *ekstasis* del «ser-para-la-muerte», de la proyección hacia un futuro que aniquilará inexorablemente a mi yo. Es decir, precisamente lo que busco lo encuentro en cuanto que –aun en la permanencia del Ser y en la variación de los entes, personas y cosas– está destinado a hundirse en el abismo de la nada.

Heidegger: el desvelamiento del Ser

En Heidegger, y en particular en el «segundo Heidegger», el conocimiento de la *cosa* no se presenta ya como visión o acierto de la visión, tal como había sido considerado por la «metafísica occidental» desde Platón, cuya teoría preludia la más tardía transformación del mundo en imagen y del hombre en sujeto constituyente y producente. En el período áureo de la vida griega, que volvemos a ver en el pensamiento de los «presocráticos», cuando todavía no ha nacido la metafísica,

> es más bien el hombre quien es mirado por el ente, es decir, por quien se abre al estar presente contenido en él. Mirado por el ente, sustentado por él, involucrado en sus contrastes y marcado por su discrepancia: ésta es la esencia del hombre en el período de la grandeza griega [...] El hombre griego es *(ist)* en cuanto que percibe al ente; por consiguiente, en Grecia el mundo no puede convertirse en imagen. En cambio, el hecho de que en Platón la entidad del ente se defina como *eidos* (aspecto, vista) es el presupuesto histórico remoto, que opera una larga y oculta mediación, para que el mundo se convierta en imagen[16].

La metafísica es, en realidad, una física, un errar entre los entes, olvidando el ser y la verdad, que no es exactitud de representación, cálculo y dominio de los entes, como en la era de la técnica, sino *desvelamiento (a-letheia)* y apertura del ser, a través del lenguaje, a ese ente distinto que puede comprender el ser y que es el hombre. El lenguaje es la «casa del ser»[17], el lugar en el que el ser se revela a aquellos que se abandonan a él y hacia el que siempre «vamos de camino», la relación de todas las relaciones que no es sólo comunicación:

> El lenguaje es el recinto *(templum)*, es decir, la casa del ser. La esencia del lenguaje no se agota en el significar, ni es algo conectado exclusivamente a signos y a cifras. Al ser el len-

guaje la casa del ser, podemos acceder al ente sólo pasando constantemente por esta casa. Si vamos a la fuente, si cruzamos un bosque, cruzamos siempre la palabra «fuente», la palabra «bosque», aunque no pronunciemos estas palabras y no nos refiramos a nada lingüístico [...] Si hay un lugar, es únicamente en esta región en la que podrá darse ese cambio del dominio de los objetos y de su representación en lo más profundo del corazón[18].

Del predominio del ver de la metafísica clásica se pasa, en el pensamiento «ultrametafísico», que comienza a abrirse un camino trabajosamente, y del que Heidegger se hace promotor, al predominio del sentir y del hablar (se cumple hacia atrás, podría decirse, ese paso del predominio del sentido del oído al de la vista que muchos estudiosos han examinado para la fase de transición, en Grecia, de la cultura oral a la civilización de la escritura). El paso de la metafísica, del olvido del ser, al pensamiento sucesivo –que se produce rompiendo los nexos sintácticos del lenguaje, haciéndolo más sensible a la voz del ser, rebuscando en sus pliegues y revelando sus estratificaciones– no es breve. El reapropiarse, en el lenguaje, del sentido del ser, de los significados, durará lo que la propia metafísica (un tiempo bastante largo, teniendo en cuenta que la metafísica cubre el período que va de Platón a Nietzsche) y será obra del ser:

La metafísica no se deja apartar como una opinión. No se puede dejar atrás como una doctrina en la que no se cree y que ya no se sostiene. El hecho de que el hombre, como *animal rationale* –es decir, ahora, como el ser vivo que trabaja–, deba errar a través de los desiertos de la devastación de la tierra podría ser un signo de que la metafísica acaece a partir del propio ser, y de que la superación de la metafísica ocurre como aceptación-profundización *(Verwindung)* del ser [...] Si es así, no podemos imaginarnos fuera de la metafísica sólo sobre la base de un presentimiento de su superación. La metafísica superada no desaparece. Ésta vuelve con forma diferente y mantiene su dominio como permanente distinción del ser respecto del existente. El fin de la verdad del ser significa: la evidencia *(Offenbarkeit)* del existente y *sólo* pierde la exclusividad del existente con la que hasta ahora se imponía como criterio base[19].

En esta segunda fase de la filosofía heideggeriana, sucesiva respecto al «giro» de *Hölderlin y la esencia de la poesía,* el ser se convierte en el centro de sus meditaciones, mientras que el «estar», el hombre, es solo su «pastor» (desde posturas como ésta se desarrollará en Francia, en la segunda posguerra, en consonancia con temas estructuralistas, el antihumanismo de Lacan, Althusser y Foucault). Los análisis de *Ser y tiempo* sobre la angustia, la deyección, la existencia auténtica y la inauténtica, la cotidianidad y el conformismo vividos como refugio que embota ante la elección significante del ser-para-la-muerte, la finitud y la temporalidad del ser-ahí (que en cambio influirán de manera determinante en Sartre, Biswanger y las distintas corrientes «existencialistas»): todo ello parece totalmente olvidado o parece actuar débilmente. En cambio, se profundiza ulteriormente en un problema ya abordado en *Ser y tiempo,* el de la manipulación de las cosas, la técnica y la esencia de las ciencias de la naturaleza. La técnica moderna, que surge precisamente en la «época de la imagen del mundo», no es sólo un simple saber instrumental, sino un modo en el que se desvela la verdad, una forma de manifestación del ser en la que los recursos y las energías naturales se doblegan a la utilidad humana:

> El desvelamiento vigente en la técnica moderna es una provocación (*Herausforderung*) que pretende de la naturaleza que ésta proporcione energía que pueda, como tal, ser extraída (*herausgefördert*) y acumulada. Pero esto ¿no vale también respecto al antiguo molino de viento? No. Sus palas giran si las empuja el viento, y son dependientes del soplo de éste. Pero el molino de viento no pone a nuestra disposición las energías de las corrientes aéreas para que las acumulemos[20].

La meta es la máxima utilización al mínimo coste de las energías de la naturaleza descubiertas, transformadas, almacenadas, repartidas, conmutadas (todos ellos modos de desvelamiento). La naturaleza misma es dirigida a un proyecto humano e inserta en él:

> La central hidroeléctrica no está construida en el Rin, como el antiguo puente de madera que desde hace siglos une las dos orillas. Aquí, en cambio, es el río lo que se incorpora a la construcción de la central[21].

Al asumir a la naturaleza dentro de las finalidades humanas se forma una gran corriente de interdependencia que implica a hombres y cosas:

El guarda forestal que, en el bosque, mide la madera de los árboles talados y que aparentemente sigue como su abuelo los mismos senderos es hoy empleado de la industria madera, lo sepa o no. Está empleado con el fin de garantizar la utilización de la celulosa, que a su vez está provocada por la demanda de papel destinado a los periódicos y a las revistas ilustradas. Éstos, a su vez, empujan *(stellen)* al público a absorber las cosas impresas, con el fin de que sean «útiles» en la construcción de la «opinión pública» por encargo *(bestellte)*[22].

Pero la técnica moderna, en cuanto desvelamiento de la verdad, no es, con todo, un obrar meramente humano. Es el ser que manifiesta al hombre la naturaleza como «conjunto de fuerzas calculables».

Sin embargo, el ser se revela también bajo otras formas, y el peligro consiste en despachar a la técnica como si fuese el único modo de desvelar, en vez de captar su esencia, lo que no tiene nada de técnico. La voluntad, expresada en la técnica y en sus necesarias consecuencias (el «Estado totalitario», la separación del hombre en cuanto sujeto y del mundo en cuanto objeto, la formación de un mercado mundial que «instala el mercado en la propia esencia del ser»), dispone íntegramente de la naturaleza del hombre:

Para esta voluntad, todo se hace forzosamente –ya en el comienzo y también a continuación– material de la producción que se autoimpone. La Tierra y su atmósfera se convierten en materias primas. El propio hombre se hace material humano, utilizado según fines preestablecidos. La organización incondicional de la imposición integral de la producción proyectada por completo según los deseos del hombre es un proceso que surge de la esencia todavía oculta de la técnica[23].

No hay sólo, en Heidegger, nostalgia del mundo campesino o de sus bosques de la Selva Negra, la añoranza de esas «cosas, que un tiempo crecieron en la calma» y que hoy desaparecen rápidamente sustituidas, según una especie de ley de Gresham, por «seudocosas, cachivaches para vivir», sino la conciencia (común a toda la cultura alemana de esta época, incluidos los adversarios de Heidegger, como el Lukács de *Historia y conciencia de clase,* Bloch y Adorno) de que una civilización basada en la explotación de la naturaleza y del hombre, en la que la técnica está al servicio de un poder manipulador, no puede seguir tolerándose durante mucho tiempo. A fin de cuentas hay un rechazo de la weberiana «jaula de hierro» y el intento de salir de ella por medio del debilitamiento de la esencia del pensamiento técnico y metafísico y la activación de un «pensamiento rememorante», filosófico-poético, que pasa por la búsqueda de un suplemento de sentido en la densidad del lenguaje. De esta manera, incluso lo que es más simple y obvio, las cosas que nos rodean, empieza a hablar de manera diferente. Consideremos (dice Heidegger, retomando un ejemplo de Descartes, de Simmel y de Bloch)[24] una jarra. Ésta se presenta físicamente como un recipiente con un fondo, unas paredes y un asa. Para el pensamiento técnico-científico, que pretende captar las cosas antes y mejor que cualquier otra experiencia, la jarra es el resultado de la producción de un alfarero y su vado está lleno de aire.

Y así –prescindiendo de posibles mediciones y análisis de la forma y del material– creemos haber agorado el asunto. Pero el vado de la jarra es el contenido de lo que en ella se debe verter *(schenken)*, es un regalo y una oferta *(Geschenk)*. En la jarra se condensa el «cuadrado» del mundo (cielo y tierra, hombres y dioses: es un concepto platónico; véase Platón: *Gorgias*, 507-508):

> En el agua que se ofrece permanece *(weilt)* el manantial. En el manantial permanece la roca, y en ésta el pesado dormitar de la tierra, que recibe la lluvia y el rocío del cielo. En el agua del manantial permanecen el matrimonio entre el cielo y la tierra. Estas nupcias permanecen en el vino, que nos es dado por el fruto de la vid, en el que la fuerza nutritiva de la tierra y el sol del cielo se alían y se unen [...] La oferta de verter permite beber a los mortales. Y calma su sed. Anima su descanso. Alegra sus reuniones. Pero la oferta de la jarra puede ser ofrecida también en consagración. Si el verter tiene este sentido de consagración, no calmará la sed, sino que aquieta el júbilo de la fiesta, solemnizándola. En este caso la oferta del verter no ocurre en un mesón, ni la oferta es una bebida para los mortales. Lo que se vierte es la bebida ofrecida a los dioses inmortales[25].

Prescindiendo de algunos fastidiosos juegos lingüísticos y conceptuales, el significado del discurso heideggeriano es que las cosas poseen una pluralidad de sentidos, incorporan relaciones sociales y naturales, absorben una pátina mítica, un valor simbólico que no es reducible al valor de uso o a esquemas cognoscitivos. En la oscura jarra de Franconia en la que vemos representado un hombre barbudo, Bloch había buscado el signo de la historia y de la tradición popular: había descubierto la imagen de las jarras romanas baratas usadas por los legionarios, jarras soldadescas, hechas luego de forma basta, al estilo nórdico[26], los letreros de los mesones (los de los vivos y, según las fábulas, los de los muertos) que muestran a un salvaje barbudo. Heidegger, en cambio –lo mismo que Bachelard en su *Psicoanálisis del fuego* o en *La llama de una vela*–, busca en las cosas que nos son familiares los significados desplazados por el avance del pensamiento técnico-científico, que se conservan, latentes y debilitados, en el mito (los valores simbólicos del fuego, el placer de observarlo, su calor, diferente del calor del radiador). Sin embargo, no se trata de hallar los objetos tal como aparecen en el olvido, como objetos en desuso, ya inservibles, no funcionales, como lo es el *Odradek* de Kafka en la interpretación de Walter Benjamin[27]: Odradek, que de entrada «se presenta como un carrete plano, con forma de estrella y parece que tiene hilo enrollado a su alrededor», que puede estar, «según los casos, en el desván, por las escaleras, en los pasillos, en el recibidor» y que a veces «se hace invisible durante varios meses, quizá se ha ido a otras casas; pero que invariablemente vuelve a nosotros», es lo que ha perdido su sentido pero que aún resiste, tiene una testaruda duración (¿es la figura misma del «padre de familia» para Kafka?):

En vano me pregunto qué será de él. ¿Puede morir? Todo lo que muere ha tenido una finalidad, una actividad que lo ha gastado; pero no es el caso de Odradek. ¿Acaso no deberá un día rodar de nuevo por la escalera ante los pies de mis hijos y de los hijos de mis hijos, arrastrando un pedacito de hilo? Es evidente que no hace daño a nadie: y, aun así, casi me duele la idea de que deba sobrevivir[28].

Por el contrario, para Heidegger es necesario sustraer las cosas del olvido de la metafísica, hacer que se abran nuevamente a un diálogo, proporcionar una voz a su alteridad, volver a fundar su sentido, convertirlas, a través del lenguaje, en encrucijadas de relaciones, soportes de una experiencia diferente y no manipulada.

Wittgenstein: el lenguaje y el mundo

Al igual que las últimas investigaciones de Heidegger, toda la filosofía de Wittgenstein gira alrededor del lenguaje y de la relación lenguaje-mundo. En el *Tractatus logico-philosophicus* (en el que confluyen de manera original los resultados de las reflexiones sobre la obra de Frege, de Russell, de Whitehead, de Moore) el mundo es «la totalidad de los hechos», que están constituidos por otros hechos elementales o «estados de cosas», los cuales, a su vez, están formados por objetos, entes, cosas, que no pueden descomponerse ulteriormente. El lenguaje es la totalidad de las proposiciones y la proposición es la representación de un estado de cosas que –siempre que la proposición sea sensata y no tenga exclusivamente un carácter lógico– comparte con el estado de cosas la relación estructural, una de las posibles formas de combinación de los objetos. Existe, pues, un isomorfismo entre lenguaje y mundo, y la forma persiste a través de posibles transformaciones y proyecciones:

El disco gramofónico, el pensamiento musical, la notación musical, las ondas sonoras, están todos entre sí en esa relación interna figurativa que se da entre lenguaje y mundo. A todos ellos es común la factura lógica [...] En que haya una regla general que permita al músico sacar la sinfonía de la partitura, que haga posible deducir la sinfonía del surco del disco gramofónico y deducir de nuevo la partitura según la primera regla, consiste precisamente la semejanza interna de cosas aparentemente tan distintas. Y dicha regla es la ley de la proyección, que proyecta la sinfonía en el lenguaje de la notación musical. Es la regla de la traducción del lenguaje de la notación musical al del disco gramofónico[29].

El lenguaje es parecido, pues, a la «escritura jeroglífica: que figura los hechos que describe» y que se conserva como tal, en sentido figurativo, incluso cuando se hace alfabética. Sin embargo, las imágenes no son la copia de un hecho, sino un hecho ellas mismas. Los hechos son independientes entre sí, por lo que no sólo toda inducción es imposible, sino que «la creencia en el nexo causal es la *superstición*»[30]. De la esfera de los hechos, de la mera existencia, a la esfera de la lógica no hay paso. Las proposiciones de la lógica, lo mismo que las de las matemáticas, son necesarias, sin duda –mientras que «fuera de la lógica todo es casualidad»[31]–, pero sólo porque son tautológicas, no dicen nada del mundo. El enunciado «Llueve o no llueve» es incondicionalmente verdadero, mientras que un enunciado que contiene una contradicción lógica (por ejemplo: «Todos los solteros están casados») es incondicionalmente falso. Pero ni la forma lógica del lenguaje ni su isomorfismo con respecto al mundo se pueden expresar. Sólo es posible mostrarlos, como condiciones formalmente necesarias para nuestro lenguaje, un lenguaje cuyos límites no podemos transcender. Existe, pues, lo inefable, lo «místico», lo que va más allá de los hechos (que concierne únicamente a *cómo* es el mundo): «No *cómo* sea el mundo es lo místico sino *que* sea»[32]. De esto no se puede decir nada y, según la famosa proposición conclusiva del *Tractatus*, «De lo que no se puede hablar hay que callar». Pero más acá de lo «místico» tenemos no sólo el deber de hablar, sino de hablar correctamente. En cambio, lo que ocurre es que quedamos enredados en las reglas de nuestro propio lenguaje, nos confundimos y formulamos proposiciones que no son significantes. Es decir, afirma Wittgenstein (que desarrolla aquí una distinción tradicional: entre verdad de razón y verdad de hecho en Leibniz, entre relaciones entre ideas y relaciones entre hechos de Hume y entre juicios analíticos y juicios sintéticos en Kant), proposiciones que no son tautológicas ni empíricamente verificables. La filosofía se convierte, en estas condiciones, en una actividad cuya tarea es medir el área del lenguaje significante y clarificar la lógica del pensamiento, eliminando las expresiones confusas y sin sentido.

Después de la publicación del *Tractatus*, Wittgenstein –que creía que ya no tenía nada que decir, por haber llegado a los límites de su lenguaje y de su mundo– se encerró coherentemente en un prolongado silencio filosófico, trabajando durante años como maestro de escuela, arquitecto y, durante algunos meses, incluso como ayudante de jardinero en un convento. Pero, luego, precisamente su actividad entre los niños y las discusiones con el lógico inglés Ramsey lo convencieron para modificar su anterior construcción teórica de explicación del lenguaje y de su relación con el mundo. La enseñanza en una escuela elemental lo llevó a redescubrir el lenguaje ordinario en sus mecanismos más simples de aprendizaje y de uso, mientras que las innumerables conversaciones con Ramsey le revelaron que el lenguaje estaba pragmáticamente conectado con contextos extralingüísticos de comportamiento, de creencias, de expectativas. Desde las *Observaciones filosóficas* de 1929-1930, Wittgenstein abandona su análisis de la búsqueda de un lenguaje en sí mismo perfectamente significativo y se dedica al estudio de los «juegos de lenguaje», de las distintas prácticas lingüísticas, aprendidas de forma consuetudinaria o por medio del adiestramiento y organizadas según reglas flexibles, que conservan a su alrededor un halo de indeterminación, pero que pueden declinarse en un número virtualmente infinito de modos. En las *Investigaciones filosóficas*, en particular, trata de distinguir los distintos juegos lingüísticos (por ejemplo: Formar y comprobar una hipótesis - Presentar los resultados de un experimento mediante tablas y diagramas - Inventar una historia; y leerla - Actuar en teatro - Cantar a coro - Adivinar acertijos - Hacer un chiste; contarlo - Resolver un problema de aritmética aplicada - Traducir de un lenguaje a otro - Suplicar, agradecer, maldecir, saludar, rezar»)[33] sin reducirlos a una unidad mítica, sino viéndolos como si estuvieran simplemente ligados entre sí por semejanzas:

En vez de indicar algo que sea común a todo lo que llamamos lenguaje, digo que no hay nada en absoluto común a estos fenómenos por lo cual empleamos la misma palabra para todos – sino que están *emparentados* entre sí de muchas maneras diferentes. Y a causa de este parentesco, o de estos parentescos, los llamamos a todos «lenguaje»[34].

A través de una investigación voluntariamente humilde, circunscrita con frecuencia al ámbito de lo cotidiano, al examen de las situaciones concretas de la vida asociada, Wittgenstein rehúsa la existencia de una lógica rígida y exacta, casi un destilado de nuestro lenguaje o una regla de todas las reglas, un «superorden» capaz de subsumir todos los órdenes. Si, en efecto, el lenguaje no es un todo homogéneo; y si el nombrar –«casi un bautismo de un objeto»[35]– no es una función exclusivamente suya; si el significado no está enclavado de manera natural pero oculta en el signo, ni expresa la esencia del objeto (sino que está en relación con un juego lingüístico, una práctica social, una «forma de vida»), entonces la lógica no es algo que se oculte detrás del lenguaje, su fundamento, casi la plataforma de este continente, sino una serie de paradigmas, de modelos gramaticales emparentados entre sí e inmanentes a los juegos lingüísticos. Por eso, en la lógica no hay nada que construir, ni nada nuevo que aprehender, porque ya está todo ante nuestros ojos (también Hegel decía, desde una perspectiva muy diferente, que se trataba precisamente de conocer lo que ya se sabía). Pero, sin una lógica compacta, ¿acaso no pierde su rigor todo razonamiento? No, porque la «pureza cristalina» de la lógica es un prejuicio que «sólo puede apartarse dándole la vuelta a todo nuestro examen. (Podría decirse: Ha de dársele la vuelta al examen, pero sobre nuestra necesidad real como gozne)»[36]. Y nuestra necesidad real varía con nuestras exigencias, según la finalidad que nos fijemos. Así, podemos contentarnos normalmente con cierto margen de incertidumbre, pero hay situaciones en las que se requiere mayor precisión y entonces surge la exigencia de exactitud, de precisión, de la lógica. Sin embargo:

> «Inexacto» es realmente un reproche, y «exacto» un elogio. Pero esto quiere decir: lo inexacto no alcanza su meta tan perfectamente como lo exacto. Ahí depende, pues, de lo que llamemos «la meta»[37].

Al avanzar demasiado en esta exigencia de rigor, de exactitud, al convertirla en un fetiche, llegamos a la lógica pura, esencialista, la que embruja a nuestro intelecto y lo induce a error:

> Vamos a pasar a terreno helado en donde falta la fricción y así las condiciones son en cierto sentido ideales, pero también por eso mismo no podemos avanzar. Queremos avanzar; por ello necesitamos la *fricción*. ¡Vuelta a terreno áspero![38].

Si la lógica ya no puede separarse de las reglas de una multiplicidad de juegos lingüísticos, si el lenguaje ordinario no está separado, en principio, del científico, tampoco los datos observables pueden separarse del pensamiento. A través de una sugestiva reflexión sobre temas gestaltistas (que Hanson y Toulmin recuperarán en función antineopositivista), Wittgenstein muestra que no existe una «inmaculada percepción», neutra y puramente pasiva, como la relación entre la cosa y la mirada, que no es análoga a la existente entre el original y la copia, sino que en la acción de percibir existe un «pensamiento que resuena en el acto de ver»[39], un ver siempre cargado de teoría.

Sartre: la mirada del otro

En Sartre la temática psicologista francesa (de Ribot a Janet y a Bergson) y las aportaciones de la fenomenología husserliana y del primer Heidegger, al encontrarse con las filosofías de Hegel y de Marx, dan lugar a uno de los injertos culturales más representativos de este siglo. El descubrimiento por Husserl de la conciencia como «residuo» irreductible, transcendente y no reificable, queda relativizado. Sartre, que ha seguido en París las clases de Kojève sobre la *Fenomenología del espíritu* de Hegel –en particular sobre la «lucha por el reconocimiento» y la relación señorío-servidumbre–, introduce en el ámbito de la conciencia y de la visión un elemento conflictivo. Sólo otra conciencia, la mirada de otro individuo, puede reificar la conciencia, puede solidificar su flujo.

Aun sin haber asistido a los cursos de Kojève, posturas análogas, pero más radicales, tendrá Simone Weil. *La Ilíada o el poema de la fuerza* es un ensayo ejemplar en el que se examina, desde otro punto de vista, el tema, recurrente en ella, del dominio de la necesidad y de la opresión que convierte a la libertad humana en prisionera de insuperables condicionamientos. Como protagonista sin rostro de los acontecimientos narrados, Homero –ecuánime ante los vencedores y los vencidos– lleva a escena, precisamente, la fuerza misma, «lo que convierte, a cualquiera que se le someta, en una cosa». Pero, al final, entre quien es capaz de causar la muerte a los demás, creyéndose libre con ello, y quien sufre la muerte, transformándose en una cosa, en cadáver, no hay diferencia. Aquiles (que «degüella a doce adolescentes troyanos sobre la pira de Patroclo con la naturalidad con que se cortan unas flores para una tumba») no podrá escapar al destino común de la muerte, única e inexorable vencedora. Aunque nos hagamos la ilusión de manejar la fuerza, sólo podemos padecerla. El destino de quien mata es ser muerto a su vez. De este modo, el hombre se halla suspendido entre la perspectiva real de sucumbir a la necesidad biológica y el deseo, destinado a fracasar, de elevarse hacia la libertad. En el espacio entre estas dos condiciones, testigos involuntarios, se hallan aquellos que conocen la experiencia de la desventura, cuantos «sin morir se han convertido en cosas para toda la vida»[40]. Al igual que los desventurados de la historia, semejantes en esto a los obreros de las fábricas modernas, los troyanos derrotados y encaminados hacia la servidumbre conocen la esencia de la fuerza y se dan cuenta de la imposibilidad de escapar de ella. Simone Weil, que quiso vivir de hecho la existencia anónima de los desventurados, sabe por ellos que

el gran enigma de la vida humana no es el sufrimiento, sino la desgracia. No hay que asombrarse de que los inocentes hayan sido asesinados, torturados, expulsados de su propio país, reducidos a la miseria o a la esclavitud, encerrados en campos de concentración o en cárceles, desde el momento en que existen los criminales capaces de llevar a cabo tales acciones[41].

En Sartre el dominio de las cosas es menos trágico, tiene resultados menos letales. Al mirar el mundo, yo me abandono a él, me dejo absorber por las cosas «como la tinta por el papel secante». Pero he aquí que, de repente, la mirada del otro me hurta de mi mundo: yo puedo captar el verde de la hierba que veo, pero no veo el verde como se le aparece a otro. Algo se me escapa, algo inquietante que limita mi libertad. Parece «como si el mundo tuviera un sumidero, en el centro de su ser, y que se escurriese continuamente en este agujero»[42]. El otro es siempre para Sartre un antagonista, símbolo de peligro, el infierno, aquel que, objetivándome a mí mismo, me remite a mí mismo:

Lo que siento cuando oigo crujir las ramas detrás de mí, no es que *haya alguien*, sino que soy vulnerable, que poseo un cuerpo que puede ser herido, que ocupo un espacio y que no puedo, en ningún caso, evadirme del espacio en el que estoy sin defensa, abreviando, que *me ven*. De este modo, la mirada es, ante todo, un intermediario que me remite de mí a mí mismo[43].

Si imagino que, por celos, interés o vicio, me he puesto a mirar por el «ojo de la cerradura» y otro me sorprende, me avergüenza, me hace volver en mí, entonces la mirada del otro no es más que «mi transcendencia transcendida»[44].

Queda reflejada en Sartre la experiencia de la vida cotidiana de las metrópolis, con sus metros, sus autobuses, las conductas solitarias de los individuos entre el gentío, la desintegración del individuo acelerada por los años de entreguerras, su ser «abandonado bajo millones de miradas». Podríamos decir, como uno de los protagonistas de la novela *La prórroga*, que la mirada del otro, además de perturbadora, es la garantía de mi existencia, el testimonio de que no soy una nulidad, de que cuento algo:

Con toda seguridad has debido de sentir a veces, en el metro, en el vestíbulo de un teatro, en el tren, la súbita e insoportable impresión de ser espiado por detrás. Te vuelves inmediatamente, pero ya el curioso ha metido la nariz en su libro […] Decirte lo que es esa mirada me resulta muy fácil, pues no es nada, es una ausencia. Mira, imagínate la noche más oscura. Pues bien, es la noche la que te mira. Pero una noche deslumbrante, la noche a plena luz, la secreta noche del día. Estoy chorreante de luz negra […] ¡Qué angustia al descubrir súbitamente esa mirada como un medio universal del que no puedo evadirme! Pero ¡qué descanso también! Al fin sé que soy. Para mi propio uso y para tu mayor indagación, he transformado la frase imbécil y criminal de vuestro profeta, ese «pienso, luego existo», que tanto me ha hecho sufrir – pues mientras más pensaba, menos me parecía existir–, en esta otra: «Alguien me ve, luego existo». Ya no tengo que soportar la responsabilidad de mi vaciamiento, pues el que me ve me hace ser. Yo soy como él me ve[45].

Más adelante, en *San Genet, comediante y mártir* (1952), la temática de la mirada asumirá una dimensión más directamente social y política, y se concretará como atribución de roles y función culpabilizante que la sociedad se asigna. Genet, el futuro ladrón y escritor, es hijo de padres desconocidos, le encierran en un orfanato y luego lo adopta una familia de campesinos. No es nadie y, casi ensoñado y por juego, trata de ser a través del tener:

El niño jugaba en la cocina, de repente se ha dado cuenta de su propia soledad y la angustia se ha apoderado de él, como siempre. Entonces se ha «ausentado». Una vez más; se ha sumergido en una especie de éxtasis. Ahora ya no hay nadie en la habitación: una conciencia abandonada refleja objetos. He aquí que se abre un cajón; la manita avanza... *Cogido con las manos en la masa:* ha entrado alguien y lo mira. Bajo esta mirada, el niño vuelve en sí. Todavía no era nadie, y de repente se convierte en Jean Genet [...] Una voz declara públicamente: «Eres un ladón». Tiene diez años[46].

La sociedad lo ha objetivado y catalogado, transformando a un niño en un monstruo.

Complementario de la mirada, de la percepción objetivante, es el tema de la imaginación. La imagen no es un pequeño simulacro de la cosa percibida, sino que es, husserlianamente, un modo diferente de proporcionar intención al mismo objeto de la percepción. Entonces, ¿en qué aspecto se diferencia?

Consideremos esta hoja de papel que está encima de la mesa. Cuanto más la miramos, más nos revela sus particularidades.

Cada nueva orientación de mi atención, de mi análisis, me hace descubrir un detalle nuevo: el borde superior de la hoja está ligeramente levantado; en el tercer renglón la línea continua termina por estar sólo punteada... etc. Ahora bien, yo puedo tener ante mi vista una imagen durante todo el tiempo que yo quiera: nunca podré encontrar más de lo que he puesto en ella[47].

El objeto percibido se presenta, además, en una infinidad de escorzos, mientras que la imagen es única y pobre. El arte de la imaginación parte de una ausencia, de una laguna real advertida en el mundo, que trata de llenar por medio de una operación mágica, de evocación:

Es un encantamiento destinado a hacer aparecer el objeto pensado, la cosa deseada, con el fin de que se pueda tomar posesión de ella. En este acto, hay siempre algo imperioso e infantil, un rechazo a tener en cuenta la distancia, las dificultades. Así, el niño, desde su cama, actúa sobre el mundo por medio de órdenes y de ruegos. Los objetos obedecen a estas órdenes de la conciencia: aparecen[48].

A través de la imaginación introduzco la nada en el mundo: el mundo de lo imaginario es una nada colocada como ser o un ser colocado como una nada. La imaginación no es un remiendo de harapos extraídos de la realidad perceptiva, sino una región en la que veo las fallas de lo real y trato de cerrarlas mediante el deseo: «La aparición de un amigo muerto como algo real ocurre sobre el fondo de aprensión afectiva de lo real como *mundo vacío* de este punto de vista»[49]. Así pues, lo imaginario me abre un resquicio de libertad, me permite ver los huecos sobre el fondo de la plenitud de lo real, localizar las posibilidades de cambiarlo. Me sitúa frente a la angustia de mi libertad como autodeterminación y carencia de fundamento ontológico.

En el período «existencialista» de la producción de Sartre, el individuo se halla sólo ante sus opciones, aislado en un universo social esencialmente hostil. Más adelante, cuando el compromiso político se hace más directo (con la oposición al estalinismo y al colonialismo) y más decidido el acercamiento al pensamiento de Marx, Sartre intentará llevar a cabo una mediación entre individuo y sociedad, sin presuponer todavía soluciones armónicas. Con el Stalin el marxismo se ha hecho rígido, se ha petrificado, se ha burocratizado, se ha hecho opresivo en la práctica y catequístico y voluntarista en la teoría. En su idealismo, que pretende adecuar a priori la realidad a un esquema doctrinal, el estalinismo es violencia sobre la verdad y sobre la experiencia concreta:

> El metro de Budapest era real en la cabeza de Rákosi; si el subsuelo de Budapest no permitía su construcción, ello significaba que el subsuelo de Budapest era contrarrevolucionario [...] Durante años, el intelectual marxista ha creído servir a su partido violando la experiencia, apartando los detalles embarazosos, simplificando groseramente los datos y, sobre todo, conceptualizando el acontecimiento *antes* de haberlo estudiado[50].

En esta óptica, la concreción y la individualidad se disuelven en un «baño de ácido sulfúrico», y lo que queda, la universalidad vacía, se presenta como marxismo ortodoxo. Pero el marxismo no está muerto. Antes bien, ya que, hegelianamente, una sola ideología está viva en cada época, hoy es el marxismo el que representa para el Sartre de los años cincuenta y sesenta el horizonte de máxima inteligibilidad de los problemas contemporáneos. Pero, para hacerse realmente vital, para eliminar las incrustaciones estalinistas, debe medirse nuevamente con lo concreto y con la dinámica innovadora de la subjetividad; en otros términos, debe englobar el existencialismo, expurgando así las cerrazones exasperadamente individualistas y privadas. Se hace necesario, pues, un reconocimiento de las formas de vida del presente, del entrelazamiento de la actividad humana y la materia, de la «penuria» que condiciona la existencia de todos e impide a la mayor parte del género humano satisfacer las más elementales necesidades de alimentos y de salud, de la copresencia exterior o de la solidaridad básica que se forma entre los participantes individuales en una misma experiencia, de la «contrafinalidad» por la que un determinado proyecto produce efectos opuestos a los previstos, etc.

También aquí hay, en el seno de una estructura teórica e histórica más amplia, una penetrante fenomenología de la vida cotidiana, en particular de las grandes ciudades. La actividad humana se materializa siempre en cosas, en instituciones, que a su vez retroactúan sobre los individuos reagrupándolos, dividiéndolos, añadiéndoles o quitándoles poder, sometiéndolos a reglas o a presiones:

Me basta abrir la ventana: veo una iglesia, veo un banco, un café: he aquí tres colectivos; este billete de mil francos es otro colectivo; otro más es el periódico que acabo de comprar[51].

No hay *praxis* que no se objetive, ni relación humana que quede filtrada por la materialidad, que a veces contagia con su inercia, con el peso de todo el pasado de acciones ajenas allí condensado, a cada individuo (aunque esto no quiere decir, como resulta de la minuciosa reconstrucción de la vida y de la obra de Flaubert en *El idiota de la familia,* que el individuo esté determinado mecánicamente por aquélla). Los objetos socialmente mediatos, por ejemplo el «autobús de las 7:49», agrupan una *serie* de individuos, extraños entre sí, reunidos solamente por la función materializada, en este caso por la espera del «vehículo que aparecerá en la esquina del bulevar»[52]. Únicamente en situaciones excepcionales, como en la toma de la Bastilla o en el asalto al Palacio de Invierno, los hombres encuentran de nuevo, juntos, la capacidad de cambiar y de salvarse de la inercia, encuentran otra vez la solidaridad y se convierten en «grupo». Pero estos momentos «al rojo vivo», estos instantes de creación colectiva de historia, no duran mucho, y la inercia vuelve a predominar: la burocracia se instaura sobre las conquistas revolucionarias, y las masas, agotadas y carentes de poder, se vuelven pasivas de nuevo: el grupo se degrada una vez más y se convierte en una serie.

Laing y Bateson: los nudos inextricables

Todos estos temas sartrianos han tenido resonancia también fuera del ámbito filosófico: en *El negro y el otro* de Frantz Fanon y en *El caso de Peter* (contenido en *El yo dividido*) de Laing, por lo que respecta a la objetivación a través de la mirada; en Laing, Cooper, Esterson y en general en el movimiento de la antipsiquiatría anglosajona por lo que respecta a la etiología familiar de la esquizofrenia (y, más generalmente, el carácter patógeno de las instituciones sociales) en la que intervienen las categorías sartrianas de «identidad alterada», «mala fe», «serialización» y «grupo familiar» (Laing y Cooper, por otro lado, han escrito un libro sobre Sartre, *Razón y violencia*). Es interesante comprobar que la problemática existencialista, que había aguzado las inteligencias más despiertas de los años de entreguerras y en la inmediata segunda posguerra, proporciona ahora instrumentos a la política de los países ex coloniales y a la psiquiatría, es decir, continúa actuando allí donde el hombre está más devastado.

Es precisamente el concepto de «identidad alterada» el que ofrece a Laing y a Esterson la clave principal para interpretar la esquizofrenia. El Otro, cuya opinión interiorizo, debilita el eje sobre el que sitúo mi identidad, la imagen «maestra, de sustentación» que tengo de mí mismo y que me sostiene en mi propio proyecto de existencia, generalmente implícito[53]. En el caso de que la desorientación producida por la alteración de la identidad sea tan desequilibradora que me obligue a dudar radicalmente de mí mismo, a introducir una cuña entre mis pensamientos, percepciones y sentimientos y los que los demás me atribuyen, puede surgir la locura. Tomemos un ejemplo, entre los muchos analizados. En el seno de la familia Danzig, la joven Sara –desde la edad de diecisiete años– comienza a presentar signos extraños: se queda todo el día en la cama, para luego leer la Biblia durante toda la noche. Esta actitud, aparentemente incomprensible y absurda, revela al final la naturaleza de sus síntomas, la expresión de su dura hostilidad hacia el padre, anteriormente idealizado. El declarado descubrimiento de que él no es en absoluto el hombre de limpia y escrupulosa honradez en el que había creído provoca la culpabilización de la muchacha por parte de los familiares, que en cambio, impunemente, y sin remordimientos, pueden hablar mal de él. Su hermano John, incluso, es animado por la madre a ver al padre «como es en realidad» (es decir, a criticarlo ásperamente), mientras que a Sara se le prohíbe rigurosamente este comportamiento. La muchacha ha caído, sin saber ya cómo salir, en la viscosa tela de araña de perversas alianzas familiares, de rencorosas recriminaciones recíprocas, permaneciendo, a pesar de todo, aislada, excluida de todas las relaciones, contradicha, fuera de juego. Tratando de dar un sentido a su «desconcertante» situación –al descubrimiento de que sus familiares observan una «doble moral» y consideran oficialmente falso lo que luego, en privado, sostienen que es verdad–, se extravía y se pierde en la enfermedad.

La locura es una fuga en busca de soluciones, es «la estrategia especial que una persona inventa con el fin de vivir en una situación en la que no puede vivir». Así, el enfermo mental resulta ser un «exiliado del Ser» [54], un viajero que se ha internado más a fondo que otros en territorios inexplorados, de los que muchos se retraen con temor. Porque generalmente se nos oculta que la vida puede ser tremenda, cruel, sin sentido, inefablemente dolorosa. Laing, que trabajó largo tiempo en hospitales, nos trae algunos testimonios sobrecogedores de sus experiencias clínicas. El primero ilustra la fragilidad de una existencia indefensa, asaltada por una ciega y devoradora fuerza destructiva:

Tenía diez años y sufría hidrocefalia debido a un tumor no operable del tamaño de un minúsculo guisantito, justo en el lugar preciso para detener la salida de la cabeza del líquido cefalorraquídeo, que es lo mismo que decir que tenía agua en el cerebro que le hacía explotar la cabeza, hasta el punto de que el cerebro se reducía cada vez más a una fina capa externa, y esto ocurría también con los huesos del cráneo. Sufría sin remedio [...] Había comenzado a leer *Los papeles del club Pickwick*. Me dijo que todo lo que le pedía a Dios era que le permitiese terminar el libro antes de morir. Murió antes de llegar a la mitad[55].

El segundo llega al más puro horror del vivir:

Estábamos asistiendo al nacimiento de un niño y las cosas se prolongaron durante dieciséis horas. Por fin empezó a salir, gris, frío... salió... un voluminoso renacuajo humano, un monstruo anencefálico, sin cuello, sin cabeza, con ojos, nariz, boca de rana, largos brazos... Lo envolvimos en papel de periódico... y con este envoltorio bajo el brazo, para llevarlo al laboratorio de patología, que parecía invocar todas las posibles preguntas que yo me había planteado, dos horas más tarde caminaba por O'Connell Street. Tenía necesidad de beber algo. Entré en un bar y apoyé el envoltorio en el mostrador. Y de repente me entraron ganas de sacarlo del envuelto, de levantarlo en alto para que todos lo viesen, horrible cabeza de Gorgona que podía petrificar al mundo[56].

De este abismo, casi para olvidarlo, surgen las modalidades de dominio de la angustia, de la «inseguridad ontológica» que a todos atenaza: nexos personales contorsionados, simetrías y asimetrías en las relaciones humanas, proyecciones alucinatorias de la imagen de sí y de los demás, prisiones psíquicas mortificantes, trampas banales pero ineludibles de las cuales está repleta la existencia. Los propios conflictos, paradójicamente, se hacen tanto o más inextricables cuanto más tratan de llegar a un «sistema del falso yo», a una «normalidad» impuesta, de fachada:

> María piensa que Juan es mezquino y exigente / Juan piensa que María es mezquina y exigente / cuanto más considera María que Juan es mezquino / tanto más piensa Juan que María es exigente / cuanto más considera Juan que María es exigente / tanto más piensa Juan que María es mezquina...[57].

Siempre es difícil mantener la cohesión armónica de las relaciones interpersonales, estableciendo reglas de conducta que no lleven a callejones sin salida o que no implosionen. Tal como muestran la antropología y la «nueva teoría de la comunicación» –Bateson, Goffmann, Watzlawick, Hall–, las normas se ven acosadas siempre por tendencias internas «cismogenéticas», por un movimiento casi tectónico de diferenciación que tiende a disgregarlas, a transmitirlas distorsionadas, a invalidarlas, a hacer que se contradigan consigo mismas, a establecer relaciones de «doble vínculo» (*double bind*, es decir, situaciones sin salida que reproducen el conflicto, como en el caso del alcoholizado que, después de haberse prometido a sí mismo no beber más, alcanza finalmente una tensión psíquica intolerable que lo hace recaer en el acto que quería evitar, lo que no le impide arrepentirse luego con igual fuerza y recomenzar el ciclo desde el principio). Algunas sociedades, como la balinesa, estudiadas por Gregory Bateson y Margaret Mead[58], son capaces, a pesar de todo, mediante un adiestramiento que se inicia en la infancia, de congelar los conflictos en un estadio determinado, eludiendo la alternativa entre *logos* y *polemos*. Las madres, en el trato con sus hijos, alternan, en efecto –con cambios repentinos y sin explicación–, la más dulce ternura y la más pétrea indiferencia, las cálidas caricias y una glacial distancia. Esta especie de ducha escocesa psíquica desorienta a los niños y desactiva su participación emotiva en los comportamientos ajenos, acostumbrándolos a no sentir fuertes hostilidades ni fuertes apegos. De este modo, los conflictos permanecen naturalmente, pero no se les busca una solución razonable ni una solución violenta. Los contenciosos se dejan de lado, sin más, delegándolos en un árbitro externo: en otros muchachos, en mayores de edad locales o, hasta la ocupación japonesa de 1941, en el pobre gobernador británico, obligado a dirimir las más espinosas querellas entre los notables.

Del doble vínculo se puede salir sólo con inventiva, cuadrando las situaciones, creando instrumentos capaces de romperlo, o sea, de desbloquear o rodear los impedimentos que normalmente parecen insuperables. Un ejemplo eficaz de cuadratura es el expresado en una anécdota que hizo famosa Watzlawick entre los psicólogos. Un oficial recibe la orden de hacer desalojar la plaza durante una revuelta. Se presenta en el lugar y proclama: «Señoras y señores, he recibido la orden de disparar sobre la chusma. Pero, dado que veo ante mí a muchos ciudadanos honrados y respetables, les pido que se vayan, con el fin de poder disparar sin riesgo sobre la chusma»[59]. El *change*, la innovación, es un acto de audacia, que desvencija un sistema cerrado o reformula una situación fosilizada y llena de tensiones. La teoría del doble vínculo, que «se ocupa del componente de experiencia de las marañas que se forman en las reglas o premisas de la costumbre», permite deshacer estos nudos promoviendo su «transcontextualización», es decir, el abandono de las posturas asumidas dentro de un marco que imposibilitaba su desbloqueo[60].

Merleau-Ponty: el mantel blanco

La atención y, podría decirse, la obsesión del ver, de la parcialidad, de la corporeidad, que constituían uno de los aspectos de la fenomenología husserliana, se enfatizan en algunos sectores de la cultura francesa como reacción al privilegio otorgado por Bergson y por el espiritualismo a la temporalidad y a la interioridad. Nos damos cuenta de que la *res extensa* no se puede separar de la *res cogitans*, y de que tampoco representa en sí misma un mal, un valor negativo; que el cuerpo no es la cárcel del alma sino que, al contrario, es «el alma, prisión del cuerpo»[61]. A esta tendencia pertenecen, por distintas razones, Merleau-Ponty y Foucault. En Maurice Merleau-Ponty, amigo y colaborador de Sartre en la dirección de la revista *Temps modernes,* hallamos el esfuerzo de restituir a la vida perceptiva, a través del examen de la corporeidad y de sus relaciones, una renovada frescura, una profundidad de campo y una pluralidad de sentidos que el reduccionismo de tipo mecanicista y naturalista le hicieron perder. Mirar de manera distinta, mirar más a fondo, descubrir la intersección de los cuerpos, de las formas, de los colores, fuera de la banalidad de la costumbre: a todo esto permite acceder la *Fenomenología de la percepción.* Pero también el arte nos permite esta aceleración, como aparece en el breve y denso ensayo *La duda de Cézanne.* El pintor cuenta que había deseado toda su vida pintar lo que Balzac había descrito en *La piel de zapa*:

> un mantel blanco como una capa de nieve caída recientemente y sobre la que elevaban simétricamente los cubiertos coronados por panecillos rubios.

Pero ¿cómo hacer? Si se rodean los objetos con un contenido neto, se es fiel a la geometría pero no al mundo visible, en el que el contorno es el límite ideal hacia el que los lados del objeto huyen en profundidad. Pero no establecer ningún contorno, envolver los objetos, como los impresionistas, en una «envoltura luminosa» utilizando sólo los siete colores del prisma y obteniendo la vibración del color local añadiendo su color complementario quiere decir hacer perder al objeto su pesadez y su materialidad propias:

> No marcar ningún contorno significaría quitarles a los objetos su identidad. Marcar sólo uno significaría sacrificar la

profundidad, o sea, la dimensión que nos da la cosa, no como exhibida ante nosotros, sino como llena de reservas y como realidad inextinguible. Por esto Cézanne seguirá en una modulación coloreada la hinchazón del objeto y marcará con trazos azules *varios* contornos. La mirada, que va de uno a otro, advierte un contorno naciente entre todos ellos como hace en la percepción[62].

Tampoco se puede confiar ya en la perspectiva geométrica o fotográfica, porque en la percepción real

los objetos cercanos parecen más pequeños, y los objetos lejanos más grandes, a diferencia de lo que parece en las fotografías, como se puede observar en el cine cuando un tren se acerca y se agranda mucho más rápidamente de lo que lo hace un tren real en las mismas condiciones[63].

Por esto, las deformaciones de perspectiva en los cuadros de Cézanne (la mesa torcida con el «mantel blanco como una capa de nieve caída recientemente») son menos arbitrarias de lo que se piensa y, a fin de cuentas, quedan reequilibradas dentro del conjunto, proporcionando al observador «la impresión de un orden naciente, de un objeto que está apareciendo, que está coagulándose ante nuestros ojos»[64]. La finalidad de Merleau-Ponty es precisamente la de producir por doquier esta impresión de «nacimiento prolongado» de un mundo que se separa de las ruinas de la obviedad perceptiva y que quiere olvidar también, junto a sus condicionamientos y a sus esquemas, la inercia de lo *déjà vu*. Un mundo así ha perdido la presunta objetividad que el pintor debería limitarse a reproducir de manera mimética, pasiva, transformándose en una placa fotográfica casualmente impresionable.

Es cierto que la pintura nos pone en contacto con lo real, con el «Ser mudo», con lo «visible», con la inmanencia de las cosas, revelando, aun así, precisamente, la «invisible», la inasible transcendencia, lo «externo» de lo «interno» y lo «interno» de lo «externo». Entra en contacto con

> un mundo casi loco, porque es completo y parcial al mismo tiempo [...] despierta, lleva hasta su extrema potencia un delirio que es la visión misma, porque ver es *mantener a distancia*, y la pintura extiende esta extraña posesión a todos los aspectos del Ser, que, de alguna manera, han de hacerse visibles para entrar en ella[65].

A través de ella el espacio encierra y fija el tiempo en su fluir, diferenciando, escandiendo y articulando el Ser indiviso y amorfo. Cada cuadro se convierte, así, en «una cristalización del tiempo, una cifra de la transcendencia»[66].

Foucault: la mirada del poder y las técnicas del yo

Es distinta la intención de Foucault cuando se enfrenta a los mismos temas de la corporeidad y de la espacialidad. En su formación se concentran ideas y experiencias de matriz variada y compleja: de las filosofías de Nietzsche, Heidegger, Bataille, Blanchot o Klossowski a la historia de la medicina y de instituciones como cárceles y manicomios, de la literatura y la semiótica a la polemología y a la economía política, de la geografía (esta ciencia del espacio que en Francia gozó de las grandes lecciones de Vidal de la Blache) a la historiografía (sobre todo la de los *Annales*, con su atención a la historia aparentemente menor, alejada de los acontecimientos oficiales como las «guerras y batallas», que se ocupa, en cambio, de los aspectos colectivos y de los fenómenos de larga duración: historia de la mentalidad y de la sensibilidad, de las epidemias, de las variaciones demográficas, del clima, del paisaje agrario, de la vestimenta, de los alimentos, etc.). Precisamente, lo que quiere Foucault es hallar, a través de la «erudición», del rebuscar incluso en acontecimientos considerados marginales, la historia secreta del «poder» en sus amplias e infinitas ramificaciones (tema, el del poder, que adquirirá progresivamente un valor unificador explícito y reconocido de todo el campo de sus investigaciones, tanto bajo forma de «gobierno» de los demás como del «gobierno» de nosotros mismos).

En la *Historia de la locura en la época clásica*, el poder se presenta como racionalidad que necesita la figura del loco, del antagonista, para delimitarse e imponerse. El enfermo mental, que en la Edad Media continuaba viviendo –aunque su visión fuese perturbadora– en el seno de la comunidad, reuniéndose a veces en una especie de corporación, luego es encerrado, aislado, utilizando en un primer momento los lazaretos y los edificios que habían quedado vacíos cuando se hubo atenuado la incidencia de las epidemias. Ahora se lo considera peligroso, porque su ejemplo de rechazo de las reglas del juego impuesto por la naciente «racionalidad» es susceptible de contagiar a los demás descontentos. En *El nacimiento de la clínica* lo que se examina es la nueva «mirada médica», el momento en el que la percepción del médico rejuvenece, en los últimos decenios del siglo XVIII, y empiezan a verse y a expresarse cosas que antes no aparecían. El espacio preceptivo se ha reestructurado, la distribución de lo visible e invisible ha cambiado, las palabras se han aliado con las cosas de manera diferente. En realidad, no se pasa de una medicina apriorista a una experimental, de una estrafalaria combinación de humores y de húmedo y seco a la lectura atenta de los síntomas y a la cura eficaz, sino de un orden del espacio y del discurso a otro. Ahora las formas de la racionalidad médica se sumergen en el espesor maravilloso de la percepción, ofreciendo como primera cara de la verdad el grano de las cosas, su color, sus manchas, su dureza, su adherencia. El espacio de la experiencia parece identificarse con el dominio de la mirada atenta, de esta vigilancia empírica abierta a la evidencia de los únicos contenidos visibles. El ojo se convierte en el depositario y en fuente de la claridad; tiene el poder de traer a la luz una verdad que no recibe sino en la medida en que él la ha dado a la luz [...] A finales del siglo XVIII, ver consiste en dejar a la experiencia su mayor opacidad corporal; lo sólido, lo oscuro, la densidad de las cosas encerradas en ellas mismas tienen poderes de verdad que no toman de la luz, sino de la lentitud de la mirada que los recorre, los rodea y poco a poco los penetra, no aportándoles jamás sino su propia claridad. La permanencia de la verdad en el núcleo sombrío de las cosas está paradójicamente ligada a este poder soberano de la mirada empírica que hace de su noche día [...] La cualidad singular, el impalpable color, la forma única y transitoria, al adquirir el estatuto del objeto, han tomado su peso y su solidez. Ninguna luz podrá ya disolverlos en las verdades ideales; pero la aplicación de la mirada, alternativamente, los despertará y los hará valer sobre un fondo de objetividad[67].

De la *âge classique* en adelante (la expresión ha de entenderse con referencia a la historia de la cultura francesa, de aproximadamente mediados del siglo XVII en adelante), una red de miradas cubre al mundo: miradas que se entrecruzan de acuerdo con diversos ejes de perspectiva, como en el cuadro de Velázquez *Las meninas,* analizado por Foucault en *Las palabras y las cosas,* o bien miradas disimétricas de disociación, como en la estructura carcelaria del panóptico, descrita en *Vigilar y castigar*:

en la periferia, una construcción en forma de anillo; en el centro, una torre, ésta, con anchas ventanas que se abren en la cara interior del anillo. La construcción periférica está dividida en celdas, cada una de las cuales atraviesa toda la anchura de la construcción. Tienen dos ventanas, una que da al interior, correspondiente a las ventanas de la torre, y la otra, que da al exterior, permite que la luz atraviese la celda de una parte a otra [...] El panóptico es una máquina para disociar la pareja ver-ser visto: en el anillo periférico, se es totalmente visto, sin ver jamás; en la torre central, se ve todo, sin ser jamás visto[68].

El poder segrega, vigila, castiga, criminaliza a quien se le opone, se ejerce en los lugares humildes más que en el esplendor de las aulas parlamentarias o de las cortes: en los dormitorios de los manicomios y de los cuarteles, en las galerías de los hospitales, en las habitaciones de los colegios, en las aulas escolares. No opera al por mayor, irradiándose desde una única cabeza claramente localizable y a lo largo de canales de transmisión privilegiados, sino al detalle, de manera «microfísica», infiltrándose y permeando cada pliegue de la sociedad. Y quien lo representa no son sólo los grandes personajes, sino un sinfín de hombres pequeños y medios, y, a fin de cuentas, todos, desde el médico hasta el enfermero, del burócrata al suboficial, del policía al profesor. Y el poder no está encima sino dentro de la sociedad, no se difunde sólo a través de la ideología o del consenso, sino a través de mil prácticas que abarcan el cuerpo y el espacio. Subdivide minuciosamente el territorio y los ambientes, regula las distancias entre los individuos, se insinúa a través de la disciplina y la sexualidad en el cuerpo de cada individuo. En la época feudal el poder pretendía de los individuos signos de lealtad y procedía a retirar una parte de sus bienes; a partir de la edad clásica se les pide prestaciones productivas. El cuerpo ha de ser al mismo tiempo políticamente más dócil y económicamente capaz de un mayor rendimiento. Debe ser más sensible y más maleable.

Comienza así (con la economía política, la medicina, las «ciencias humanas», etc.) el descubrimiento del hombre, este ser nuevo, corpóreo, plasmado por el poder y el saber. En efecto, para Foucault el poder no se basa sólo en la represión, en las prohibiciones, en decir que no, en la ideología y la falsa conciencia. En contra de la tradición, en contra de Reich, contra Althusser, reivindica la función productiva del poder, su carácter afirmativo, su capacidad para producir verdad, saber, ciencia. Incluso el saber no puede separarse del poder, y ambos se generan mutuamente:

> La verdad no está fuera del poder, ni sin poder (no es, a pesar de un mito, del que sería preciso reconstruir la historia y las funciones, la recompensa de los espíritus libres, el hijo de largas soledades, el privilegio de aquellos que han sabido emanciparse). La verdad es de este mundo; está producida aquí gracias a múltiples imposiciones. Tiene aquí efectos reglamentarios de poder. Cada sociedad tiene su régimen de verdad, su «política general de la verdad»: es decir, los tipos de discursos que ella acoge y hace funcionar como verdaderos; los mecanismos y las instancias que permiten distinguir los enunciados verdaderos o falsos, la manera de sancionar unos y otros; las técnicas y los procedimientos que son valorados para la obtención de la verdad; el estatuto de aquellos encargados de decir qué es lo que funciona como verdadero[69].

Así pues, entre «teoría» e «ideología» no existe esa separación neta, esa *coupure*, que sí encuentra, en cambio, Althusser. Del mismo modo, en el campo de la sexualidad, el poder no la reprime, como cree Reich, sino que da sólo la impresión de conculcarla, de penalizarla. En realidad, al traducirla a discurso, en *La voluntad de saber*, este mismo poder electriza el cuerpo, lo sensualiza, lo transforma en problema en discusión permanente, propugna el estudio de las sexualidades periféricas y «perversas», únicamente como fase preliminar antes de ser englobadas en una sexualidad polimorfa «normal». Surge un nuevo tipo de especificación del individuo que ya está en marcha guiado por estrategias anónimas, mudas, dispersivas, puestas en acción por parte de los biopoderes, es decir, formas de gestión política de la vida, que tratan de controlar la reproducción y el nexo (que ya se ha constatado como indivisible) de la conciencia con la corporeidad. No tratan de distraer los temas de la política, de trasladar su centro de gravedad del *agorá* a la alcoba, sino de crear un poder «somatizado», capaz de entrar en cada fibra y ejercerse sobre las dinámicas demográficas. El cuerpo se envuelve en las «*espirales perpetuas* del poder y del placer»[70] a partir del mismo período en el que el castigo de los delitos no se realiza ya por medio de suplicios feroces y ejecuciones públicas, sino por medio de dolores más «sigilosos», la reclusión en las cárceles (que se convierten en verdaderas fábricas estatales de delincuencia, un producto que el poder necesita para mantener en vigor el miedo en aquellos que oprime y que son inducidos así a pedir su protección) y la pena de muerte, criticada cada vez con menos frecuencia, a escondidas y de forma instantánea. En las sociedades industriales, por otro lado, el cuerpo tiene un valor mayor que en las anteriores, en las que la muerte era, incluso, una presencia más familiar y menos temida, debido a la incidencia del hambre, de las matanzas, de las epidemias o a la elevada tasa de mortalidad infantil.

Si el poder es hoy omnipresente, microfísico, no siempre identificable en sus fuentes de emisión, no sirve de mucho combatirlo en un plano general, elaborar estrategias de conjunto y utopías de reforma social. Ya que aquél opera sobre los detalles, hay que tratar de desvencijarlo en los detalles (no porque, como tal, pueda ser abolido y sustituido por uno mejor, sino simplemente porque bajo esta forma se ha hecho intolerable), llevando la guerra al terreno accidentado y discontinuo de los focos de insubordinación. Estimulado por la tradición francesa de estudios polemológicos –piénsese sobre todo en Bouthoul–, por el libro de Aron sobre Clausewitz y por la teoría matemática de los juegos aplicada a la guerra, Foucault esboza un modelo militar de interpretación de la política y de la teoría: no es la dialéctica, que esquiva la realidad «cada vez más azarosa y abierta», ni la semiología, que esquiva «el carácter violento, sangrante, mortal, reduciéndolo a la forma apacible y platónica del lenguaje y del diálogo»[71], lo que no puede explicar el mundo político e intelectual, sino la guerra. Y no sólo la guerra combatida, sino también la «silenciosa» que penetra en el cuerpo social, por lo que la política, dando la vuelta a la frase de Clausewitz, es la continuación de la guerra por otros medios, y la teoría es siempre un arma que produce poder, reforzando el viejo o contribuyendo a la creación de uno nuevo. La dimensión política, como actividad colectiva que tiende a la modificación de la sociedad en su conjunto, cae contextualmente respecto a la idea de totalidad y de dialéctica. La imagen de la totalidad es inhibidora, y también en el terreno teórico son los conocimientos concretos, discontinuos, especializados, los que tienen incidencia real y los que pueden progresar, mientras que las construcciones generales (como el marxismo o el psicoanálisis) tienen una función sólo si se desmontan y se utilizan sus diversas partes. Por otro lado, el concepto de totalidad está estrechamente ligado al de dialéctica, y está destinado a desaparecer gradualmente con éste. El *homo dialecticus*, «el ser de la partida, del retorno y del tiempo, el animal que pierde su verdad y la reencuentra iluminada, el extraño a sí mismo que se torna familiar»[72], está a punto de ser superado en una perspectiva de período largo, análoga a la heideggeriana del advenimiento del pensamiento ultrametafísico.

Hasta ahora, el hombre occidental ha tenido que conquistar su propia identidad sólo contraponiéndose al otro por sí mismo, a la represión, a lo negativo de sí mismo (el loco, el pecador, el delincuente), para luego entrar de nuevo en sí mismo, fortificado por esta lucha e inmunizado contra la atracción ejercida por esas mismas alteridades que se combaten. La dialéctica es así la cifra teórica de una práctica social difundida desde hace siglos en Europa (aquí la cronología es incierta: ¿desde el Concilio Lateranense de 1215, como parece por *La voluntad de saber*, o por la *âge classique,* o por Hegel?), una especie de rito iniciático para convertirnos en adultos en un mundo conflictivo, para conciliarnos, aguijoneados por el poder y tras largas peripecias, con nosotros mismos y con la realidad. Hoy, podríamos decir, la conciliación ya no es posible ni deseable, y los privilegios otorgados a lo particular en contra de lo universal, a la experiencia directa y local contra las mediaciones y la totalidad, a una pluralidad de «razones» contra la razón una y monolítica, son síntomas de la declarada desintegración del modelo dialéctico, de la recuperación de la unidad a través de la oposición y lo múltiple (¿la idea de la dialéctica como desarrollo a través de las contradicciones se atenúa contextualmente respecto a la crisis del desarrollo real, al freno de las contradicciones rompedoras en un mundo amenazado por la destrucción nuclear y al fin del gran proyecto clásico de reunificación del género humano alrededor de una razón única pero capaz de hacer suya la tensión, la multiplicidad?).

Aquí Foucault está próximo a las posturas de Deleuze y de Guattari, que rechazan la alternativa y la oposición entre lo uno y lo múltiple, entre identidad y contradicción –las categorías básicas de la dialéctica de Platón y de Hegel–, y las sustituyen por la alternancia de «diferencia» y «repetición» y una concepción diseminativa, «rizomática», de la racionalidad, en la que existen innumerables conexiones entre regiones del saber no unificables, un archipiélago de razones que no pueden reconducirse a la identidad[73]. Pero Foucault no considera esta esporulación de formas racionales un fenómeno eterno. Hallamos en él la idea (en el límite de la utopía, tan despreciada) de que en un remoto futuro, cuando se complete la consumación del pensamiento dialéctico, se hará posible una incorporación no dialéctica de la alteridad, análoga a la absorción ya en curso de las sexualidades periféricas en el seno de una nueva sexualidad normal polimorfa. Entonces, en una situación como ésta, ya pacificada, «todo lo que nosotros hoy sentimos con relación a la modalidad del límite, o de la extrañeza, o de lo no soportable, habrá alcanzado la serenidad de lo positivo» y la razón dialéctica se hará tan incomprensible como lo son para nosotros los comportamientos de los primitivos:

Ese juego tan familiar de mirar al otro término de nosotros mismos en la locura, y de tender a la escucha de voces que, llegadas de muy lejos, nos dicen de cerca lo que somos, ese juego, con sus reglas, sus tácticas, sus invenciones, sus astucias, sus ilegalidades toleradas, ya no será más que un ritual cuyos significados quedarán reducidos a cenizas. Algo así como las grandes ceremonias de intercambio y de rivalidad de las sociedades arcaicas[74].

En el último decenio de su vida, Foucault (fallecido en 1984) lleva a cabo un giro en su pensamiento. Pasa del análisis de los procedimientos de transformación de los seres humanos en objetos al de su transformación en «sujetos» (en el doble y divergente sentido de sometimiento y de hacerse dueños de sí mismos), de la voluntad de poder a la de verdad, de temas tratados en la época moderna a cuestiones ya «problematizadas» en la antigüedad griega y romana. El individuo capaz de organizar su existencia y de darle un significado representa ahora el centro de la reflexión de Foucault, que, aun así, no cae en una perspectiva individualista, neoliberal o anárquico-libertaria. Por otro lado, el Estado moderno y occidental conoce bien la cuestión de la individualidad, porque no deja de producirla, aunque entrelazándola indisolublemente con formas de totalización. Absorbe, así, técnicas más remotas de control de los individuos, cuyo origen se remonta al «poder pastoral» de la Iglesia, orientado a la salvación de los individuos más débiles, de la última «oveja del rebaño», aun a costa del sacrificio del «pastor», del jefe. Tanto la Iglesia como el Estado moderno se ven obligados a conocer la interioridad de los individuos y a organizar su verdad *singulatim*. El *Welfare State* no se interesa, evidentemente, por la salvación del alma de los ciudadanos, sino por su bienestar y protección ante los problemas de la vida. Con todo, de esta manera, les permite poder dedicarse a sus propios objetivos privados.

¿Por qué vías puede el sujeto moderno, al mismo tiempo, huir de la paradoja de la individualización totalizante y abandonar el ilusorio refugio de la cerrazón en sí mismo, de la dimensión contemplativa expresada por el «conócete a ti mismo»? ¿Qué hacer para acceder al campo práctico del «gobiérnate a ti mismo»? Foucault busca ahora la respuesta en el mundo antiguo, pagano y cristiano. En una época, que advertimos que se parece a la nuestra (es decir, en la que los códigos morales legitimados por la tradición han perdido autoridad y prestigio), no le queda al individuo más que recurrir a «cuidar de sí mismo». A falta de normas compartibles socialmente, se ve constreñido a esculpirse a sí mismo como si fuese una estatua, convirtiéndose en legislador de su vida. En esta fase asume un valor ejemplar, para Foucault, el ideal del sabio estoico de la época romana (Séneca, Musonio Rufo, Marco Aurelio), que quiere transformarse con «ejercicios espirituales» diarios en obra de arte. La «estética de la existencia» se presenta, pues, como la única ética digna de este nombre, «trabajo» realizado por cada uno de nosotros sobre sí mismo, medida que se nos da –como enseña la filosofía griega del siglo IV a.C.– también del goce de los placeres[75]. No se trata ya de imponer una disciplina a los demás por medio de manicomios, prisiones, fábricas o escuelas, sino de someterse individualmente a los principios libremente aceptados y largamente meditados. Una ulterior conquista –de la que se apoderará el pensamiento moderno– es la que lleva a cabo el cristianismo. El «cuidado de sí» de los estoicos, el examen de conciencia tendente a perfeccionar nuestra vida se transforma con el monacato de los primeros siglos de nuestra era en un cuerpo de técnicas para obligar a la «carne» a confesar sus pecados, para extraer las verdades más ocultas en las profundidades de nuestra alma y formularlas con claridad, autoacusándonos ante Dios, que todo lo ve y lo comprende. Con el fin de transcenderse a sí mismo, purificándose de las escorias terrenales, el cristiano debe «sondearse para saber quién es, lo que sucede en su interior, los errores que ha podido cometer, las tentaciones a las que se ha expuesto. Pero, y es lo más importante, cada uno debe decirle estas cosas a los demás, y de ese modo ser testigo contra sí mismo»[76]. Exponerse a la mirada de Dios hace transparente no tanto la fantasmal esencia del sujeto como las «tecnologías del yo», los mecanismos anónimos de su interrumpida construcción.

Lo que constituye el hilo conductor del pensamiento de Foucault en los últimos cursos en el Collège de France, entre 1979 y 1984[77], es la pregunta sobre cómo llegó a formarse la experiencia de sí mismo, típica del sujeto occidental[78]. Se trata, desde luego, de una de las muchas técnicas, o

procedimientos, existentes sin duda en cualquier civilización, que son propuestos o prescritos a los individuos para fijar su identidad, mantenerla o transformarla en función de cierto número de fines, y todo ello gracias a las relaciones de dominio de sí sobre uno mismo o de conocimiento de uno por sí mismo[79].

El aspecto que, con todo, es específico de la cultura occidental consiste en el empeño por profundizar, en mayor medida que las otras culturas, las formas de escisión y de toma de distancia de sí, los procedimientos de desdoblamiento y de mirarse como a una alteridad, para, seguidamente, retornar a sí mismos con el fin, por un lado, de conquistar la autonomía de la propia subjetividad y, por otro, de modificarse, de autosubvertirse. Consiste en ponerse, de manera insistente, las siguientes preguntas:

¿Qué hacer de sí mismo? ¿Qué trabajo llevar a cabo sobre sí? ¿Cómo «gobernarse» al ejercer acciones en las que uno mismo es el objetivo de dichas acciones, el dominio en el que se aplican, el instrumento al que han recurrido y el sujeto que actúa?[80].

Esto es así sobre todo desde que, a finales del siglo XVIII, el sujeto occidental se ha empezado a hacer preguntas ya no tanto sobre la relación verdad/sujeto, tal y como se evidencia en Descartes, cuanto sobre la relación verdad/vida, como aparece en el Kant de la *Crítica del juicio*, en el Hegel de la *Fenomenología del espíritu*, en la entera obra de Nietzsche o en el Husserl de la *Kris*[81]. Estos autores, a los que Foucault convoca para sostener sus últimas posturas, demuestran que, para decir la verdad sobre uno mismo y en consecuencia modificarse, en nuestros días, antes que *maîtres à penser* son necesarios *maîtres d'existence*.

Parfit o el túnel de cristal de la identidad

Como efecto de la complejidad creciente de la vida social y de la expansión de la globalización, la pregunta sobre la identidad de cada individuo y sobre la identidad de grupos enteros, o de pueblos, ha adquirido una mayor urgencia. De ser un término lógico y matemático para designar la igualdad de algo consigo mismo, la palabra «identidad» ha pasado a indicar una forma de pertenencia anclada a factores naturales (la sangre, la raza, el territorio) o simbólicos (la nación, el pueblo, la clase social). Viendo como este término ha sido inflacionado –como también lo ha sido su opuesto complementario, la «alteridad»–, resulta difícil tratar de describirlo si lo depuramos de sus espesas incrustaciones retóricas[82]. Precisamente por este motivo es pertinente entender a qué exigencias obedece la necesidad de identidad, por qué es algo ineludible a todos los grupos humanos y a los propios individuos, por qué presenta esta constancia en el tiempo y en el espacio, y en cuántas formas, aceptables o no, es declinado.

Desde épocas inmemoriales, todas las comunidades humanas han buscado, en efecto, mantener su cohesión en el espacio y en el tiempo mediante la separación entre sus propios componentes y los «otros». La formación del «nosotros» exige, por lo tanto, rigurosos mecanismos de exclusión más o menos manifiestos y también, a menudo, la autoatribución de algún tipo de primacía o de derecho. La xenofobia representa la consecuencia más burda y elemental de la compacidad de grupos y comunidades que se sienten o quieren verse distintos de los demás, y que, a través de ella, pretenden manifestar la propia determinación a ser ellos mismos. Es la expresión de una fuerte necesidad de identidad a menudo no negociable, ni siquiera a cambio de ventajas económicas y políticas. Aunque se manifieste a través de una amplia gama de matices, en su dinámica de inclusión/exclusión la identidad siempre es algo intrínsecamente conflictivo. Circunscribe, real o simbólicamente, a quien está dentro de un área determinada y rechaza a los demás. Y, con todo, para no asfixiarse en su propio aislamiento, cada sociedad debe dejar abiertas algunas puertas, debe prever, es decir, mecanismos opuestos y complementarios para la inclusión de la alteridad. Desde luego, los vínculos de pertenencia son necesarios para todos los grupos humanos y para todos los individuos, pero no son naturales (¿cómo podríamos sobrevivir si no supiéramos quiénes somos?): fueron construidos y están siempre por construir, precisamente porque la identidad es una obra en proceso.

La regulación de las relaciones con aquellos que no pertenecen a un determinado grupo muestra, por lo tanto, una ambigüedad constitutiva.

Pero construirse a sí mismo, en la forma de la identidad, de la coherencia, de la máxima conciencia y vigilancia moral, ¿es realmente importante? De ello duda, aun sirviéndose de otro tipo de ejercicios espirituales, el filósofo inglés Derek Parfit. En efecto, en su perspectiva «reduccionista», *identity does not matter*, la identidad personal no es lo que importa, aquello de lo que debamos preocuparnos. Ésta me interesa sólo como medio para un fin, que consiste en asegurar mi continuidad psicológica futura de cualquier manera (y no sólo como persona física, sino también, digamos, como recuerdo incorporado a la memoria de los demás).

El hecho de no preocuparnos ya de la identidad es presentado por Parfit como liberación de la angustia ante la muerte y de las inevitables preocupaciones relacionadas con ella centradas exclusivamente en nosotros mismos, como refuerzo simultáneo del sentido de solidaridad con los demás:

> Si dejamos de pensar que lo importante es nuestra identidad, este hecho podrá influir en algunas de nuestras emociones, por ejemplo en nuestra actitud ante la vejez y la muerte.

Con una especie de *consolatio* estoica, Parfit añade que si en vez de decir: «Estaré muerto» yo dijese: «No habrá ninguna experiencia futura que esté relacionada en ciertos aspectos con mis experiencias presentes», esta reformulación de mi pensamiento y actitud, «al recordarme lo que significa el hecho de mi muerte, me la hace menos deprimente». El no pensar en la identidad como permanencia de mí mismo, sino como desenganche de mis experiencias respecto de la continuidad psicológica con el pasado, haría que codo fuera mucho más fácil.

En una época en la que los progresos de la biotecnología, de los trasplantes de órganos, de la clonación pueden transformar en ciencia lo que antes era ciencia ficción, también la identidad personal deja de estar vinculada al criterio de la continuidad física del individuo íntegro en el tiempo y de la continuidad psicológica ligada a la totalidad de la persona. Es cierto que, como habría dicho Locke, la identidad no queda mellada si me cortan el «meñique». Pero ¿qué sucedería si mi cerebro, o una parte de él, fuese trasplantado al cuerpo de otra persona, o viceversa? Y ¿qué ocurriría si, por medio de una hipotética máquina, el *teletransporter*, se reprodujese una réplica exacta de mí mismo en Marte (tan «idéntica» que en el rostro se ve incluso el corte que me hice esta mañana cuando me afeitaba)? Y si luego, por una avería, el yo que se había quedado en la Tierra muriese y sobreviviese el que está en Marte, ¿cuál de los dos sería el verdadero yo? A través de estos experimentos –por ahora sólo mentales– de duplicación y producción de replicantes seriados de un yo *(token person)* llegamos a admitir, por medio de Parfit, que lo que tiene valor no es la permanencia de la individualidad en cuanto indivisibilidad, sino, precisamente, la continuidad psicológica que se alcanza de alguna forma a través de los mediadores. El criterio de este tipo de continuidad *(relación R)* sustituye así al de la identidad personal: «Lo que importa es la *relación R. R* es la conexión y/o la continuidad psicológica debida al tipo de causa adecuado».

El sereno abandono de la identidad personal produce una emancipación efectiva de los miedos, ya que –al dejar de tender a la inmortalidad– se consigue una mayor plenitud de sentido. Ello es comparable a un paradójico sistema zen para encontrarse a uno mismo. En otras palabras, sucede algo parecido al lanzamiento de una flecha cuando ya no estamos obsesionados por la apremiante voluntad de acertar, y entonces se consigue –por el hecho mismo de estar completamente relajados y no concentrados– dar realmente en el blanco. Si lo explicamos de otra manera, podríamos decir: no pensar en la identidad, porque a fin de cuentas es la identidad la que piensa en ti. Esta actitud nos permite salir de una larga pesadilla:

Cuando yo creía que mi existencia era ese hecho ulterior, me sentía como prisionero en mí mismo. Mi vida me parecía un túnel de cristal en el que, año tras año, me movía cada vez a mayor velocidad, al final del cual había oscuridad. Cuando cambié de opinión, las paredes de mi túnel de cristal desaparecieron. Ahora vivo al aire libre. Hay todavía una diferencia entre mi vida y la de los demás, pero es una diferencia menor. Los demás están más cerca de mí. Y yo me intereso menos por el resto de mi vida y más por la vida de ellos[83].

8. Los vínculos de la tradición

El viaje de la vida: Blumenberg y las metáforas

La eficaz metáfora del túnel nos introduce en un campo de problemas contiguo. Tradicionalmente, las metáforas se consideran un adorno retórico, un embellecimiento del lenguaje o bien la antesala del pensamiento conceptual. El término «metáfora» (de *metaphoré,* que en griego quiere decir «traslado», «transporte») indica la conjunción, mediante desplazamiento, de lo que está distante. Hay metáforas muertas, que se han convertido en conceptos y que utilizamos sin darnos cuenta –según la comparación de Nietzsche– de que se trata de monedas cuyas imágenes se han borrado por el uso y ya no valen más que por el metal. Hay además metáforas vivas (cuyo papel ha sido subrayado por Paul Ricoeur), que el lenguaje normal o el poético producen continuamente. Éstas construyen osados puentes entre nociones que no estamos acostumbrados a ver unidas.

Aquellos que, en cambio, subordinan la metáfora al problema del conocimiento la consideran una forma inferior o espuria de pensamiento, que hace de guía al concepto puro, claro y diferenciado. Hans Blumenberg trata de romper el nexo establecido entre pensamiento aconceptual y pensamiento conceptual, para no considerar las metáforas como un mero introito a la racionalidad, andamio provisional para erigir conceptos[1]. Relacionándolas con el husserliano «mundo de la vida» (trama no reflexiva de estructuras de pensamiento, de sentimiento y de creencias que hemos adquirido y que forman el fondo de nuestra conciencia), les devuelve su autonomía. El mundo de la vida es la esfera de lo que no es tematizado explícitamente, que se queda sobre ese fondo y permite a todo aquello que decimos o pensamos destacar sobre lo no dicho o sobre lo no pensado. Todas nuestras afirmaciones, por lo tanto, tienen sentido porque se recortan sobre el fondo de un universo simbólico simplemente presupuesto. Así pues, mientras los conceptos tienen que ver con la conciencia focalizada, las metáforas se refieren al mundo de la vida, son chispazos de luz transversal que iluminan nexos significativos no analizables directamente. Expresan orientaciones o tendencias, modos de dirigirnos a la experiencia no destinados a precipitarse en cristales conceptuales. Los conceptos puros ofrecen la ventaja de su relativa claridad y univocidad con una pérdida de la multiplicidad de sentidos del mundo de la vida. Es decir, cada vez que pensamos en algo concreto, obtenemos, sin duda, la ventaja de verlo claro y patente con los ojos de la mente, pero, al mismo tiempo, cortamos todas las posibles conexiones de sentido respecto a lo que queda en ese fondo. Por el contrario, las metáforas gozan de la dudosa ventaja, por lo que respecta al conocimiento, de tener un ámbito de referencia extremadamente vasto, de poderse conectar, en última instancia, con toda la extensión del mundo de la vida, pero ofrecen este beneficio con una mayor imprecisión. Por este motivo se tiende a expurgarlas de filosofía y a considerar que no se debe contar con ellas, como si constituyesen una mancha impura en el diamantino universo de los conceptos. En realidad, ni siquiera el pensamiento más abstracto puede dejar de contar con las metáforas, siempre que no se reduzca a ellas. Están, en efecto, las que Blumenberg definió como metáforas absolutas, indeducibles e irremisibles a otras metáforas o ideas, y las metáforas derivadas.

Las metáforas absolutas expresan tendencias que no pueden descomponerse ulteriormente, como la actitud que cada uno de nosotros tiene durante el arriesgado viaje de la experiencia. Por tanto, la metáfora de la *navigatio vitae* implica que hay quienes eligen ser actores de su existencia y quienes, por el contrario, menos propensos a enfrentarse a los peligros, prefieren ser espectadores más que actores[2]. El elemento de lo ignoto, de lo que se espera, del riesgo, es precisamente el aspecto que caracteriza tanto la metáfora de la *navigatio vitae* como el surgimiento de los mitos. Ya que, cada uno de nosotros tiene ante sí un camino que nunca podrá conocer de antemano, surge la idea de que la ruta misma, la navegación emprendida sirva de consejera, que se forme, gracias a ella, una experiencia. En español el vocablo «experiencia» es, en este caso, menos categórico que en otras lenguas. En alemán «experiencia» se dice *Erfahrung,* palabra que contiene la raíz de *fahren,* «viajar». Por eso, tener experiencia significa viajar o, por extensión, navegar. Corresponde al paradigma de Ulises, el héroe que viajó y sufrió mucho y que, precisamente por eso, es capaz de cambiar su peligrosa ruta a través de todos los obstáculos divinos y humanos que se le ponen delante.

En el pasado la experiencia se acumulaba. Hoy, en cambio, nos hallamos en una situación en la que –al cambiar rápidamente las cosas– las enseñanzas del pasado pierden peso haciendo que incluso las expectativas del futuro queden indeterminadas. La Edad Moderna, marcada por la aparición del «hombre copernicano», marca el final de las seguridades teológicas, basadas (por lo que se refiere a nuestro mundo) en el libro por excelencia, la Biblia. Es una época que inaugura la rebelión y la «autoafirmación» del hombre respecto de la sumisión a las autoridades que se remiten a lo sobrenatural, enciende el deseo de lo nuevo, empuja a realizar viajes de descubrimiento en tierras desconocidas (no sólo en un sentido geográfico, sino también como circunnavegación del *globus intellectualis* o proyección hacia el mundo de lo infinitamente grande y de lo infinitamente pequeño, de los astros y de los microbios).

También el mito es, para Blumenberg –uno de los protagonistas del llamado Mythos-Debatte, junto a Manfred Frank y a Karl-Heinz Bohrer–, una estrategia para enfrentarnos a lo desconocido, para resistir la angustia amorfa y sin nombre que provoca en los hombres el extremo poder de la realidad. El mito, en efecto, merma su «absolutismo» inventando explicaciones para lo inexplicable, con el fin de hacer que el mundo sea más familiar. Por ello la antítesis entre mito y razón no surge inmediatamente. Ésta es

una invención tardía y mala, porque renuncia a considerar la función del mito, en la superación de esa extrañeza arcaica del mundo, como una función también racional, por muy oportuna que pudiera parecer, a cosa hecha, la desaparición de sus medios [...] El propio mito es un trozo de incomparable labor del logos[3].

Reconocemos que algo es un mito cuando ya no creemos en ello, cuando la retaguardia del mundo de la vida no proporciona ya suficiente alimento a nuestro pensamiento.

«Nadie se conoce a sí mismo»: Gadamer y la hermenéutica Blumenberg es adversario de la «secularización». No cree, en nuestro caso, que el pensamiento moderno esté en relación de continuidad respecto al pensamiento medieval, en el sentido de que las ideas «laicas» elaboradas en su ámbito sean una traducción o una adaptación de dogmas teológicos o metafísicos anteriores. El «hombre copernicano» introdujo en su mundo novedades inauditas e, interrumpiendo los nexos con la tradición, dejó al pasado realmente libre de pasar, abriendo el «tiempo nuevo», *Neuzeit,* es decir, la modernidad. Por el contrario, para Gadamer, nunca podremos separarnos de la tradición. En efecto, la conciencia del individuo no constituye un centro autosuficiente, aislado respecto a la realidad de la historia que lo rodea: forma parte del mundo, con el cual se comunica a través del lenguaje. Interpretamos los acontecimientos sólo en el interior del horizonte determinado por nuestra pertenencia a una tradición, a sus presupuestos específicos –y, en un primer momento, inexplicados. Por tanto, nuestra comprensión no es nunca lógicamente pura, neutra e incondicionada. Como sucedía ya en el último Wittgenstein, también para Gadamer es ilusorio imaginar que nuestra alma es algo así como una tabula rasa sin condicionamientos o sin certidumbres pasadas:

Aquel que quisiese dudar de todo no llegaría ni siquiera a dudar. El juego mismo del dudar presupone ya la certidumbre [...] El niño aprende porque cree en los adultos. La duda llega *después* de la creencia»[4].

Podemos comprender una cosa porque disponemos ya de una «precomprensión» de ella, es decir, de una idea recibida que nos marca y orienta, al menos hasta que nos veamos llevados a buscar ulteriormente, a profundizar en esta noción no reflexionada porque, mientras, se ha convertido en problemática e insatisfactoria. El «círculo hermenéutico» muestra en acción, precisamente, esta precomprensión del todo, como anticipación provisional de un conocimiento articulado de las partes, la cual –una vez que ocurre– modificará la imagen del conjunto, en un proceso recursivo y nunca concluido de rectificaciones y aperturas sucesivas.

La historicidad significa, en primer lugar, que toda precomprensión es un prejuicio y, generalizando, que la tradición es una red de prejuicios. Pero «prejuicio» no equivale a juicio falso, a algo intrínsecamente negativo: juzgamos siempre, y necesariamente, a partir de un punto de vista propio y limitado, antes de haber comprendido la cuestión más a fondo. Nadie está exento de prejuicios:

> Quien piensa que está libre de prejuicios, basándose en la objetividad del método y negando su propia naturaleza condicionada históricamente, sufre la fuerza de los prejuicios que lo dominan sin que lo sepa y de manera incontrolada, como una *vis a tergo*. Quien no quiere reconocer los prejuicios que lo determinan no sabrá ver ni siquiera las cosas que se le muestran a la luz de éstos[5].

En busca de transparencias cristalinas, la Ilustración desacreditó la idea de prejuicio, declarándole la guerra:

> Al hacer esto, [la Ilustración] ha llevado a cabo también una especie de liberación, una emancipación del espíritu. Pero si sacamos la conclusión de que podemos hacernos transparentes a nosotros mismos, soberanos de nuestra manera de pensar y de actuar, entonces nos equivocamos. Nadie se conoce a sí mismo. Desde siempre, llevamos grabado en nosotros un rastro, y nadie es una hoja de papel en blanco[6].

Todos estamos marcados indeleblemente por lo que hemos heredado y absorbido de la tradición. Aunque quisiéramos, no podríamos depurarnos a nosotros mismos de los prejuicios y de los precondicionamientos históricos, no podemos borrar lo que la historia ha escrito en la «hoja de papel» de nuestra vida: podemos solamente reescribirlo, reelaborarlo incesantemente. En efecto, no obtendríamos, en el caso de la eventual evaporación de los prejuicios, verdades eternas: llegaríamos, por el contrario, al puro vacío mental. Eliminados los rastros, tras hacer desaparecer las huellas de la tradición, no queda nada. Lo importante es no permanecer apegados testaruda o presuntuosamente a ellos:

> El discurso no es una pura y simple muestra de nuestros prejuicios, pero los pone en juego, los expone a nuestras dudas, lo mismo que a la réplica del otro [...] La mera presencia del otro ayuda, ya antes de que éste tome la palabra para replicar, a descubrir nuestros prejuicios y nuestra parcialidad, a deshacernos de ella[7].

Pero hay «prejuicios legítimos» que deberían ser reivindicados, como los referentes a la «autoridad» o a la «tradición». Entre razón y tradición, en particular, no hay esa enemistad absoluta que pretende hacernos ver la Ilustración cuando identifica la tradición con la ciega sumisión a autoridades indemostrables y arbitrarias:

> Incluso la más auténtica y sólida de las tradiciones no se desarrolla de forma natural en virtud de la persistencia de lo que una vez se ha verificado, sino que tiene necesidad de ser aceptada, de ser adoptada y cultivada. Ésta es básicamente conservación que actúa junto a todo cambio histórico y dentro de él [...] Incluso allí donde la vida se modifica de manera turbulenta, como en las épocas revolucionarias, en el pretendido cambio de todas las cosas se conserva el pasado

mucho más de lo que nos imaginamos y se funde con lo nuevo adquiriendo una validez renovada.

En vez de liberarnos de la tradición, al considerarla un peso, debemos descubrir su íntima riqueza, por el hecho de que no es nunca unívoca ni cerrada:

> Lo que llena nuestra conciencia histórica es siempre una multiplicidad de voces, en las que resuena el pasado. Sólo en la multiplicidad de estas voces está el pasado: éste constituye la esencia de la tradición de la que somos y queremos ser partícipes[8].

El sentirnos pertenecientes a una historia implica el reconocimiento de otras historias y de otras personas, dejar que voces diferentes y discordantes se contrapongan en el interior de cada uno de nosotros y de esta forma lo delimiten. Sólo comprendiendo la alteridad en nosotros mismos, poniéndonos a prueba, somos capaces de ampliar nuestro horizonte y, al contrario, de definirnos y de individualizarnos. En efecto, precisamente porque nuestro horizonte está circunscrito, puede extenderse después. Comprender significa provocar una «fusión de horizontes», precisamente porque la verdad no es monológica, sino dialógica, porque no desvela algo que preexiste, sino el resultado de la comprensión y de la interpretación en común. Desde una óptica semejante la historia y el arte generan conocimientos valiosísimos, aunque carentes de la rigidez del método científico. Más próximas al «juego» (cuyas reglas se imponen a los participantes sin por ello inhibir su propia capacidad de innovar dentro de esos datos), ambas permiten la comprensión del mundo como reelaboración discontinua de vivencias en las que insertar activamente nuestra propia actividad, considerándose parte de una *Wirkungsgeschichte* más general, de una «historia de los efectos» que no se refiere a los hechos desnudos, sino a eventos ya interpretados por otros, objetos impregnados de subjetividad y subjetividades mediadas con la objetividad.

La mitología blanca de Derrida

Aunque desde otra perspectiva, también para Jacques Derrida no hay que abandonar los condicionamientos de la tradición en favor de lo auténtico y de lo originario que se ocultaría detrás de la variedad de los fenómenos. Por ello –a diferencia de Blumenberg– no se dan «metáforas absolutas» que preceden al pensamiento conceptual. En efecto, ninguna metáfora es capaz de salir del círculo mágico de la «metafísica», de la «mitología blanca, que se parece a la cultura de Occidente y la refleja» (esa cultura en la que el hombre blanco cree que su pensamiento es la forma universal de la racionalidad). La metáfora no puede rehuir el concepto. Entra a formar parte, necesariamente, del número de sus antinomias metafísicas: de sentido propio y no propio, de sustancia y accidente, de pensamiento y de lenguaje o de inteligible y sensible. Se halla, pues, en el seno del pensamiento filosófico mismo, en su exhausto y siempre incompleto proceder desde lo figurado a lo propio, que no llega a superar nunca el mito, a desvelar algo, a mostrar la verdad desnuda. Toda re-velación es, al mismo tiempo, colocar un nuevo velo. Quien no lo comprenda y quiera hallar el sentido propio detrás del sentido figurado recae en la «metafísica de la presencia», cree que se manifiesta ante él la verdad «en persona». Las metáforas no se erosionan en el sentido de que se disuelvan finalmente en el concepto, aunque se compense por el retoñar continuo de metáforas vivas y poderosas, pero de acumulación y préstamo continuos. Se mueven, así, circularmente, salen y entran en el horizonte perceptivo del pensamiento, representando al otro ineliminable de la conceptualidad. Por consiguiente, tampoco la dimensión conceptual desaparece, salvo transitoriamente, en la metáfora misma, que es su permanente reserva de sentido[9].

La «metafísica» –desde los orígenes de la filosofía occidental hasta Husserl– asocia la verdad a la presencia inmediata del ser en la conciencia, como significado que se revela al sujeto bajo la forma privilegiada de la palabra. Con la victoria del «fono-logo-centrismo» la escritura parece letra muerta, degradación de lo hablado[10]. Derrida reivindica, en cambio, la supremacía de la escritura, que ya había atacado Sócrates en *Fedro*. Ésta es, en efecto, objetividad que transciende al sujeto, la voz de la conciencia, huella que subsiste después de la muerte de los individuos. Es remisión simultánea de los signos a algo distinto de sí y a nosotros mismos, a un cuerpo abierto de textos y situaciones a interpretar en un infinito juego laberíntico de remisiones, desviaciones, diseminaciones, desechos, retrasos, repeticiones y aplazamientos de los que no se sale *(différance)*. No podemos, pues, llevar a cabo completamente cada texto o situación interpretada.

Antes bien, la absoluta transparencia los destruiría, sustrayéndoles ese exceso de sentido que cruza la inmediata presencia y los límites del *logos*. Identidad y diferencia *(différence)*, autorreferencia y alusión, se implican originariamente entre sí, en efecto, en cuanto que los signos mismos de la escritura constituyen la presencia de una ausencia. Sobre todo en un mundo en el que la recogida y el registro de informaciones y de textos se están haciendo monumentales, ninguna experiencia puede quedar saturada, así como ninguna interpretación puede ser exhaustiva: dejando a un lado las pretensiones de reconstrucción sistemática y unitaria del sentido, todo texto puede ser «deconstruido», con el fin de mostrar el espeso tejido de remisiones y aplazamientos, que, sin embargo, no conducen a ningún original, a ningún ser como pura presencia. Gadamer recuerda haberse salvado de la disolución de la dialéctica a través de la salida de seguridad del diálogo, mientras que Derrida, dice, ha elegido la vía de la deconstrucción, en la que la unidad de sentido no se disuelve «en el coloquio vivo, sino en la trama de las relaciones de sentido que forma la base del hablar»[11]. El término «deconstrucción», que ya está de moda, sobre todo en la cultura norteamericana, no debe entenderse como deseo iconoclasta de la imposible destrucción del *logos,* sino como voluntad de desarticular el sistema de las posposiciones,

de dislocar la unidad verbal con el fin de hacer que esté menos anquilosada y sea más consciente de sus propios condicionamientos, es decir, de todo lo que le impide acceder a la verdad y la autenticidad absolutas[12].

Al igual que la «carta robada» de la narración de Poe (examinada, a través de Lacan, en *El factor de la verdad,* de 1975), la evidencia es lo más oculto y el exceso de evidencia ciega. Las tinieblas no se disiparán nunca porque la «violencia de la luz» no constituiría una victoria. Como bien sabían Platón y Hegel, en la luz pura vemos tan mal como en la oscuridad más total. Sólo las diferencias, los matices, las comparaciones permiten ver y comprender (sobre todo fuera de la metafísica y de la metafórica de la luz y de la presencia). Y ya que la metafísica ha procedido a «borrar la huella», se impone ahora la tarea de ir hacia su «superación». Pero esto no es posible por medio de un «salto». La larga separación de la metafísica no la destruye: la conserva inexorablemente en el fondo, mostrando sus infinitas ramificaciones en nuestros modos de pensar y de sentir y en nuestras actitudes. Al no poder obtener una imagen más fiel del mundo irreductible a la pura presencia (ya que, heideggerianamente, el ser se sustrae al mismo tiempo que se da), la filosofía resulta «parasitaria» respecto a su tradición metafísica. Sólo puede mostrarnos las dudas, las ambigüedades, las reverberaciones y los desplazamientos.

9. *Vita activa*

Arendt: pensar, querer, juzgar

Examinando las catástrofes ocasionadas por los totalitarismos del siglo XX y la consiguiente degradación de la política, Hannah Arendt ha buscado las raíces profundas en la progresiva alteración de la «vida del espíritu», en la distorsión sufrida por nuestras tres irreductibles facultades: pensar, querer y juzgar. La base de este invisible desastre histórico es la separación moderna entre teoría y praxis, por la que se considera que el actuar es una mera aplicación de un concepto o de un proyecto que la teoría ha elaborado ya autónomamente. Cuando la voluntad se transforma en el brazo secular del pensamiento, acaba, pese a todo, por cegarse. A su vez, la pura contemplación, después de haber afirmado durante milenios su supremacía, se ve obligada a confesar su impotencia. El predominio de la convicción moderna de que el hombre conoce sólo lo que hace acaba por privilegiar definitivamente la actuación y por devaluar, como consecuencia, toda forma de pensamiento que no se convierta inmediatamente en acción. Al sostener que «los filósofos se han limitado hasta ahora a interpretar el mundo, cuando de lo que se trata es de cambiarlo», el Marx de la decimoprimera *Tesis sobre Feuerbach* legitima, en contra de sus declaradas intenciones, una avalancha de prejuicios. Parece creer que interpretar el mundo constituye un lujo, que el pensamiento es un parásito y que basta la acción revolucionaria para revelar el nuevo mundo encerrado en la crisálida del viejo. Al poner el acento en el valor del «trabajo», entendido como modificación del mundo y automodificación del hombre, Marx ha contribuido, además, a borrar la distinción, cultivada por los antiguos, entre *poiesis* y *praxis*, entre obrar o hacer (producción de un mundo artificial de cosas) y actuar («la única actividad que relaciona directamente a los hombres sin la mediación de cosas materiales»). El hacer da lugar al *homo faber*, capaz de controlar la realidad mediante la técnica; el actuar da lugar a la vida política, o *vita activa,* como la llamaban los latinos. Deberíamos añadir que la *praxis* y la actuación se consideran, de Aristóteles a Hegel, una forma de conocimiento: la que se ocupa de los acontecimientos humanos y naturales en su variabilidad, que no pueden captarse a través de leyes o esquemas rigurosos y a priori (pero que, aun así, poseen consistencia, aunque no sea más que porque la regularidad del mundo humano queda garantizada por el hecho de que estamos rodeados de instituciones y cosas más duraderas que la actividad que las ha producido). Por el contrario, la ciencia se ocupa de las «cosas que no pueden ser distintas de lo que son», de los entes de la matemática o de la astronomía, que –precisamente por ser inmutables y eternos– pueden convertirse en objeto de la teoría.

Al reivindicar el papel de la política, Hannah Arendt recupera la tradición del pensamiento ciceroniano, que colocaba la *vita activa* incluso por encima de la vida contemplativa, hasta el punto de que los romanos empleaban como sinónimos «vivir» y «estar entre los hombres» *(inter homines esse)*[1]. Así pues, si la política es *inter homines esse*, su esencia se halla precisamente en este «entre», en optimizar las relaciones recíprocas de individuos y grupos que tienen intereses y proyectos diferentes. En efecto, la política, lo mismo que la acción, es plural, presupone siempre a los demás: «Se basa en el hecho real de la pluralidad de los hombres [...] trata de la convivencia y comunidad de los *diferentes*»[2]. Desde esta perspectiva, aquélla respeta la multiplicidad de puntos de vista y su incomponibilidad, rechazando la obligación de doblegar todas las opiniones a la férrea dictadura de una presunta verdad incondicional que eliminaría su carácter obtusamente parcial. Así pues, a la política le es necesaria, constitutivamente, la «libertad», el actuar autónomo de los individuos en cuanto capacidad de dar comienzo a algo nuevo, a algo no previsto por los mecanismos causales del mundo. La libertad es –como diría Kant– ese «milagro del mundo fenoménico», que introduce lo no existente en lo existente. Sin embargo, no se es libre sólo cuando se actúa:

Desgraciadamente, a diferencia de lo que se piensa habitualmente de la proverbial independencia de torre de marfil de los pensadores, ninguna otra facultad humana es tan vulnerable, y, en efecto, es mucho más fácil actuar que pensar, en condiciones de tiranía[3].

Al haber recibido el cometido de configurar activamente un futuro cada vez más abierto, la voluntad ha asumido, de todos modos, en la Edad Moderna, un papel predominante. La percepción de un incremento en la indeterminación del porvenir agudiza la necesidad de especificar y hacer visibles, bajo formas reconocibles por todos, los principales objetivos políticos. Favorece así el surgimiento de ideologías y de utopías radicales, que movilizan a las poblaciones de forma tanto más masiva cuanto más difíciles e inciertos son los fines a alcanzar. Precisamente porque, en general, los individuos se ven constreñidos a una íntima soledad, sin ser capaces de concebir planes de vida sensatos, los regímenes totalitarios ejercen sobre ellos una atracción que los induce a someterse sin reservas. Este poder parece salvador precisamente porque hace olvidar las diferencias, esenciales en la política. Bajo la máscara de la solidaridad de raza, de nación o de clase, el terror fija ulteriormente este atomismo, exigiendo una fidelidad sin condiciones al partido o a la patria de personas carentes de sólidos nexos con los familiares o con los amigos: «La principal característica del hombre de masas no era la brutalidad o la rudeza, sino el aislamiento y la falta de relaciones sociales normales». La ética del sacrificio, propagada e impuesta, no apela, por tanto, a la abnegación como virtud, «sino como sentido de la nula importancia del propio yo, de su sacrificio»[4]. Se exige de los individuos la obediencia automática, la regresión al reino animal, a la mera vida biológica, a una condición en la que la cadena de mando permanezca sólida e indiscutida. Como recuerda Elias Canetti,

> el orden es más antiguo que el lenguaje, pues si no los perros no podrían conocerlo. El adiestramiento de los animales se basa precisamente en el hecho de que éstos, aunque ignoran el lenguaje, aprenden a entender lo que se les pide [...] El poder de mando no debe ponerse en duda; si se ha debilitado, deberá estar dispuesto a reafirmarse con la lucha. En general, este poder continúa siendo reconocido durante mucho tiempo. Sorprende cuán raramente se exijen nuevas decisiones: nos contentamos con los efectos de las decisiones que ya son habituales. En las órdenes reviven las batallas victoriosas, cada orden cumplida renueva una vieja victoria[5].

Tanto el totalitarismo como la pérdida de significado de la existencia en las democracias contemporáneas son producto de los automatismos y de la pasivización de las tres facultades: la de pensar, que no consigue comprender el sentido de los acontecimientos; la de actuar, que falla en la concertación colectiva de las diferencias políticamente relevantes para tratar de conseguir la «vida buena»; la del «juicio», que manifiesta su debilidad al despuntarse la agudeza, en la inesperada y difusa incapacidad de discriminar.

El juicio es la «raíz común» del pensar y del actuar, es el intento de tender un puente entre ambos. Representa «el misterioso talento de la mente en virtud del cual se unen lo general, que es siempre una construcción de la mente, y lo particular, que siempre le es dado a la experiencia de los sentidos». Igual que el «gusto» en el campo de la estética –que se consolida cuando disminuyen los pretendidos criterios objetivos de la belleza–, la facultad de juicio, para determinar su objeto, no puede recurrir al pensamiento, a los instrumentos y a los métodos prefijados que están en uso. Al igual que el «juicio reflexionante» formulado por Kant (que valora los detalles sin subsumirlos en conceptos generales), en el juicio político elaborado por la Arendt la reflexión conserva su significado óptico originario, casi como un rebote del juicio, que vuelve sobre sí mismo para ser enviado luego nuevamente sobre su objeto. Con una diferencia de entonación respecto del «círculo hermenéutico», esta forma de juicio no evita, sin embargo, la responsabilidad de tomar postura. El antídoto de los errores, que están siempre al acecho, lo proporciona, por compensación, la declarada disponibilidad para rectificarlos ante argumentos convincentes. Sin el juicio, pensar sería un contemplar estático e inerte. Pero «la manifestación del viento del pensamiento no es el conocimiento; es la aptitud para discernir el bien del mal, lo bello de lo feo». Las monstruosidades cometidas por Eichmann en los campos de exterminio –sin mala conciencia, casi como si fuesen una acción administrativa normal– dependen del debilitamiento difuso de la facultad de juzgar, de la incapacidad de distinguir entre el bien y el mal, entre actuar y trabajar[6]. Cuando el juicio se embota, libertad y autoridad se hacen igualmente injustificables. Los hombres no son capaces de establecer relaciones de cooperación satisfactorias, y la mentira y la «banalidad del mal» triunfan sin oposición.

Habermas: el desierto avanza

La «acción comunicativa» –que es una «interacción simbólicamente mediada»– representa en Habermas una manera (distinta de la de Hannah Arendt) de reanudar las relaciones entre teoría y praxis y de coordinar las acciones de los hombres en las sociedades «postradicionales». En éstas, los procesos introducidos por los *media* –dinero, poder, organización burocrática– han acabado encadenando estrechamente a los individuos a sus funciones, restringiendo las áreas de autonomía. Es decir, domina una «razón instrumental», que busca sólo los medios necesarios para la consecución de los fines no justificables racionalmente. Después de consumirse la «almohadilla de grasa de la tradición» –que continuaba alimentando al pensamiento y a la acción, proporcionándoles una especie de piloto automático–, se agrede ahora directamente el tejido conectivo abstracto del «mundo de la vida», el universo simbólico compartido.

Éste ya está corroído por la incurable «enfermedad de la tradición» provocada por el advenimiento de la Revolución Industrial. Al desarraigar del medio rural a millones y millones de personas, expulsando a mujeres y niños del hogar, modificando las maneras de pensar y de sentir de todos, el debilitamiento de la tradición ha hibridado códigos éticos que habían permanecido largo tiempo aislados y ha desarrollado comportamientos orientados más a la espera de tiempos históricos mejores que a la imitación de ideales santificados por el pasado. Las autoridades que poseían antes el monopolio de las interpretaciones de las reglas morales tienden así a descargar sobre los individuos la responsabilidad de elegir. Desde hace por lo menos dos siglos asistimos, en efecto, a una especie de creciente *desregulation* ética, a una pluralidad no coordenada y a menudo conflictiva de fuentes derogadoras de normas. De este modo, la costumbre y el hábito dejan de representar la base de la conducta moral, el paradigma de las actitudes que toda una comunidad acepta y promueve como modelos a compartir. Según Alasdair MacIntyre se pasa del sistema de las «virtudes» –de los comportamientos colectivos homogéneos y relativamente constantes, motivados por una tradición refleja, como podía presentarse en la Ética a Nicómaco de Aristóteles– al sistema de las preferencias individuales. Su naturaleza es ser subjetivas, móviles, autorreferenciales, no argumentables, orientadas de acuerdo con el principio que en economía suele llamarse de «soberanía del consumidor» (cuyas opciones son indiscutibles, porque «el cliente tiene siempre razón»). En su ámbito, la exclusiva facultad de deliberar se atribuye, por consiguiente, a las intuiciones y a las inclinaciones emotivas del agente. Y, dado que los carriles de la costumbre ya no nos guían, y la vuelta a una ética de valores ampliamente compartidos parece improbable, lo mejor es, según MacIntyre, seguir el ejemplo de san Benito: en esta época de corrupción, comparable al final del Imperio Romano, retirarse en pequeños grupos para practicar una moral comunitaria, en espera de que surja de nuevo el sol de una civilización mejor[7].

En la sociedad postradicional ni siquiera la hermenéutica es ya capaz –como creen Dilthey, Gadamer o Rorty–

de revitalizar la experiencia aumentando su profundidad. Su agostamiento puede secar esa fuente común de la que derivan los flujos de significado y de conciencia de los individuos, amenazando la eficacia de los mecanismos de construcción de la identidad personal y colectiva. Los *media* han traído consigo un desierto y lo han llamado razón. Desde este punto de vista, la teoría habermasiana constituye un intento de robustecer los agónicos mundos vitales por medio del *Diskurs,* de la acción comunicativa, que teje incesantemente el deshilachado tejido simbólico. Se reconstruye de nuevo racionalmente lo que ha destruido la «racionalidad instrumental», como lo que ha sido sacudido por «terremotos» desencadenados en la vasta y asilvestrada área de los mundos de la vida, que asumen carácter problemático cuando son alterados por acontecimientos externos a la conciencia. Entonces vacilan y, en parte, se derrumban, sin que alteren completamente la percepción que tenemos de la realidad.

> Sólo un terremoto atrae nuestra atención hacia el hecho de que habíamos considerado sólido el terreno sobre el que estamos y sobre el que andamos todos los días. Incluso en estas situaciones se torna incierto sólo un pequeño fragmento del saber de fondo, que es apartado de su inclusión en tradiciones complejas, relaciones solidarias y competencias[8].

La Ilustración o, mejor, el proceso de iluminación y esclarecimiento *(Aufklärung)* de la humanidad europea que culminó en el siglo XVIII –que introducía en la razón, entendida hobbesianamente como cálculo, el *telos* de la emancipación– fue el verdadero «terremoto» del mundo moderno, el que llevó a la luz aspectos antes invisibles de obviedad del mundo de la vida. Recurriendo a principios universales, aceleró el metabolismo y la inestabilidad de los universos simbólicos socavando tradiciones, prejuicios y privilegios. Sin embargo, la realización distorsionada de la *Aufklärung* ha conducido a la destrucción de los mundos de la vida compartidos, empujando a la conciencia a subrogarlos a través de una agotadora, infatigable y con frecuencia infructuosa obra de actualización. En este contexto, la capitalización ordenada y estable de la experiencia, su previsora acumulación no resulta ya practicable, en cuanto que enseguida se produce una inflación, y corre sin cristalizarse o sin sedimentarse suficientemente. De este modo, la *Aufklärung* ha producido una «patologización» del mundo de la vida y –como contragolpe– de las formas mismas de la racionalidad, que han revelado aspectos inadecuados o peligrosos. Con todo, una degeneración semejante no es imputable al abuso de poder por parte de la razón, sino más bien a su déficit. La Ilustración ha quedado como un «proyecto inacabado», que hay que retomar tras haber englobado en él a todos los «teoremas anti-ilustrados» que han tenido el mérito de señalar sus límites o los puntos negros del impacto con las estructuras sociales. El historicismo y la hermenéutica, por ejemplo, son valiosos porque marcan el cociente de ralentización, distorsión y relativización experimentado por las tendencias universalistas y emancipadoras e indican, indirectamente, el camino para reforzar adecuadamente las exigencias de universalidad y de liberación de todos los hombres. Sin embargo, al poner el acento en la especificidad de situaciones determinadas, según parámetros de espacio y de tiempo, y en la circularidad del acto de comprender, el historicismo y la hermenéutica han perdido de vista el eje de avance acumulativo de la historia y el respeto por lo universal. Ambos pagan la «desertización» del mundo de la vida, ante la que reaccionan poniendo el énfasis sobre la fluidez de la historia y sobre el movimiento circular infinito de la actividad hermenéutica.

En cambio Habermas manifiesta una sólida confianza en la difusión de procesos evolutivos de aprendizaje de normas universales, tanto de naturaleza intelectual como moral. Éstos parecen ser la única vía que puede recorrerse racionalmente con vistas a la emancipación del género humano respecto de las barreras particularistas que ahogan sus potencialidades. Las energías impedidas y comprimidas por una «modernidad» reducida a mera razón instrumental podrían, pues, ser activadas de nuevo por la actuación comunicativa, la única capaz de generar acuerdos racionalmente compartibles. Ésta daría sentido pleno al proceso interrumpido de la «Ilustración», haciendo disminuir simultáneamente su virulencia, causada por su permanente inestabilidad, y permitiéndole además abandonar ese lado de irracionalidad «mitológica» que había llevado a Horkheimer y a Adorno a desconfiar. Según Habermas (que sigue aquí los resultados de la psicología evolutiva de Piaget y de Kohlberg) es necesario tender hacia una *Aufklärung* que sea también moral, a una aclaración no simplemente cognitiva, sino también práctica. Igual que en la educación del individuo, en la de las sociedades humanas pueden recorrerse sucesivos estadios de desarrollo. Una vez llegados a un nivel superior, resulta irreversible, sobre todo en las sociedades democráticas, el camino hacia uno inferior: sería lo mismo que enviar de nuevo a un adulto instruido, que ha ido a la universidad, al primer curso de la escuela elemental, a aprender a escribir o las cuatro operaciones. Adorno, que había vivido el paso de la democracia *sui generis* de la República de Weimar al nacionalsocialismo, no habría aprobado una perspectiva tan optimista.

Las repetidas sacudidas telúricas de la racionalización plantean el problema de cómo establecer una forma de diálogo que proporcione una nueva congruencia a las dispersas piezas del fragmentado mundo de la vida. Éste queda al fondo del panorama, como si no tuviese consistencia autónoma por sí mismo. Y, en efecto, constituye «esa extraña cosa que se desmorona y desaparece ante nuestros ojos apenas queremos colocarlo ante nosotros trozo a trozo»[9]. Con todo, deberíamos acostumbrarnos a vivir –además de en oasis de racionalidad comunicativa ilesa y de intersubjetividad salvada de la destrucción– en una especie de California de los mundos vitales y de los sistemas simbólicos. Es decir, se debería aprender a hacer frente no sólo a las más violentas sacudidas de los terremotos (las que permiten descubrir elementos anteriormente no focalizados del mundo de la vida), sino también a las vibraciones de asentamiento que, sucediéndose con frecuencia, modifican imperceptiblemente las cosas y también la manera de dirigirnos a ellas. La acción comunicativa desempeña también una función terapéutica al reconstruir incesantemente el mundo común, salvándolo de los desastres provocados por el crecimiento hipertrófico de la razón instrumental. Esta última sustituye con la parcelación de la conciencia a las ideologías globales del pasado, despojándola así de su fuerza sintética y provocando una crisis que se manifiesta en varios planos: culturalmente como hemorragia de sentido, socialmente como anomia y debilitamiento de las relaciones de solidaridad, e individualmente, como serie de molestias que afecta a la personalidad.

Rawls: «lotería natural» y justicia

La insistencia en criterios normativos de carácter universal, que hagan posible una interacción entre los hombres que no sea violenta ni manipuladora, se entremezcla también en otros campos con la búsqueda de modelos sociales mediante los cuales valorar la ordenación de las comunidades históricas concretas. En el marco de estos intereses convergentes se encuentra la percepción de la disminución de la confianza respecto a una historia dirigida automáticamente hacia lo mejor y del surgimiento de factores de malestar y de disgregación en el seno de los sistemas democráticos. Tras la bancarrota del «Dios que ha fracasado», es decir, con el ocaso del comunismo soviético, y tras los tres «decenios de oro» (1960-1990) en los que la humanidad occidental conoció un bienestar sin precedentes, parece que comienza ahora una época de expectativas decrecientes. Y dado que los ideales del igualitarismo absoluto parecen ya poco realistas, si no funestos, y el Estado social ya no es capaz de distribuir indiscriminadamente recursos abundantes a todos los ciudadanos, se hace imprescindible la tarea de establecer criterios rigurosos para un más justo reparto de costes y beneficios. La reformulación del pacto social según nuevos esquemas de cooperación resulta todavía más urgente en un período en el que el pleno empleo se presenta como un espejismo remoto y en el que las fronteras de los países más ricos se hacen permeables a conspicuos flujos migratorios de hombres y mujeres provenientes de las zonas menos favorecidas de la Tierra.

El reconocimiento de la fragilidad del Estado social y de la miseria creciente a nivel planetario plantea una alternativa, a la que enseguida se ha mostrado sensible la filosofía política estadounidense. ¿Hay que atribuir la desigualdad a la casualidad, como afirma Robert Nozick, o hay que rechazar, en cambio, la «lotería natural», luchando por una justicia que defienda a las clases sociales y a los individuos más débiles, como sostiene John Rawls? Para Nozick somos todos hijos de la casualidad desde el momento de nuestra concepción, ya que uno sólo de miles de millones de espermatozoides ha fecundado ese determinado óvulo[10]. Así pues, debemos guardarnos de poner en entredicho el papel de la accidentalidad, porque, en ese caso, acabaríamos desde su misma base con la legitimidad misma de nuestra existencia. Y es arriesgado recurrir a criterios de reequilibrio y de justicia basados en la conmensurabilidad entre los diferentes individuos respecto a un presunto «bien común». Porque, en efecto, los individuos son entre ellos inconmensurables y el bien común no es más que una quimera: sacrificar a un individuo en provecho de otros significa simplemente dañarle a él y beneficiar a otros. Moral anárquica y conservadora a un tiempo: cada uno para sí y nadie para todos.

Combatiendo en dos frentes, tanto contra estas versiones «libertarias» de individualismo posesivo como contra el utilitarismo viejo y nuevo (de Bentham a Harsanyi), John Rawls inaugura una renovada tradición contractual, heredera del derecho natural moderno. Ésta se contrapone tanto a la lotería natural, a la justificación de las normas de justicia a partir de contextos fácticos o históricos como al sacrificio del individuo en nombre de la felicidad del mayor número. Hay que utilizar, según Rawls, una unidad de medida de los acontecimientos exterior a ellos, pues la unidad de medida no puede medirse a sí misma. Para elaborar una ética y una política basadas en principios de valor universal y compartido es indispensable, por tanto, recurrir a modelos transcendentales de origen kantiano, es decir, a formas que no derivan de la experiencia, sino que estructuran y hacen inteligible la experiencia misma. Situarse fuera de la historia o de la accidentalidad natural significa, por lo tanto, que –al juzgar algo desde el punto de vista de la ética pública– se prescinde de la infinita variedad de las situaciones, al igual que el físico que, al formular las leyes del movimiento, no tiene en cuenta la fricción real.

Si la justicia es conmensurabilidad, los cánones para determinar si una sociedad es justa pueden elaborarse por medio de un acuerdo racional entre los hombres. Hagamos un experimento mental e imaginemos que cada uno de nosotros deba elegir a priori un modelo de sociedad bajo un «velo de ignorancia» que le oculta su propia situación futura en su interior. Dado que la suerte podría reservarle el lugar más bajo en la escala social, cada uno tenderá a minimizar el riesgo, coherentemente, y a preferir esa sociedad en la que el menos beneficiado reciba, por compensación, el máximo de las ventajas. Situándose en la óptica del espectador imparcial, y generalizando nuestra propia elección, lo dicho significa que considerará al mismo tiempo útil y justo para él y para todos una organización social en la que las desigualdades puedan ser aprovechadas en beneficio de los más desfavorecidos. Estos criterios de justicia no representan, sin embargo, leyes naturales rígidas e inexorables. Constituyen, en todo caso, la consecuencia de un posible pacto entre individuos, de un contrato que pueda conciliar el interés del individuo con el interés colectivo.

En contra del weberiano «politeísmo de los valores», Rawls reintroduce, de este modo, la idea clásica de la jerarquía de éstos. La justicia (que se ha definido de forma preliminar «la primera virtud de las instituciones sociales, así como la verdad lo es de los sistemas de pensamiento») está relacionada intrínsecamente con la dignidad de la persona, «bien primario» que no tiene precio, es decir, que no puede ser cambiado por ninguna otra cosa. La libertad, que resume en sí todos los bienes primarios, es algo superpuesto «lexicográficamente» a la igualdad, es decir, tiene una validez superior. El «principio de diferencia», a su vez, sostiene que las desigualdades sociales y económicas deben mantenerse sólo si tienden a garantizar los mayores beneficios a los menos acomodados o, con otra formulación, que todos los valores sociales –libertad y oportunidades, riqueza y renta, y las bases del respeto de sí mismo– deben ser distribuidos de manera igualitaria, a menos que una distribución desigual, de uno o de todos estos valores, sea beneficiosa para cada persona; la injusticia, por tanto, coincide simplemente con las desigualdades que no benefician a todos[11].

Sin embargo, esto significa, en términos clásicos, que la conservación de la libertad es más importante que la eliminación de las desigualdades o, mejor dicho, que sin la defensa de los «bienes primarios» a distribuir con justicia no es posible la reducción de las desigualdades.

Aun cuando Rawls reconoce que este criterio sirve para las sociedades democráticas de escasez moderada, es decir, que no padecen demasiado la pobreza, y que el orden lexicográfico prevé excepciones (en efecto, se dan fases históricas, como la de la Revolución Industrial, en la que la libertad de los individuos privilegiados es menos importante que la conquista de la igualdad de los más desfavorecidos), se puede decir, en general, que la primera manifestación de la justicia se encuentra en la distribución de la libertad, bien que es base de todos los demás. La *égalité* ya no es la meta ambicionada por la justicia social, y no lo es tampoco el mantenimiento de las desigualdades existentes, la estabilización de la casualidad. Rawls no sólo desconfía del carácter propenso al estancamiento de las sociedades igualitarias, sino que las considera responsables de los efectos perversos que inducen a destruir la libertad sin reducir realmente las desigualdades. El «principio de diferencia» representa además una alternativa moderada a la lucha de clases, la renuncia a la transformación revolucionaria de todas las desigualdades existentes.

El proyecto de Rawls es uno de los intentos más elaborados de replantear el ordenamiento de las sociedades democráticas, de fijar un punto de equilibrio entre la tradición liberal de defensa de las libertades individuales y la democrático-radical de promoción de las oportunidades de vida para los más desfavorecidos. Está convencido de que las desigualdades son, en ciertos aspectos, positivas, y constituyen incentivos, como instrumentos para dirigir los recursos «hacia las manos de quienes pueden hacer de ellos un mejor uso social»[12]. Sin embargo, en él, la justicia va unida a un proceso de solidaridad y de hermandad, mediante un criterio tan inexorable de reparación social de las injusticias y las desventajas que ni siquiera se detiene a condenar la idea de que las capacidades naturales constituyen una fuente de asignación de beneficios sociales. Los «talentos» de los individuos no sólo se consideran una riqueza colectiva a redistribuir en el seno de la comunidad, sino que su misma promoción no es en absoluto prioritaria para la colectividad. Así, por ejemplo, en el campo de la educación escolar, justicia quiere decir que no se ayude a los más inteligentes o a los más despabilados, sino a los menos inteligentes y a los más lentos, para que se rectifiquen, por consiguiente, en lo posible, las desigualdades naturales y las debidas al *background* familiar. Probablemente hay en Rawls, además de la estructura propia del derecho natural de su pensamiento, un evidente *pathos* religioso: en efecto, se afirma explícitamente que el concepto de «sociedad bien ordenada» es una extensión del concepto de tolerancia religiosa y una interpretación del «reino de los fines» kantiano.

Con todo, ¿cómo es posible mantener la solidaridad en regímenes democráticos caracterizados por el pluralismo y el individualismo, en los que se considera lícito que cada ciudadano y cada grupo alcancen a su manera lo que creen que es el bien? ¿Cómo establecer, en semejante contexto, normas que permitan respetar la multiplicidad divergente de los valores y de los planes de vida, manteniendo una «neutralidad liberal» con relación a las diferencias constatadas, sin por ello destruir el vínculo social y precipitar a todo el mundo en el caos? ¿Cómo puede un Estado conservar su estabilidad si carece de valores unificadores y realmente compartidos, más allá de su reconocimiento no comprometido de modelos abstractos de justicia? En el último Rawls se entremezclan los temas de la duración de las instituciones y de la justicia en la perspectiva de las generaciones futuras, al elaborar un esquema de convivencia entre las diversidades, obtenido mediante el «consenso por intersección». Toda su obra más reciente se concentra de este modo en el esfuerzo por responder a la pregunta

¿Cómo es posible que permanezca constitutivamente en el tiempo una sociedad justa y estable de ciudadanos libres e iguales, que siguen estando profundamente divididos por doctrinas religiosas, filosóficas y morales razonables?[13].

10. Mirando hacia adelante

Los horizontes de la Tierra

Trasladando gradualmente el problema desde el plano de la justicia en el seno de los Estados hasta el de la relación entre las distintas poblaciones y culturas del planeta, los críticos de Rawls ponen en duda los presupuestos fundamentales de su teoría. Objetan que la «situación originaria» del contrato social, en el que los individuos aparecen despojados de toda determinación histórica, movidos sólo por el cálculo de minimizar los riesgos, ¿no presupone, acaso, la existencia de sujetos de los que se «da por descontado la individualización previa», es decir, constituida de manera abstracta, fuera de todo nexo social?[1]. Y estos individuos, preexistentes respecto a toda forma de comunidad, ¿son realmente capaces de ponerse de acuerdo sobre la base de reglas dotadas de una racionalidad neutral, aprendida, por otro lado, de manera misteriosa?

Los *communitarians* contraponen, por consiguiente, al «atomismo» de los *liberals* (o al «individualismo metodológico» de todos aquellos que sostienen que se debe partir de la perspectiva de los individuos para llegar a los bienes sociales como agregado de bienes individuales) la idea de que «vivir en sociedad es una condición necesaria» tanto del «desarrollo de la racionalidad» como de la posibilidad de cada uno de nosotros de convertirse en «un ser plenamente responsable, autónomo». Así pues, la obligación de pertenecer a una comunidad es inseparable tanto del hecho de ser titulares de derechos como del ocuparse de los intereses privados[2].

El «diálogo de sordos» que enfrenta a los «comunitaristas» (Michael Sandel, Alasdair MacIntyre, Charles Taylor, en parte Michael Walzer) con los *liberals* u «universalistas» (John Rawls, Jürgen Habermas, Ronald Dworkin) se basa en primer lugar en la posibilidad de anclar los derechos a determinadas sociedades, que articulen de modo específico las distintas capacidades y expectativas de los individuos, o bien a la humanidad como tal. Posteriormente la cuestión se ha ampliado y transformado, casi por líneas interiores, en la cuestión del «multiculturalismo», de los criterios a adoptar para la convivencia entre culturas y etnias diferentes, cada una de ellas basada en valores muchas veces contrapuestos (y, por el momento, no encajables). Así, se reformulan en grupo los problemas anteriores: ¿cómo limitar o preservar la igualdad y las mismas oportunidades de acceso a los derechos entre los pertenecientes a pueblos y culturas diferentes? Hay más: ¿hay que proteger a las minorías y, más en general, a todos aquellos que pueden estar en desventaja por el poder de

algún grupo dominante, concediéndoles beneficios ree-
quilibradores? Y finalmente, ¿una sociedad liberal –es
decir, que mantiene la máxima neutralidad ante los conflictos de valores– debe respetar también a esos grupos o
a esas culturas que no reconocen los derechos de los demás?

En términos lógicos, se produce así una formidable
tensión entre extremos, que en realidad son empíricamente inexistentes: la diferencia inconexa y el universalismo monolítico. De hecho, existe una amplia gama de
gradaciones intermedias, de compensaciones variadas,
de dosificaciones acertadas entre estas dos orillas generalmente inaceptables (que tienen entre sí una relación
de complementariedad, como la que se establece entre
lo cóncavo y lo convexo). Como ejemplos de estas prácticas de rectificación se puede ver que en las sociedades
liberales prevalece la propensión a salvaguardar las diferencias con espíritu de tolerancia y de respeto de la alteridad. Sin embargo, en su interior se genera una inevitable exigencia de límites, reflejada en el interrogante:
¿tolerantes (respetuosas, hospitalarias y cosmopolitas)
hasta qué punto? Con simetría invertida especularmen-
te, también las sociedades cerradas, que optan por determinados valores como absolutos, se ven empujadas a
preguntarse: ¿intolerantes (xenófobas, nacionalistas e
integristas) hasta qué punto?

El marco en el que campean estas preguntas lo constituye los procesos de «globalización», que continúan am-
pliándose, modificando nuestra manera de vivir y de
pensar. Aunque a menor velocidad y con menor impacto
psicológico de lo que se cree. Es cierto que el mundo se

«restringe», en cuanto que sus partes entran en una red más tupida de relaciones; la sociedad se «macdonaliza», mediante la creación de estándares de consumo comunes a todas las latitudes; las élites transnacionales (técnicos, pilotos de avión, científicos, artistas, representantes de organismos internacionales, usuarios y vendedores de teletrabajo) se multiplican. Y aun así se radicaliza, por parte de muchos pueblos, culturas y subculturas, una simultánea voluntad de separación respecto del contexto planetario. Los modelos más antiguos de convivencia y de mentalidad se «desacoplan» sin que los más recientes se sedimenten al mismo ritmo. La aceptación de costumbres o ideas de origen extranjero no incide mucho sobre las estructuras profundas de la identidad, al menos de forma inmediata. El hecho de que un japonés beba Coca-Cola no hace que se vuelva más norteamericano de lo que se vuelve japonés un norteamericano por comer *sushi*.

Se asiste así al estrabismo, a la divergencia entre globalización y fragmentación, a una expansión paralela del aislamiento centrífugo y de la «mundialización» centrípeta. Precisamente cuando está aumentando la tasa de integración entre continentes y pueblos, aumenta –con igual o mayor intensidad– el esfuerzo de algunos países y culturas para desasirse de este abrazo que se considera sofocante. Se crea, de este modo, una mezcla explosiva de resentimientos hacia las potencias hegemónicas, de orgullo étnico, de fanatismo religioso, de tradiciones ilustres a veces inventadas, de búsqueda de vías alternativas respecto a los «desvalores globales» del progreso incesante, del consumismo o del individualismo. Muchas civilizaciones sufren el trauma del desarraigo, de la «desterritorialización», de la pérdida de contacto con el humus de las tradiciones en las que sus componentes, hasta hace unas cuantas generaciones, estaban insertos casi totalmente. Podemos preguntarnos, legítimamente, si el renacimiento de los llamados «particularismos» y «localismos» no constituye, al menos en parte, una formación reactiva a la inserción de individuos, clases y pueblos en la retícula de mallas cada vez más estrechas (y, para algunos, oprimente) de las relaciones de interdependencia planetarias. Se alimenta así, en aquellos que están menos «provistos» o menos dispuestos a sintonizar con semejante sistema altamente coordinado, un sentido de inferioridad agudo y doloroso, se fomenta indirectamente el repudio de una homologación impuesta, la sospecha de un injusto retroceso, la certeza de una pérdida de soberanía y de rol en el escenario internacional. Se reacciona así, por «exceso de legítima defensa», reforzando desproporcionadamente, de manera compensadora, la propia identidad, que se considera amenazada o despreciada. De ahí deriva la voluntad de atrincherarse en sí mismos y la autoexaltación de los valores, creencias y costumbres propias, la exhibición de triunfalismo respecto de las «raíces» propias nacionales y religiosas. En ciertos casos se observa, en algunas poblaciones, la manifestación de una especie de amor traicionado y rechazado, la ira luctuosa por no haber sido involucrados por los países más ricos y poderosos, en igualdad de condiciones, en los grandes proyectos de modernización.

¿Es posible elaborar un código moral en el que articular y hacer compatibles, de manera innovadora, reglas y criterios de juicio entre los más diversos? ¿Es realmente practicable la hipótesis de una «ética planetaria»? Los comunitaristas tienden generalmente a dar una respuesta negativa a ambas preguntas, mientras que los universalistas suelen ser propensos a responder en términos positivos, por lo menos en la perspectiva de la aproximación infinita. Esta ética debería corresponderse con el desarrollo real de la conciencia moral y civil transnacional, modelada sobre experiencias comparadas y compartidas. Con todo, resulta extremadamente arduo conciliar reglas morales y jurídicas, quizá dotadas de mayor universalidad y plausibilidad pero carentes del apoyo de costumbres locales consolidadas, con la necesidad de identidad y de autoestima, escasamente negociable, expresada por numerosas comunidades. Además es dudoso que existan por ahora esquemas de convergencia y de compatibilidad entre culturas heterogéneas. De todos modos, el obstáculo mayor consiste en el hecho de que las grandes civilizaciones mundiales están todavía en camino, buscan afanosamente encontrarse y entenderse más a fondo. Y esto a pesar de que nos hallamos, según la fórmula de Edgar Morin, en el «quinto siglo de la era global», es decir, desde el momento en que el Viejo y el Nuevo Mundo se conocieron en 1492. Está claro que una ética planetaria mínima (basada en un número restringido de normas difundidas universalmente y razonablemente defendibles) sería preferible a conglomerados de valores que se excluyen o se ignoran recíprocamente. En efecto, en principio, lo universal puede incluir lo particular, pero lo contrario no sucede nunca.

Pero ¿de qué universalismo se habla? ¿Del que se ha establecido basándose en leyes rígidas e inmutables, que exigen que todos los «hombres de buena voluntad» las reconozcan? En este caso estaríamos obligados a seguir la regla aristotélica según la cual *contra principia negantes non est disputandum*, es decir, rechazar todo diálogo con aquellos que niegan principios que para nosotros están fundamentados racionalmente o son evidentes.

Éstos, en efecto, se parecerían a «un trozo de madera» o, con lenguaje más moderno, serían moralmente ciegos o daltónicos. Pero hay que estar seguros de que tales principios representen efectivamente las premisas de un acuerdo universal y no la sublimación de prejuicios etnocéntricos. Por otro lado (pensando en el actual neokantismo de Karl-Otto Apel o, en menor medida, de Jürgen Habermas y de John Rawls) no es realista considerar que la mayor parte de los hombres vaya a dejarse convencer por simples razonamientos que se apoyan en un «fundamento último» de las normas éticas, en el mero «actuar comunicativo» o en modelos contractualistas de sociedad justa. Quizá sea más sensato creer –como sostiene también un alumno de Habermas– que el encuentro entre hombres y culturas diferentes implica una «lucha por el reconocimiento» (posición esta compartida también por Taylor)[3]. En otras palabras, que, de hecho, las identidades individuales y colectivas sean el resultado no sólo –y no tanto– de interacciones racionales, sino, más bien, de una mezcla de dosificación variada de violencia y de consenso o bien de violencia que se racionaliza en consenso y de compromisos que reflejan relaciones de fuerza variables. Esto no excluye, obviamente, que, desde el punto de vista filosófico y civil, deban usarse sólo las razones de la inteligencia y rechazar las de la violencia y las de la manipulación.

Sin embargo, para proseguir el debate de forma fructífera sería necesario comprender mejor los procesos de formación de los «puntos de sentido» entre lo particular y lo universal o entre el «yo» y el «nosotros». Las ideas de «humanidad» y de «humanismo», envueltas hoy en un halo de desconfianza y de sospecha, ¿representan una morada suficientemente hospitalaria para acoger a todas las diferencias o bien confunden de manera irremediable la esencia del hombre con una de sus formas históricas particulares (blanco, de origen europeo, o, como se especifica cada vez con más frecuencia, también «varón», «heterosexual» y «judeocristiano»)? En este último caso, se confundirían el universalismo auténtico con los valores «locales» impuestos por los europeos al mundo a través de siglos de colonialismo y de explotación.

El significado del humanismo se entiende mejor, por el contrario, si lo consideramos en relación a los ataques más virulentos de los que ha sido objeto en la segunda mitad del siglo pasado: desde los más recientes hasta los que se remontan más hacia el pasado. En 1999, Peter Sloterdijk suscitó un notable escándalo cuando defendió la necesidad de programar a los humanos según técnicas «zoopolíticas» de selección prenatal y de modificación del patrimonio genético. En vez de dejar su nacimiento al azar, o de confiar exclusivamente en los instrumentos culturales para domesticar su reverso animal, habría que aprovechar la oportunidad que ofrecen las biotecnologías para mejorarlos, ante el fracaso de la pretensión del humanismo de mantener bajo control las tendencias a la barbarie[4].

Según el Nietzsche de *Zaratustra*, a quien Sloterdijk cita y aprueba, el humanismo (sobre todo el cristiano y el que emana de las ideologías democráticas o socialistas partidarias de la igualdad) ha «empequeñecido» al hombre, ha agotado su ímpetu hacia la potenciación de sus propias fuerzas y facultades. Y así se ha agudizado el conflicto, latente desde siempre, entre la tendencia a domesticar la brutalidad de la especie y de los individuos mediante el debilitamiento de los impulsos, y la tendencia antagónica, que busca incrementar las potencialidades humanas por medio de una «antropotécnica» que hoy en día nos resulta accesible gracias a las biotecnologías.

La propuesta de Sloterdijk (tal y como piensa, según parece, Jürgen Habermas[7]) no se refiere solo a las decisiones tomadas por los padres en relación a sus propios hijos, sino a la entera estructura social, que acabaría por parecerse a la que se describe en la novela de 1932 *Un mundo feliz* de Aldous Huxley: una sociedad en la que los seres humanos, fabricados en probetas y máquinas, son programados según los roles que tendrán que desempeñar. Hay quien está destinado a mandar y hay quien está destinado a ser un esclavo, pero todos están satisfechos con su condición gracias a una droga, el soma. En resumen, las personas serían transformadas en humanos de granja, una solución diametralmente opuesta a la que propugna el humanismo.

Otro ataque insidioso contra el humanismo, al cual el propio Sloterdijk se conecta indirectamente, es el que asesta Heidegger en la *Carta sobre el Humanismo*[6], al rechazar, y que también maneja en otros textos, sobre todo

la filosofía romana y toda la cultura humanístico-rena-
centista, a las que considera retóricas y filosóficamente
carentes de valor (en este aspecto es combatido por el filósofo italiano Ernesto Grassi, que era profesor en Alemania). A la exaltación del humano a expensas del Ser se
contrapone la invitación a escuchar su «voz silenciosa» y
a velar por ella, volviéndose simplemente su «pastor».
Sosteniendo que hay que hacer descender al humano de
su pedestal para insertarlo de nuevo en el Todo, y aunque plantea un problema sobre el que debemos meditar,
Heidegger oscurece el rol de la conciencia, de la racionalidad, y de la responsabilidad moral y del individuo.

Contra esto, merece la pena recordar que el mismo
año y con el mismo editor (Francke de Berna) salió en
alemán el libro de Eugenio Garin *Der italienische Huma-
nismus*, en el que se reivindican los *Studia humanitatis*
como la expresión de una nueva visión sobre el hombre
así como sobre la vida, como fundamento de la modernidad, caracterizada por el compromiso civil contra cualquier forma de barbarie y por el valor ético de la racionalidad y de la búsqueda de sentido en el mundo.

De hecho, se ha acusado a menudo al humanismo de
carecer del requisito de universalidad, de referirse sustancialmente solo a la civilización occidental, olvidando
a las otras; el humanismo ha sido presentado, por lo tanto, como «incoloro» a pesar de ser, de facto, blanco, europeo. Mientras levantaba, a lo largo de los siglos, un
monumento a su ideal de humano como paradigma de
inteligencia, de fuerza y de armonía, ha excluido o ha
confinado en los márgenes de su campo de perspectiva a
todos aquellos a los que consideraba salvajes o bárbaros

sin historia. Es un modelo que ha tenido una gloriosa parábola y que se afirmó a partir de la imagen del hombre como «medida de todas las cosas» de Protágoras: desde el tercer estásimo de la *Antígona* de Sófocles (en donde el hombre es presentado como *deinos*, formidable en el doble sentido de temible y admirable, un ser que se impone con violencia a la naturaleza, que desgarra la tierra con el arado y hiende el mar con sus naves) hasta Leon Battista Alberti, Filippo Brunelleschi, Leonardo o Giovanni Pico della Mirandola (quien, sin embargo, presenta al hombre como un «camaleón», capaz de transformarse en cualquier cosa, o como un ser intermedio, que puede elevarse hasta los ángeles o degradarse hasta las bestias).

Semejantes concepciones, es el argumento aquí, se han transformado en una coartada útil para encubrir y justificar la conquista de enteros continentes. Con el pretexto de llevar a los nativos una civilización superior y la fe verdadera, los valores «humanistas» han sido inculcados en la mente de los representantes de las clases dirigentes locales con el fin de convertirlos, en su propia patria, en los perros guardianes de Occidente. Justo al comienzo del prefacio de *Los condenados de la Tierra* de Frantz Fanon, Sartre describe este fenómeno de la siguiente manera:

La élite europea se dedicó a fabricar una élite indígena; se seleccionaron adolescentes, se les marcó en la frente, con hierro candente, los principios de la cultura occidental, se les introdujeron en la boca mordazas sonoras, grandes palabras pastosas que se adherían a los dientes; tras una breve estancia en la metrópoli se les regresaba a su país, falsificados. Esas mentiras vivientes no tenían ya nada que decir a sus hermanos; eran un eco; desde París, Londres, Ámsterdam nosotros lanzábamos palabras: «¡Partenón! ¡Fraternidad!» y en alguna parte, en África, en Asia, otros labios se abrían: «¡...tenón! ¡...nidad!»[7].

Para contrarrestar esta colonización de las conciencias y para reconstruir la identidad de los pueblos africanos y afroamericanos, Léopold Sédar Senghor, poeta, filósofo y futuro presidente de Senegal, elaboró –a partir de los años treinta del siglo XX– una teoría de la *négritude* junto al poeta caribeño Aimé Césaire. La planteó como contribución a un humanismo más amplio y acogedor, que no excluyera el aporte de Occidente a la civilización mundial, sino que, por el contrario, lo integrara[8].

Ante la necesidad de definir la identidad africana, Senghor opera, sin embargo, empleando dicotomías tajantes. El blanco es, para él, «hombre volitivo, soldado, ave de presa, pura mirada», un sujeto que se distingue del objeto manteniéndolo a distancia, fijándolo, asimilándolo a fines prácticos y de dominación. Y que se comporta de la misma manera con los exponentes de otras culturas: él es el auténtico «caníbal» que quiere devorar el mundo.

El negro, al contrario, se halla integrado en el cosmos, ligado a la tierra y a los demás elementos, sintonizado con un universo compuesto de sonidos, colores, ritmos, formas y olores. Bajo la corteza material y sensible, el negro percibe, no obstante, un «mundo de almas», de energías espirituales que insuflan vida a «todos los seres, a todas las plantas, a todas las cosas poseedoras de un carácter propio: montaña, caverna, piedra, lago». Esta exaltación del animismo africano le sirve a Senghor para tejer un elogio al negro presentándolo como aquel que está predispuesto en grado sumo a emocionarse y a sentirse en comunión con todo lo existente.

Debido a que esta acentuación de los elementos emotivos, imaginativos y sentimentales del negro africano hizo que muchos vieran en ella (de manera correcta en algunos casos) una renuncia a la racionalidad, que quedaba así malvendida y dejada en propiedad al hombre blanco, Senghor, sin mucho éxito, se vio obligado a enmendarla. Estableció entonces una distinción entre la «razón analítica» europea, que disecciona cosas muertas tal como hace un anatomista con los cadáveres, y la «razón sintética» africana, un modo de conocimiento que no empobrece las cosas ni ejerce violencia sobre ellas, sino que, por el contrario, penetra «en la espiritualidad del objeto», y deja a un lado toda forma de voluntad de poder y todo de deseo de someter a la realidad.

Es necesario, desde luego, mirar nuestra cultura también desde fuera, con los ojos de los hombres que pertenecen a otras civilizaciones, para poder establecer su especificidad en el tablero mundial, para constatar sus límites y para promover un crecimiento común que tenga en su centro al ser humano. Aun así, por culpa de un multiculturalismo mal entendido, no debemos malvender nuestro patrimonio específico, nuestra contribución a la historia de la entera humanidad: a saber, el humanismo, que se basa en las ideas de libertad, dignidad humana, investigación, duda, racionalidad y paz.

Es necesario, antes bien, depurarlo de las impurezas de la «condescendencia de las naciones», que diría Vico, y debatir con otras culturas (cosa que, por lo demás, ya ocurrió en el pasado, por ejemplo, tanto por lo que tiene que ver con las aportaciones de las culturas asiáticas y egipcias a la antigua Grecia, como por lo que tiene que ver con el retorno de los clásicos griegos a Occidente a través de la Casa de la Sabiduría de Bagdad, en donde se recuperó el patrimonio de los textos filosóficos, médicos, astronómicos y matemáticos llevados a Edesa por los filósofos griegos que habían sido expulsados por Justiniano, y que más tarde fueron traducidos al latín en Toledo, y como por lo que tiene que ver con la introducción de los números árabes, que ya habían tomado el cero de la India). Además, porque, a pesar de las apariencias y de la creciente globalización, las civilizaciones humanas aún no han llegado a conocerse entre ellas en profundidad: lo impiden barreras lingüísticas, religiosas, de costumbres y de mentalidad. El mundo parece unificado, pero no es cierto. Es más, en muchos aspectos, los límites mentales tienden a volverse más rígidos con la defensa a ultranza de la propia identidad.

El último, poderoso, asalto al humanismo occidental vino de la mano de Claude Lévi-Strauss, que atacó la hipertrofia del sujeto, el hecho de poner el hombre en el centro del mundo, que lo desconectaba de la naturaleza y lo convertía en un gigante, un Absoluto. No nos hemos dado cuenta, por lo tanto, de la fragilidad de nuestra especie y del hecho de que «el mundo se originó sin el hombre y acabará sin él»[9] y, «con su desaparición ineluctable de la superficie de un planeta destinado también a la muerte, sus labores, sus penas, sus gozos, sus esperanzas y sus obras se volverán como si no hubiesen existido [...]»[10]. Parece que estuviésemos oyendo al Leopardi del *Cántico del gallo silvestre*.

El blanco más inmediato de los ataques de Lévi-Strauss está representado por Sartre y por todos los filósofos que «prefieren un sujeto sin racionalidad a una racionalidad sin sujeto»[11]. No sin forzarlo un poco, este autor les atribuye la responsabilidad de haber contribuido al colonialismo, al fascismo y a los campos de exterminio, ya que han opuesto el ideal del hombre realizado en su perfección al de razas y civilizaciones inferiores (mientras que ninguna sociedad es absolutamente mala o buena) y al de individuos nietzscheanamente «fallidos». Por esto es necesario disolver al «hombre» para, a continuación, reintegrarlo en la naturaleza. Antes que seguir construyéndolo, y reforzando su convencimiento de hallarse magníficamente aislado en tanto que ser racional que se arroga el derecho de mandar despóticamente sobre los demás seres vivos y sobre la naturaleza entera, es necesario, de hecho, insertarlo de nuevo en el contexto al cual, de facto, pertenece.

El desafío que presentan el antihumanismo y la implícita polémica contra la identificación entre humanismo y Occidente es serio, y sería necesario ser doblemente valiente: por un lado, no dejarse intimidar por la agresividad y el blindaje en sí mismas (de carácter «adolescente», con un negativismo y una agresividad típicos de identidades todavía frágiles) de minorías a veces más políticas que numéricas; por el otro, mirar el lado oscuro de nuestro universalismo, escuchando las voces ajenas y preguntándonos en qué podría estar equivocado. Los particularismos y los «fundamentalis-mos», en efecto, surgen sobre todo en el seno de los pueblos y de los grupos que han sido excluidos del banquete del universalismo y que por ello rechazan defensivamente un juego en el que los han acostum-brado a perder siempre. Queda la tarea ciclópea pero inaplazable de probar y trenzar pacientemente en la «cuerda» de la humanidad (que es más robusta a me-dida que es capaz de conectar entre sí el mayor núme-ro de historias parciales) las distintas diferencias, sin proponerse ignorarlas o anularlas.

Empresa destinada al fracaso, según muchos. Y, cier-tamente, a su éxito no colabora la mayor parte de los instrumentos conceptuales de que dispone tradicional-mente la filosofía. Porque los criterios del universalismo se basan en presupuestos metafísicos que, al debilitarse, conducen a formas de relativismo más o menos «iróni-co». La constatada pérdida de prestigio de esas filoso-fías que habían tratado de articular la realidad y el saber sobre la base de una razón universal unitaria, pétrea y eterna, capaz de fundamentar un conocimiento cierto e indestructible, produce un desencanto escéptico. Se en-fatizan así la pluralidad y la autonomía de las culturas humanas, resaltando todo aquello que se presenta como algo diferente, anómalo, caótico, no remisible a la uni-dad o constituido –como afirma Jean Baudrillard– por «simulacros» característicos de la sociedad de consumo y de los medios de comunicación masivos[12]. Detrás de la idea de unidad de la «razón» se sospecha ahora la exis-tencia de una voluntad de poder que inhibe la evolu-ción divergente de otras expresiones de pensamiento y de civilización o, de manera más benévola, una imagen semejante a la de una remota estrella apagada que ya no existe, aunque continuemos viendo su luz. En vez de considerar a los hombres seres íntegramente históricos –arraigados en creencias, deseos y prejuicios aprendidos en el seno de comunidades determinadas–, descubrimos a la Fata Morgana de una conciencia individual fuera del tiempo y del espacio, sede de la verdad y de la moral. Y mientras que la mayor parte de las filosofías del pasado habían concentrado sus esfuerzos en la captación de las estructuras invariables, ahistóricas, del pensamiento humano, o en la localización de un terreno de encuentro común llamado «razón», la cultura filosófica moderna, en cambio, parece poner el acento con frecuencia en la imposibilidad de proponer cualquier esquema unificador. El reñido enfrentamiento entre ideas y culturas se reduce así a una laboriosa y «larga conversación del género humano», en la que cada uno puede intervenir creativamente, inventando o lanzando de nuevo argumentos, consciente de todos modos de que toda comprensión es también una tergiversación. Así, por un lado, la discusión se hace más fácil, porque las divergencias de opinión se proponen de manera amable y tolerante; por el otro, se evita cuidadosamente profundizar en las cuestiones, considerando sin más «locos» a todos aquellos a los que no tengamos ganas de tomar en serio, sólo porque sus tesis se apartan de lo que «está determinado por nuestra educación, por nuestra situación histórica»[13].

Desde Italia

Si, cambiando de escala, pasamos de una perspectiva global (o, al menos, europea y americana) a una local, seremos capaces de valorar, si por muestreo, correspondencias y peculiaridades nacionales respecto del escenario mundial. [...] respecto del escenario mundial. La filosofía es, por su naturaleza, transnacional. Si se tuviesen que dibujar las isobaras o isohipsas del pensamiento, como ocurre en los mapas meteorológicos o geográficos, se constataría fácilmente que a la difusión de las ideas le son indiferentes las fronteras de los países. Y, con todo, en la polaridad no eliminable entre la absorción desde el exterior y la emanación hacia el exterior, podemos encontrar una cierta especificidad de la filosofía italiana[14]. Tras el declive de la filosofía analítica en los países anglosajones y la pérdida de lustre de la *French Theory* (que ha dominado durante las últimas décadas la conocida como filosofía continental), la filosofía italiana se está asomando actualmente al escenario internacional y –entretejida con las reflexiones de teóricos de otras áreas culturales– empieza a asumir cierto peso a nivel internacional (entre los autores más traducidos: Giannni Vattimo, Giorgio Agamben, Remo Bodei, Roberto Esposito). Esta filosofía se relaciona con una cada vez más extendida necesidad de concreción y de realidad, que llega tras las minuciosas investigaciones de los filósofos analíticos y las (aparentes) acrobacias conceptuales de los exponentes de la *French Theory*. Si, por lo tanto, como sostenía Gadamer, la filosofía analítica es como una gamuza para limpiar las gafas –sirve, es decir, para poder ver con mayor claridad, pero no afronta las grandes cuestiones– y el pensamiento de alguien como Derrida corre el riesgo de reducir la realidad a lo que hay dentro del lenguaje o el texto, la filosofía italiana, por su parte, se presenta con una mirada diferente, más atenta a la historia y a los conflictos.

Desde los orígenes humanístico-renacentistas, los interlocutores privilegiados de la filosofía italiana no han sido los especialistas, los clérigos o los estudiantes que van a la universidad, sino un público más amplio, al que se trata de orientar y de persuadir. El primer círculo está constituido, según los filósofos y los literatos, por los compatriotas, herederos hoy decaídos de un gran pasado, ciudadanos de una comunidad en primer lugar solo lingüística, políticamente dividida en una pluralidad de frágiles Estados regionales, y espiritualmente condicionada por una Iglesia católica demasiado fuerte. El segundo círculo, con una acentuación de los rasgos «universalistas», está constituido por todos los hombres. Los filósofos italianos más representativos no se han limitado, por lo tanto, a estrechos círculos locales, ni se han dedicado a cuestiones de especial sutileza lógica, metafísica o teológica. Han tomado, en cambio, como objeto de su investigación, cuestiones que virtualmente afectan a la mayor parte de los hombres (los «no filósofos», como los llamaba Benedetto Croce), siendo muy conscientes de que no son solo animales racionales, sino también animales que desean y proyectan, y cuyos pensamientos, actos o expectativas escapan a los estatutos argumentativos previos o a métodos definidos con rigor.

La filosofía italiana, por lo tanto, da lo mejor de sí cuando intenta solucionar problemas en donde colisionan lo universal y lo particular, la lógica y la empiria. Son los mismos problemas que surgen de los nudos de la vida en sociedad y de los entramados variables, en la conciencia individual, entre el conocimiento de los límites impuestos por la realidad y las proyecciones del deseo, entre la opacidad de la experiencia histórica y su transcripción en imágenes y conceptos, entre la impotencia de la moral y la dureza del mundo, entre lo pensado y lo vivido. De ahí los numerosos (y exitosos) intentos de obtener zonas de racionalidad a partir de territorios que parecían carecer de ella, de dar sentido a saberes y prácticas que hasta entonces se presentaban como dominadas por la imponderabilidad del arbitrio, del gusto o del azar: a la filosofía política, a la teoría y la filosofía de la historia, a la estética o a la historia de la filosofía (todos ellos son campos, por lo demás, en donde el peso de la subjetividad y de la individualidad es decisivo).

Dándole la vuelta a la óptica dominante, hay que poner el acento sobre el hecho de que no se trata de un «debilitamiento» de las pretensiones de inteligibilidad de lo real, sino, más bien, se trata del esfuerzo por abonar áreas que fueron abandonadas demasiado deprisa (y asilvestradas) por parte de una razón que se había identificado en exceso con los modelos, que por entonces resultaban victoriosos, de las ciencias físico-matemáticas, hasta el punto de quedar totalmente aplanada. Las filosofías italianas son entonces, a menudo, antes filosofías de la «razón impura», es decir, que tienen en cuenta las condiciones, las imperfecciones y las posibilidades del mundo, que de la razón pura, que se enfoca en cambio en el conocimiento del absoluto, de lo inmutable o de lo rígidamente normativo.

Curiosamente, además, a pesar de la contribución fundamental que Italia ha aportado a los estudios científicos, en los últimos siglos y hasta hace algunas décadas no ha habido, en general, una reflexión autóctona constante acerca de la filosofía de la ciencia o de la lógica (si excluimos a Galilei y a aquellas figuras que han estado solas durante mucho tiempo, como Peano, Vailati o Enriques). Y a pesar de la importancia de la Iglesia y de la gran difusión de las prácticas religiosas, o tal vez precisamente a causa de ellas, no se ha dado más tarde una filosofía de la interioridad, del dramático diálogo con uno mismo (ese tipo de filosofía que ha habido en Francia desde Pascal a Maine de Biran). Esto no depende solo de la tendencia, sobre la que se ha llamado la atención en varias ocasiones, a la teatralidad del rito católico-romano, ni de los bloqueos psíquicos producidos por el miedo a los «tribunales de conciencia» contrarreformistas, sino, más bien, de la institucionalización, fuertemente jerarquizada, de las relaciones entre los fieles y la divinidad; y de que la Iglesia de Roma es depositaria de una cultura jurídica, formalizada a lo largo de los siglos, que regula minuciosamente y con sabiduría el comportamiento de los fieles.

Tras la Segunda Guerra Mundial, la filosofía política italiana se ve obligada a operar en una fase histórica en la que el Estado ético fascista, de corte gentiliano, da paso al partido ético, que se erige como portador de ideales y valores de carácter universal, dirige a los militantes, exige una rígida disciplina, difunde una concepción de la vida sustancialmente focalizada en la política, y elabora ideologías que tratan de dar respuestas a todas las preguntas. La cultura se transforma, así, en una pedagogía política cuya característica es la voluntad de educar a las masas a través de «intelectuales» que –con tal de cerrar filas en torno a su fe política– a menudo, desde bandos opuestos, llevan la capacidad de juzgar hacia una aridez cada vez mayor.

A diferencia de la época de los totalitarismos, la Guerra Fría trajo una manera distinta de volver estéril la capacidad de juzgar, tapando ojos y oídos para así cerrar filas alrededor de cada bando político. En semejante contexto, el magisterio de Norberto Bobbio se ocupó de combatir el dogmatismo y la rigidez ideológica, y establecer, entre cultura y política, una relación que no fuera de servidumbre de la primera respecto de la segunda, pero tampoco de distanciamiento recíproco. Reivindicó «*la independencia pero no la indiferencia*» de la cultura, así como su «autonomía relativa» respecto de la política; insistió sobre el hecho de que «el primer deber de los intelectuales tendría que ser el de impedir que el monopolio de la fuerza se vuelva también el monopolio de la verdad»[15]. Con palabras que conservan hoy toda su actualidad, estableció las que deben ser las virtudes de quien desempeña un trabajo intelectual:

la inquietud por la investigación, el prurito de la duda, la voluntad del diálogo, el espíritu crítico, la medida en el juicio, el escrúpulo filológico, el sentido de la complejidad de las cosas[16].

Tanto en el debate público como en el especializado, Bobbio se distinguió por la ejemplar claridad de su razonamiento, el rechazo de ideologías preconcebidas, la ausencia de estilos facciosos y propagandísticos, y la capacidad de reformular incesantemente los problemas, sopesando los argumentos y acogiendo las objeciones:

> Más allá del deber de participar en la lucha, existe, para el hombre de cultura, el derecho de no aceptar los términos de la lucha tal y como son dados, de discutirlos, de someterlos a la crítica de la razón.

Desde aquí, replicando a Togliatti, llega a la reivindicación de la libertad contra toda tendencia a esclerotizar las ideas en formas dogmáticas:

> Lo que puede dar vida al rígido cuerpo social es, exclusivamente, el aliento de la libertad, a la que entiendo como esa inquietud del espíritu, esa intolerancia hacia el orden establecido, ese aborrecimiento de todo conformismo que exige audacia mental y energía de carácter[17].

Bobbio presenta una imagen de la democracia sobria y realista, que incluye no solo nobles ideales sino también la buena administración y la laboriosa ingeniería de las estructuras sociales, la prosa más que la poesía. Observando el cuarto de siglo que le precedió, no obstante, confiesa que abandona las pretensiones de antaño, que ahora le parecen exorbitantes:

Nos habíamos colocado frente a la democracia real con la actitud de los padres ofendidos, sorprendidos porque nuestra criatura hubiese crecido tan mal, tanto como para que probablemente no pudiera vivir por mucho tiempo [...]. Hemos aprendido a colocarnos ante la sociedad democrática sin ilusiones. No nos hemos vuelto más satisfechos. Nos hemos vuelto menos exigentes. La diferencia entre las ansias de entonces y las preocupaciones de hoy reposa por completo en esto. En conjunto, la calidad de nuestra vida en común no ha mejorado, es más, bajo determinados aspectos ha empeorado. Somos nosotros quienes hemos cambiado, volviéndonos más realistas o menos ingenuos[18].

La tarea que la democracia tiene por delante es interminable, en tanto que régimen imperfecto que, con todo, es el único perfectible, y el deseo de transformar el mundo, sin cesar de interpretarlo, es constante e ingrato. No nos queda sino seguir el camino ya emprendido para avanzar en la tenaz expansión de la esfera de los derechos, pasando de los políticos y los económicos a los –cada vez más importantes hoy en día– sociales de última generación:

Se trata de nuevos derechos que han hecho su aparición en las distintas constituciones tras la Primera Guerra Mundial, y que han sido consagrados también por parte de la *Declaración universal de los derechos del hombre* y por parte de otras cartas internacionales que han venido después. La razón de ser de los derechos sociales, tales como el derecho a la educación, el derecho al trabajo o el derecho a la salud, es una razón igualitaria. Los tres derechos buscan que la desigualdad entre quien tiene y quien no tiene sea menor, o buscan permitir que un cada vez mayor número de individuos posible sean menos desiguales respecto a individuos más afortunados por nacimiento y condición social[19].

Desde finales de los años sesenta, con recorridos y voces originales, también la filosofía italiana ha quedado incluida básicamente en el más amplio debate internacional. La fase más aguda e innovadora del cambio de perspectiva se corresponde con el declive de tendencias que tiempo atrás eran hegemónicas en Italia, en particular de las distintas familias de la dialéctica y del historicismo. El *pathos* por la historia y por el valor salvador de la política se transforma, pues, tanto en desencanto como en el hecho de tomar en serio el «nihilismo». Desde el punto de vista sociológico, este cambio afecta a la relación privilegiada que mantuvieron la filosofía y las ideologías con los «partidos éticos», siendo estos últimos sustituidos por la opinión pública y los medios de comunicación de masas.

La rehabilitación de pensadores que habían sido condenados por «reaccionarios» o «irracionalistas» (Nietzsche, Wittgenstein, Schmitt, Heidegger) proporciona ahora las armas para una especie de contraataque concéntrico contra las posturas anteriores. Massimo Cacciari contrapone así a las concepciones trágicas, aunque con final optimista –que pintan una humanidad que ha arribado, tras largos afanes, a las playas del reino de la libertad o a las de la sociedad sin clases–, la idea de *krisis*, de emergencia permanente. Ésta no garantiza ninguna salvación, pero encierra nuevas oportunidades intelectuales e indica estilos de conducta ejemplares, que encontramos, por ejemplo, en los «hombres póstumos», en los grandes maestros de la *décadence* que pueblan la Viena de la *finis Austriae*. El «pensamiento negativo» sugerido por Cacciari, que con el tiempo ha adquirido tonos cada vez más neoplatónicos, no pretende, sin embargo, captar la verdad desvelada. Trata de mantener la presencia de lo irrepresentable en lo representable y de lo invisible en lo visible.

En cambio, Aldo Giorgio Gargani sustituye las teorías filosóficas que iban en busca de un modelo de rigor absoluto en los inexorables procedimientos de la ciencia por un «saber sin fundamentos», que localiza en los «rituales epistemológicos» prácticas de consolación tendentes a eliminar las inevitables incertidumbres denunciadas más tarde por la «crisis de la razón»[20].

La filosofía, de este modo, cambia su vocación, abandona las veleidades de tratar de competir con las ciencias de fuerte estatuto, y elabora un particular «estilo de análisis»: el «pensamiento narrado», que entrecruza la reflexión con la narración, el desarrollo de las ideas con las vivencias personales, la filosofía con los aportes cognoscitivos de la literatura. Este pensamiento solo es capaz de explorar –sirviéndose de valores «aún no protegidos»– los lugares, los itinerarios y los enigmáticos «entornos» conforme a los cuales se articula la existencia de cada uno de nosotros[21]. Una vez que nos vemos privados de garantías preliminares, que siempre son sospechosas, parece como si nuestros pensamientos estuvieran dotados de una peligrosa inestabilidad; transitan, es decir, a lo largo de puentes irreales suspendidos sobre el vacío, parecidos a esos «números imaginarios» de la matemática que funcionan sin que se sepa su por qué. Con todo, nos están llegando una consistencia y una solidez interior inesperadas, tras el abandono del «teatro del sujeto autocentrado», y tras el reconocimiento de su carácter de «gran exorcismo con respecto a la realidad»[22].

De esta manera, la más reciente cultura filosófica desplaza el acento, desde la responsabilidad del individuo respecto a la Historia colectiva y la política, a la búsqueda personal del propio «destino», en relación con otros destinos de otros seres que no se pueden ya beneficiar de la presencia de fundamentos que estén dados de forma preliminar al pensamiento y a la acción. Cada uno de nosotros está, por lo tanto, emplazado a redescubrirse a sí mismo, a hacerse cargo de la siempre improvisada tarea de vivir.

Se divide ahora la estructura de la historia, entendida dialécticamente como devenir mediante contradicciones. Por un lado están aquellos que, como Emanuele Severino, niegan la existencia misma del devenir, considerando un absurdo lógico la oscilación entre el ser y la nada. En efecto, los entes son eternos y, por lo tanto, no nacen y no mueren: aun permaneciendo en el horizonte del ser, salen simplemente del campo de visión del aparecer para volver a él según ritmos cíclicos. Exorcizamos paradójicamente el fantasma del devenir, creado por nosotros mismos, por medio del recurso a otros entes ficticios (los «inmutables», productos de la ciencia y de la religión, como las leyes físicas o Dios). Los apreciamos mucho porque representan la satisfacción indirecta de nuestro deseo de zafarnos de la caducidad y de la muerte. Por otro lado, Gianni Vattimo, utilizando la hermenéutica para invalidar todo proyecto de reapropiación de nosotros mismos o de salida de la realidad alienada, acentúa el tema de la imposibilidad de hallar un sentido completo a la historia, amenazada por un devenir que se viste de caducidad y de fragilidad. La *Verwindung* heideggeriana, entendida como adiós a las ideas y a los valores fuertes de la tradición metafísica, se contrapone a la *Aufhebung* hegeliana y marxiana y también a la *Überwindung* de todos aquellos que piensan «superar» el propio horizonte de la metafísica. Así, si la obra colectiva *La crisis de la razón* ha sido el intento extremo de salvar el poder de síntesis en el interior del tejido simbólico, precisamente de la «razón», *El pensamiento débil* ha marcado más bien el abandono, ya concluido, de este objetivo. Sin embargo, y puesto que son insustituibles, los «inmutables» y las huellas descoloridas de la razón unitaria, con todas sus exorbitantes pretensiones, no deben ser borradas. Es necesario, más bien, salvarlas y rememorarlas, expresando respecto a ellas una *pietas* análoga a la que se manifiesta hacia todo lo que, al ser finito, se consume y muere[23].

Prescindiendo de la riqueza de los temas que han sido tratados en este período[24], el último cuarto de siglo se ha caracterizado por el debate acerca de la biopolítica, cuyos máximos exponentes son Giorgio Agamben y Roberto Esposito, y que representa una reelaboración y una recuperación original de temas de Foucault y Schmitt acerca de la naturaleza del poder y de la soberanía.

Ya Foucault entendía la biopolítica como el control ejercido por el poder sobre los cuerpos de los individuos, y como intervención programada, y cada vez más vinculante, no solo de la natalidad, la sanidad o la higiene y, por lo tanto, sobre el fomento de la vida (por lo general, por medio de la seducción antes que del castigo), sino también mediante la destrucción sistemática de determinados grupos humanos. La modernidad, según él, ha transformado el sentido de la política: «Durante milenios, el hombre siguió siendo lo que era para Aristóteles: un animal viviente y además capaz de una existencia política: el hombre moderno es un animal en cuya política está puesta en entredicho su vida de ser viviente»[25]; cae, es decir, la distinción entre la vida física (*zoé*) y la vida política (*bios*).

Agamben es quien ha definido con mayor precisión el paradigma de la biopolítica: en la figura del *homo sacer* de la religión romana arcaica, aquel individuo que había cometido un delito pero que no podía ser sacrificado, un hombre a quien cualquiera podía asesinar impunemente (debido a que su vida era, justamente, «sacra», es decir, asesinable, al estar abandonada por la ley). El campo de exterminio nazi es la versión del siglo XX a gran escala de esta figura, representada hoy por los deportados, cuya «nuda vida» se halla a merced de sus carceleros, quienes ejercen sobre ellos una soberanía absoluta. A diferencia de Foucault, Agamben no cree, por lo tanto, que la biopolítica sea un fenómeno moderno: tiene que ver, más bien, tanto con el pasado remoto de las civilizaciones humanas, como con el mundo actual. Se trata, de hecho, tanto del fenómeno originario de fundación de las ciudades y de la convivencia humana, a través de la «exclusión inclusiva» de ciertas personas y pueblos, como de la condición actual de la política –también de la política democrática–, que ha convertido el estado de excepción que teorizó Carl Schmitt, que suspende temporalmente la ley y nos transforma virtualmente a todos nosotros en *homines sacri*, en algo permanente. [26]. El problema que afronta Agamben es el de articular una teoría que pueda reformular el sentido y el rol de la soberanía y de la política por medio de prácticas de subjetivación que sean capaces de oponerse a esta tendencia.

Roberto Esposito, a su vez, desarrolla los temas biopolíticos sobre todo bajo el foco de la «inmunización», a saber, del hecho de que las sociedades se encierran en sí mismas cuando se sienten amenazadas por lo Otro, y se ven, por lo tanto, inducidas –de una manera que es análoga a la de las vacunas– a integrar en sí mismas el elemento amenazante. La vida, en consecuencia, tiene que absorber el principio letal, y la biopolítica tiene que incluir a la «tanatopolítica»[27]. Más allá de los campos de exterminio nazis o de los gulags soviéticos, han sido problemas más recientes los que han servido como guía para la investigación sobre la cuestión de la inmunidad: la multiplicación, a escala mundial, de los conflictos por motivos étnicos; las migraciones masivas con la consiguiente remezcla de los pueblos; la acogida o la expulsión de los migrantes; la difusión de las nuevas pobrezas y del terrorismo, con los consiguientes preocupaciones de los individuos por su propia supervivencia e integridad física; las heridas en el cuerpo social en relación a la legitimidad del aborto y de la eutanasia.

El impacto que estos asuntos han tenido sobre las nociones y las prácticas de la soberanía y del poder no ha sido aún asimilado, ni se ha visto traducido todavía a una reformulación de la política. En un reciente libro,

Esposito aporta un marco más amplio para su teoría, y traslada el problema biopolítico al marco de la «máquina de la teología política», es decir, de ese esquema que «funciona, precisamente, separando lo que dice que une y unificando lo que divide, por medio de la sumisión de una parte bajo el dominio del todo», un esquema que resulta difícil de desestimar en tanto que nos hallamos totalmente dentro de su horizonte,

> no porque la puerta de entrada esté abierta, sino porque ya la atravesamos, en tiempos inmemoriales, antes de que se volviera a cerrar tras de nosotros impidiéndonos salir[28].

Rorty: comunidad y verdad

Ha sido sobre todo Richard Rorty quien ha combatido la «metafísica» y subrayado el papel de los contextos sociales. Reanudando la tradición del pragmatismo norteamericano (para el cual la verdad es resultado de reglas y procedimientos aceptados en el seno de una comunidad determinada), rechaza los presupuestos plurimilenarios del pensamiento occidental que trataban de garantizar su incondicional absoluto aun en la insuperable contingencia de la condición humana. Rechaza así tanto el concepto de realidad reproducible exactamente sin deformaciones por el «espejo» o por el «ojo» contemplativo de la mente[29] como el de coherencia puramente lógica del razonamiento y de la acción. Rorty, que no quiere abandonarse a la «neurótica búsqueda cartesiana de la certidumbre» y prefiere, en medida mucho mayor, una filosofía capaz de ofrecer al menos alguna indicación de cómo «podrían cambiar nuestras vidas»[30], traza dos posturas ejemplares relativas a la verdad. La primera, a la que se hace remontar a Platón, ancla la verdad misma en una dimensión sobrehumana, en nuestra «esencia vítrea» que captaría de manera transparente una «objetividad» por encima de todo criterio concordado por grupos humanos concretos; la segunda, en cambio, que se hace remontar a William James y a John Dewey, relaciona la verdad con prácticas sociales compartidas de justificación y de control.

Platón elaboró una teoría de la verdad que no se relaciona en absoluto con la comunidad de los dialogantes efectivos. Y esto es así para evitar un doble relativismo: el sofista y el etnológico (según el cual, por ejemplo, siguiendo a Heródoto, los masagetas se comían a sus padres, ya que consideraban que la mejor tumba era el estómago de los hijos, pero habrían rechazado con irritación quemarlos en una pira, según la costumbre de los griegos). Con este fin, inventa una comunidad artificial de filósofos que legisla sobre las reglas de validez del discurso enganchándolas a esencias («ideas») que, una vez alcanzadas, se impondrían a los hombres por su luminosa e indiscutible evidencia. De este modo, la verdad queda fundamentada en procedimientos de carácter autorreflexivo propios de un grupo restringido que se arroga el derecho de representar a toda la comunidad de todo lugar y de todo tiempo. Sin embargo, hay que observar que, en realidad –pese a las críticas de Rorty–, Platón trata precisamente de «edificar» la verdad a través de una búsqueda común. Todos los hombres dotados de *logos* (incluso un esclavo ignorante), adecuadamente guiados, pueden alcanzar conocimientos ciertos. En efecto, el diálogo hace de cedazo para los diferentes puntos de vista, muestra cómo algunas opiniones hallan el camino obstruido, resultan estériles e intransitables, en tanto que otras permiten la confluencia y la salida de las distintas líneas argumentales, de modo que, al final, conducen a soluciones convincentes para todos. Se obtiene así una verdad que es, subjetivamente, un punto de llegada siempre provisional pero que tiene su propia «objetividad», que es extraterritorial respecto a las distintas culturas y a los puntos de vista individuales. La verdad suprema es como el sol, no se puede mirar largo tiempo sin perder la visión. Pero la razón que la contempla, también en sus reflejos, se convierte de todos modos en la patria de todos, en la tradición compartida de la humanidad. El núcleo más consistente del pensamiento occidental ha avanzado precisamente por este camino maestro, por el que la propia verdad resulta sólida porque no se basa en las arenas movedizas de las opiniones subjetivas, sino en el suelo de granito de la *episteme*, de la ciencia.

Rorty contrapone a esta perspectiva la transformación de la objetividad en «solidaridad», que define lo verdadero con relación a lo que cree y argumenta una comunidad específica, el «nosotros» de los hablantes y de los pensantes. En este sentido, pues, «verdad» sería lo que hallaría menor resistencia para ser aceptado por aquellos que siguen determinadas reglas históricas de verificación; falsedad sería lo contrario[31]. La filosofía debería evitar la tentación de buscar los fundamentos últimos de la realidad y del pensamiento y limitarse a proponer discursos «edificantes» (en el doble sentido arquitectónico y moral). Debería, pues, erigir moradas acogedoras, en las que la convivencia humana pueda desarrollarse lo mejor posible, sin necesidad de recurrir a prácticas comunicativas anquilosadas en esquemas prefijados. El cometido de la filosofía en una época «posfilosófica», que ya no necesita prácticas fundacionales, consiste, precisamente, en mantener viva la creatividad de formas de diálogo que no presuponen ningún «vocabulario dado».

Para Rorty no se trata en absoluto de deslegitimar la racionalidad o la moral. Antes bien, este filósofo está tan inclinado hacia la «esperanza social» que considera que los valores abstractamente universalistas desvitalizan a las comunidades históricas individuales, impidiéndoles resolver cuestiones urgentes y concretas. Por otra parte —sigue diciendo—, la liberación respecto de la necesidad, de la opresión y de la crueldad no exige más justificación que la de ser deseable. Lo que nos importa, habitantes de Occidente, «liberales irónicos», es una democracia que no necesite de fundamentación religiosa ni de legitimación filosófica. Es suficiente la autoridad «constituida por un acuerdo, coronado por el éxito, entre individuos que se descubren herederos de las mismas tradiciones históricas y enfrentados a los mismos problemas». Esta forma de democracia es tan valiosa que en el caso en que

el individuo descubra en su propia conciencia creencias relevantes para la política pública pero indefendibles sobre la base de creencias compartidas por sus conciudadanos, debe sacrificar su conciencia sobre el altar del bien público[32].

¿Cómo evitar, entonces, el arbitrio de las opiniones y la preferencia asignable a nuestros propios valores, aun bajo la forma de prejuicios etnocéntricos? La desconfianza en la posibilidad de establecer puentes de comunicación entre los pertenecientes a culturas distintas se ha hecho, en Rorty, cada vez más profunda. Así, en *La filosofía y el espejo de la naturaleza* había observado que los colonos ingleses y los aborígenes de Tasmania no tenían mayores dificultades para comunicarse entre sí que la que tenían los primeros ministros británicos Gladstone y Disraeli; ahora cree, en cambio, que existen, desde un punto de vista teórico, tantos criterios de verdad y de justificación como culturas. Ninguno de nosotros es realmente capaz de alejarse de sus propias tradiciones y prejuicios, de superar la barrera de la alteridad. Efectivamente, estamos tan condicionados por las reglas que hemos aprendido y a las que hemos sido acostumbrados en nuestra comunidad que nos vemos obligados a ser etnocéntricos. Parafraseando a Hegel, no podemos salirnos de nuestros condicionamientos histórico-culturales, del mismo modo que no podemos salir de nuestra piel. El ideal de unificación de las formas de pensamiento bajo la égida de una verdad y de una racionalidad supracomunitaria obedece, por otro lado, a un prejuicio inconsciente: historia del género humano avanzaría inexorablemente hacia la convergencia de las distintas civilizaciones. Apoyándose también en Feyerabend[33], Rorty sostiene, en cambio, que habría que tender a la idea de una humanidad que avanza en direcciones divergentes, privilegiar la diferenciación respecto de la unificación. Lo mejor que podría hacerse es ser conscientes del peso ineliminable de nuestras propias tradiciones y tener lo en cuenta cuando nos comparamos con otros, usando posiblemente el arma de la ironía, de la conciencia, es decir, del peso de la contingencia, para relativizar toda pretensión de absolutidad. Aun así, existen algunos criterios generales, como el de combatir la crueldad hacia todos los seres que sienten y el de

saber quitar importancia al mayor número de diferencias tradicionales (de tribu, de religión, de raza, usos, y otras semejantes) frente a la semejanza en el dolor y en la humillación, en el saber incluir en la esfera del «nosotros» a personas inmensamente diferentes de nosotros mismos[34].

Hambre de realidad

Al igual que Rorty, también Gadamer, Derrida y Lyotard desconfían de la idea de que la verdad posee un valor intrínseco. Están convencidos, respectivamente, de que la verdad no cuenta, salvo como creencia útil para la sociedad; de que no podemos escapar a la tradición y a los prejuicios; de que fuera del lenguaje o del texto no se da ninguna realidad autónoma y que cualquier pretensión de verdad tiene sentido solo en el ámbito de las «grandes narraciones». En última instancia, todos ellos se apoyan en la tesis de Nietzsche según la cual «Contra el positivismo, que se queda en el fenómeno "sólo hay hechos", yo diría: no, justamente no hay hechos, sólo interpretaciones»[35].

Con todo, fue el mismo Nietzsche quien más tarde modificó esta afirmación: en efecto, como «viejo filólogo», reivindicó la honestidad y el coraje de aquel que posea la «incondicional voluntad de verdad», y declaró el error como una expresión de vileza:

> para conquistar la verdad hay que sacrificar casi todo lo que es grato a nuestro corazón, a nuestro amor, a nuestra confianza en la vida. Para ello es necesario grandeza de alma: el servicio de la verdad es el más duro de todos los servicios[36].

Las ilusiones pueden, desde luego, ayudarnos a soportar las asperezas de la vida, pero la verdad –aunque a menudo se revele como desagradable, contraria a nuestros intereses y a nuestros deseos e incluso peligrosa– nos salva de las derrotas y de las desilusiones que podemos imputar a la subestimación de los condicionantes de la existencia.

Aunque nos hayan ayudado a ponernos en guardia contra la concepción, tan arraigada, de una realidad inmóvil, absoluta y extrahumana, el pragmatismo, la hermenéutica, la deconstrucción y la posmodernidad (a veces más allá de las intenciones de los autores) han alimentado la convicción de que la verdad no es importante para nuestras vidas, de que toda pretensión de alcanzarla es ingenua o hiperbólica, de que el mundo puede ser plasmado en su esencia según puntos de vista dictados por la utilidad social, o por determinados esquemas culturales, y de que cualquier criterio de control lógico y empírico sobre la realidad es impracticable.

Frente a quienes, en el pensamiento del siglo XX, sostuvieron la disolución de la verdad, recientemente ha ido aumentando la necesidad de un anclaje más sólido a una verdad no instrumental. Se puede notar que actualmente hay un hambre de verdad y de realidad (o de sentido) en cuanto se constata, en el terreno de la difusión de las filosofías, la extenuación de aquellas que se desarrollaron en la última mitad del siglo. Además de las teorías que acabamos de recordar, se puede añadir la relativa a la ecuación entre saber y poder del primer Foucault, y la que gira alrededor de las múltiples versiones de la idea de «modernidad líquida» de Bauman y de la disolución «en el aire de todo aquello que es sólido» de Berman[37]. Con todo, se les debe reconocer el mérito de haber puesto en discusión la idea de una verdad dogmáticamente absoluta tal y como se presenta no solo en el campo de la filosofía, sino también en el de la teología, en donde se identifica «el esplendor de la verdad» con las creencias de una religión en particular.

Para evitar que las sociedades se disuelvan, es necesario apuntar tanto a la exigencia de veracidad (es decir, de querer conocer la verdad, de respetarla y comunicarla a los demás, de promoverla a través de las virtudes de la precisión y de la verdad) como de verdad incondicionada. Ningún grupo humano podría prosperar, de hecho, si simplemente le atribuyera a la verdad el estatuto de ilusión beneficiosa:

La esperanza no puede seguir siendo que la verdad, suficiente verdad, toda la verdad, por sí misma nos haga libres. Pero que las virtudes de la verdad resistan ya es mucho más que una esperanza; de una forma u otra, están obligadas a resistir, al menos mientras los seres humanos se comuniquen. La esperanza es que resistirán en las formas más valientes, intransigentes y socialmente efectivas que han adquirido a lo largo de su historia; que puedan existir algunas instituciones que vayan tanto a respaldarlas como a expresarlas; que las formas en que los seres humanos del futuro van a dar sentido a las cosas les permitirán ver la verdad y no ser destruidos por ella[38].

Ya sea contra quienes niegan la verdad, que querrían desembarazarse despreocupadamente de ella, ya sea contra los partidarios del sentido común, que no son capaces de replicar los argumentos de los primeros ya que creen que la verdad posee una evidencia aproblemática en la vida ordinaria, Bernard Williams –aun reconociendo la existencia de una tensión esencial entre lo verídico y lo verdadero– defiende su valor intrínseco, y se pregunta si sería

posible formular intelectualmente las nociones de verdad y veracidad, de modo que lo que entendemos por verdad y nuestras posibilidades de alcanzarla pueda hacerse corresponder con nuestra necesidad de veracidad[39].

Por lo demás, las primeras críticas contra el hecho de reducir la realidad en su totalidad a lo interpretable (por mucho que haya sido repetidamente rectificado gracias al «círculo hermenéutico»), se manifestaron ya en los años noventa del siglo pasado [40]. Más reciente, sin embargo, la sugerencia de distinguir entre objetos «saturados», que conservan por mucho tiempo su interpretación, y objetos «insaturados», que se ven expuestos a un cambio de interpretación más frecuente, ha establecido que, si todo se ve sometido a una interpretación infinita, entonces los pensamientos terminan efectivamente por deshacerse y volverse «líquidos»[41].

A su vez, la deconstrucción erosionó virtualmente sus propios presupuestos cuando Derrida, al final, se dio cuenta de que la excesiva fluidez de las ideas que él había analizado, y su inserción en un contexto que prescindía de las referencias a algo «indeconstruible», corrían el riesgo de desteñir (o incluso borrar) la línea de demarcación entre verdad y mentira y entre bien y mal. Esto ocurrió gracias al descubrimiento, en términos morales, de que la idea de justicia no es interpretable al gusto de cada uno, y que posee una consistencia propia que no puede ser desmontada a menos que no se legitime, precisamente, toda confusión arbitraria entre el bien y el mal[42].

También a través de la referencia a este último Derrida, un filósofo italiano ha vuelto a proponer, hace poco, el rol de la ontología en tanto que «ontología analítica», es decir, el reconocimiento de la existencia de una realidad fuera de nosotros, de un mundo natural e ideal (como el de los entes matemáticos) que, de acuerdo con el sentido común, existe sin que las interpretaciones puedan reducirlo a un factor cultural, a un saber:

Ontología significa, simplemente, que el mundo tiene sus leyes, y las hace respetar […]. Permanece, no obstante, que lo que percibimos es inenmendable, no es posible corregirlo: la luz del sol es cegadora, y el mango de la cafetera quema si la hemos dejado al fuego. No hay ninguna interpretación que oponer a estos hechos; las únicas alternativas son las gafas de sol y las manoplas[43].

Este es el panorama actual de la investigación, siempre en tensión entre lo verídico y lo verdadero, entre los negacionistas y los defensores del sentido común: pero el camino hacia la verdad y la realidad parece largo aún (incluso si prescindimos de los aspectos más técnicamente lógicos y a pesar de las agudas intuiciones de Bernard Williams).

Incertidumbre y desapego

La acción comunicativa de Habermas y la teoría de la justicia de Rawls representan, en las sociedades democráticas (caracterizadas por una pluralidad de poderes y de valores en competencia), una alternativa tanto al recurso a la fuerza para la solución de los conflictos como a la práctica de una extenuante negociación en la que gana quien tiene mayores reservas de poder o bien más habilidad estratégica para perseguir sus propios intereses. Por desgracia, cuando la distancia entre los dialogantes o entre los contendientes resulta inconmensurable, suele suceder que quien convence no vence y quien vence no convence. Se recurre entonces a la manipulación o a la violencia, más o menos enmascaradas.

Por ello Jean-François Lyotard propone que no se busque el consenso, sino más bien que se promueva el encuentro entre disensos, que se intente llegar a arreglos en la discrepancia y la diferencia (*différend*) sin hacerse excesivas ilusiones. En su opinión, basándose en dos tesis poco realistas, Habermas se equivoca. En primer lugar, no es verdad que los interlocutores sean capaces de llegar a un acuerdo sobre reglas universalmente válidas para todos los posibles «juegos lingüísticos» (en sí mismos heterogéneos e incompatibles, dado que el mandar, por ejemplo, no coincide en absoluto con el describir o el rogar). En segundo lugar, es falso «que la finalidad del diálogo sea el consenso», pues éste constituye sólo «un estado en las discusiones y no su finalidad». Es decir, el consenso representa un estado provisional y móvil, que nunca se termina de alcanzar. Al seguir una perspectiva emancipadora, también Habermas cae, para Lyotard, en la ilusión de los *meta-récits*, teorías extrapoladas de los «grandes relatos», de mitos como la victoria final del progreso o el advenimiento de la sociedad sin clases. Algunas de estas fábulas para adultos surgen en la edad contemporánea con vistas a la legitimación de autoridades que –al no tener ya raíces en el pasado de la tradición– tienen necesidad tanto de una finalidad nueva y macroscópica a alcanzar en el futuro como de héroes colectivos que los representen (clase obrera, revolución o democracia). Hoy, sin embargo, en la «condición posmoderna», los *meta-récits* han perdido credibilidad, dejándonos en herencia conflictos y tensiones difícilmente gobernables, pero de los que hay que conocer, por lo menos, su cartografía[44].

En estas sociedades en las que –según expresión de Marx– «todo lo que es sólido se disuelve en el aire», una vez rotas las normas morales deducibles de valores absolutos, ¿pueden mantenerse todavía formas de conducta ampliamente compartidas y relativamente estables? Si observamos los comportamientos reales de las personas, parecería que no es precisamente así. Se ha constatado, en efecto, como característica, una tenaz e inconsciente resistencia a asumir obligaciones morales de larga duración. Es decir, se está difundiendo la propensión a asumir casi exclusivamente «compromisos que no comprometen», revocables y, en general, rectificables. Son éstos los *non-binding commitments* de los que habla Nozick cuando examina la tendencia del hombre contemporáneo a modificar sus decisiones pasadas, con el fin de no sentirse nunca definitivamente vinculados a ellas. Su argumentación es que nunca llevamos a cabo elecciones motivadas por «razones» dotadas de un presunto peso específico objetivo; somos nosotros, más bien, los que atribuimos –cada vez– el peso adecuado a los motivos de nuestras decisiones (peso que varía según el contexto y las justificaciones que ofrezcamos). Es posible, pues, reformular continuamente las propias opciones en base a nuestras valoraciones variables[45]. Los *non-binding commitments* implican, de hecho, que junto a la coherencia también se debilite el sentido de responsabilidad. Si se piensa, como contraste, en la importancia fundamental que poseían en la escala de valores tradicional el respeto de los compromisos y de la palabra dada, de la promesa, no se puede negar que la posibilidad de reconsiderar las propias decisiones marginaliza y desdramatiza muchas opciones, desvinculando al individuo de su rígida identidad con el pasado y desarraigándolo de su ya viejo yo. La ética de la coherencia y de la responsabilidad –aunque no siempre repudiadas explícitamente– quedan diluidas en favor de un «cambio endógeno» de las preferencias individuales y de la aclimatación de una concepción de la identidad personal que ya no está confinada estrechamente a la continuidad psicológica del individuo. Éste ya no se siente sólidamente anclado a sus propias opciones pasadas, ni bloqueado por ellas, porque es como si sus anteriores decisiones las hubiese tomado alguna otra persona.

En la cesura neta respecto a su pasado personal, que ha sido posible por la revocabilidad de los compromisos, en la infidelidad incluso hacia sí mismo presentada por Nozick, se manifiesta –junto a una mayor libertad y soltura en la actuación del individuo– asimismo su progresivo aislamiento, la pérdida de su «placenta social», la relajación de los vínculos con los demás. Al verse privado de una inserción plena y orgánica en los «cuerpos intermedios» que lo envolvían (familia, comunidad vecinal, grupo o clase) y en contacto directo con sus semejantes y con las instituciones, se encuentra a la vez más libre y más solo. En efecto, esta proximidad más inmediata a la sociedad en su conjunto, en vez de proyectarlo ulteriormente hacia la dimensión pública, lo induce a parapetarse en la esfera privada. Christopher Lasch se ha centrado en la génesis de esta condición en el análisis de cómo se relajan o se transforman los nexos de solidaridad en uno de los más clásicos cuerpos intermedios: la familia. La tesis que se mantiene es que la familia ha dejado de ser un puerto seguro en un «mundo sin corazón», el lugar que tenía por misión restablecer las fuerzas del hombre en su dura lucha contra la realidad y los condicionamientos externos y servir de protección y envoltura para la mujer y los hijos. Hoy aquélla ya no protege suficientemente a los adultos ni a los niños. La disgregación de la institución familiar es paralela a una desactivación emotiva de esos vínculos que entreveraban amor y poder, sentimientos e instituciones. La familia se ha hecho ya más porosa a los cambios externos, está menos aislada, se parece más a la sociedad que la rodea. Los padres se han «proletarizado» y se ha producido un claro debilitamiento de la autoridad «vertical», con un incremento paralelo de legitimación de las relaciones «horizontales» igualitarias (de ahí el concepto de matrimonio como *companionship* o la mayor proximidad entre padres e hijos), pero también por la ininterrumpida negociación de los roles. Obligados a defender los residuos de su autoridad, que ya no está garantizada de antemano, los padres suelen abdicar de su figura tradicional, recurriendo a negociaciones agotadoras o a ocultas manipulaciones[46].

Sin embargo, no cambia sólo la estructura de las familias o de las sociedades, sino también la de los individuos. De «moderna» habría pasado a ser –al menos en ciertas partes del planeta– «posmoderna». En efecto, el individuo moderno se caracteriza por una identidad sólida y duradera, construida «de acero y cemento»; el individuo posmoderno, en cambio, por una identidad de «plástico», móvil, borrable y reciclable como una cinta de vídeo. Los modernos parecen, además, peregrinos del tiempo, seres que se mueven según una meta y un proyecto, para los que la identidad se hace en ellos construcción, previsión y trayecto. Por el contrario, los posmodernos se habrían acostumbrado a habitar en el desierto, a vivir la experiencia de la fragmentación del tiempo y a tener la percepción clara de la distancia insalvable entre los ideales del yo y su realización. Así pues, no se plantearían la tarea de construir algo estable, sino la de permanecer en una serie de identidades provisionales, cambiantes y fluctuantes. De esta manera, sobre todo en Occidente, la movilidad –que antes era propia de grupos o pueblos marginales– la practicarían hoy las mayorías. El nomadismo se habría transformado en turismo de masas. Así, la identidad deja de ser un valor absoluto. Se asiste, en efecto, a su «adiaforización», es decir, a su devenir indiferente, como respuesta defensiva a dosis excesivas de experiencias de desarraigo[47].

De todos modos, podríamos dudar, lícitamente, del hecho de que el problema de la identidad pase a través de fases tan drásticamente contrapuestas. En efecto, su conquista siempre ha sido difícil y el movimiento oscilatorio y desequilibrador del mantenimiento de la personalidad a través del tiempo no es, ciertamente, una característica exclusiva del mundo posmoderno (además, haciendo un inciso, ¿somos todos, de verdad, tan posmodernos, móviles, nómadas y enemigos de toda estabilidad?). Por el contrario, parece que actualmente se percibe una cantidad de señales de contratendencia, todavía por analizar, que muestran reacciones de rechazo al desarraigo pero que conviven, pese a ello, con el adversario al que combaten, sosteniéndose mutuamente por medio de mecanismos involuntarios de connivencia antagonista. Parece que operan, en efecto, dos líneas de fuerza contrastantes y simultáneas: por un lado, en algunas zonas del mundo económica y socialmente privilegiadas, se multiplica el número de individuos «libremente fluctuantes», que tratan de zafarse de los condicionamientos de la tradición; por el otro, crecen en otros lugares, paralelamente –erosionando la franja central de los individuos definidos como «modernos»–, tipos de personalidad que quieren restablecer su propia identidad enganchándola a instituciones y a entidades tradicionales (consideradas, hasta hace poco tiempo, «premodernas» y, como tales, despreciadas en cuanto que se consideran derrotadas por la Ilustración, por la Ciencia y por el Progreso). Por consiguiente, parece que las etnias y las grandes religiones monoteístas retoman su antiguo papel de protagonistas y de *agencies* de arraigo. Detrás de los «fundamentalismos» religiosos, los «particularismos», los «nacionalismos» recientes –de la manera que se entiendan–, se halla sin duda una renovada e inequívoca necesidad de arraigo. Y es precisamente esta necesidad la que permite ver, como a través de una lente de aumento, un elemento estructural que si no podría pasar desapercibido; es decir, que la identidad individual desciende siempre, a través de miles de hilos, de la identidad colectiva y que, incluso, es impensable sin ésta. Descubrimos así que nuestra ilusión de no tener relaciones de dependencia respecto de las instituciones colectivas de sentido deriva del *pathos* con el que el individuo ha reivindicado su autonomía en estos últimos siglos respecto a los sofocantes vínculos del pasado, es decir, depende de su voluntad de sustraerse al arbitrio ajeno (ya que la idea de «libertad», antes de hacerse retórica, contenía algo muy concreto: el rechazo de la esclavitud y de la dependencia personal). Desde este punto de vista, el hecho de que busquemos una redefinición de nosotros mismos recurriendo al arraigo en identidades externas fuertes (como las iglesias o las «comunidades» nacionales, «premodernas» precisamente porque se pensaba que ya habían sido metabolizadas, digeridas, para luego descubrir que no es verdad) muestra simplemente que el enganche con la dimensión colectiva ha cambiado, y no que no tuviésemos enganches; y que nuestros lastres estabilizadores institucionales han desplazado nuestro centro de gravedad, y no que éstos no existiesen antes.

El retorno de la responsabilidad

Ante la temida difusión de los *non-binding commitments*, se invoca cada vez más la obligación, para cada uno de nosotros, de sentirnos comprometidos personalmente a dar cuenta de determinadas formas de conducta imputables a aquélla. Así, Paul Ricoeur relaciona la identidad personal, en el campo ético, no al «yo» (término vacuo, entidad desanclada, independiente), sino al «sí» (reflexividad que integra en un *tertium datur* la identidad y la alteridad). Pero este «sí» no es el *idem*, caracterizado por la permanencia en el tiempo y por la comparación entre sí de los distintos estadios del sujeto, sino el *Ipse,* la personalidad que se conserva proyectándose hacia la palabra dada, manteniéndose fiel a la «promesa». El *Ipse* permanece coherente consigo mismo uniendo al presente simultáneamente tanto la «deuda» del pasado como el compromiso del futuro[48]. Sin embargo, es sobre todo Hans Jonas el que teoriza el «principio de responsabilidad», en oposición simétrica al «principio de esperanza» más directamente que todos los que –como Ernst Bloch– han favorecido el pensamiento utópico o las actitudes prometeicas de dominación de la naturaleza y de progreso sin límites. Éstos, en efecto, no se han dado cuenta de que –en vez de producir grandes transformaciones positivamente– han terminado por amenazar la supervivencia misma de la especie humana y de todo el planeta, tomándose en serio las utopías y transformándolas así, de inocuo ejercicio literario o filosófico, en peligrosos programas de alteración del mundo[49]. La actitud de Jonas (basada en una «eurística del miedo», o sea, en la elección, en negativo, para evitar el supremo mal de la destrucción del hombre, cuando no es posible ni justo hallar un acuerdo generalizado sobre lo que es el «bien supremo» y cómo debe perseguirse) choca contra la postura del último gran teórico de la ética de la responsabilidad, Max Weber. En efecto, éste había sostenido, en el marco de un elogio de una amplitud de miras apasionada, que «en este mundo no se consigue nunca lo posible si no se intenta lo imposible una y otra vez»[50]. Hoy que el hombre se ha convertido en un ser altamente nocivo incapaz de valorar adecuadamente el resultado conjunto de las acciones de todos y de cada uno, con el riesgo efectivo de alterar delicados equilibrios, en parte aún desconocidos; hoy, cuando cada uno de nosotros contribuye, por su lado, a la degradación del medio ambiente y al empobrecimiento de los recursos, la responsabilidad, la cautela, la reflexión constituyen una obligación vinculante e ineludible. También porque las potencialidades destructivas de la especie humana aumentan precisamente en el momento en que disminuyen sus dotes de previsión y de control de los procesos de autoperpetuación. Paradójicamente, la amenaza de catástrofe deriva no del fracaso, sino del «éxito desmesurado» de la técnica. Y es así,

precisamente, porque el campo de los efectos inesperados de cada acción se amplía de manera inaudita, por lo
que debe extenderse también proporcionalmente, antes
de que sea demasiado tarde, el radio de responsabilidad
personal. De ahí se deriva la necesidad inversa de amor-
tiguar el impacto sobre lo existente de los grandes proyectos de transformación, de modo que éstos penetren
en el mundo de forma gradual y sin provocar contragolpes violentos. Todos tenemos, sin duda, una responsabilidad colectiva con relación a la Tierra y a sus habitantes,
en particular de la biosfera, fina franja de unos treinta
kilómetros de grosor que rodea al planeta. El nuevo imperativo ecológico de Jonas, formulado al modo de
Kant, suena, por lo tanto, así: «Actúa de manera que los
efectos de tu acción sean compatibles con la permanencia de una vida auténtica sobre la tierra». Y si es cierto
que la existencia de la humanidad es el «primer mandamiento», a éste le sigue la necesidad de la defensa de la
vida en su conjunto. La otra famosa pregunta kantiana
—«¿qué nos cabe esperar?»— parece que debe ser susti-
tuida por otra consistente en preguntarnos si es lícito todavía tener esperanza o bien si no es más bien ilusorio y
regresivo abandonarse a la esperanza, dejarse acunar por
ella, en vez de asumir, con valentía y desencanto, las propias responsabilidades.

La perspectiva de Jonas (como, en otro ámbito, la de
Rawls) se basa también en la minimización del riesgo.
Con este fin es necesario frenar en otros e inhibir en nosotros mismos la propensión al pensamiento utópico,
pues éste se basa en pretensiones de perfección exorbitantes y en deseos imposibles —o humanamente costo-

sos–, así como en la idea de trastornos radicales que el mundo, en su actual fragilidad, no es capaz de soportar. Además, hoy, la mayor parte de los hombres parece inclinada sobre todo a pensar en forma de expectativas a plazo más corto respecto a los tiempos medidos por la sucesión de las generaciones. Con metáfora militar, podría decirse que Jonas eleva el tiro moderadamente hacia el futuro, sin limitarse al alza cero sobre el presente concreto, pero también sin disparar como un obús hacia un porvenir remoto e indeterminado. Para él somos responsables ante un futuro que nos implica a nosotros y a las generaciones que seguirán, pero esto no deberá poner en peligro en absoluto la existencia y la espera de las generaciones actuales. Sea como sea, el «principio responsabilidad» aparece bajo forma de un ulterior intento de deslegitimación de las utopías, como síntoma del agotamiento de ese impulso hacia adelante que las había justificado. Éstas parecen perder el encanto y el poder de los tiempos en los que conseguían movilizar a pueblos enteros para su realización, a comprometerlos en «inmodestas» esperanzas de éxito, involucrándolos, sin embargo, en el fracaso de causas que exigían duros sacrificios personales, mientras garantizaban la conquista del futuro para toda la humanidad.

En términos más generales, están en entredicho las filosofías de la historia que sustentan las utopías modernas, adornándolas con su ilusoria naturaleza de «cuasiprevisión», por lo que un fin históricamente lejano podrá realizarse siempre que sus propugnadores sean coherentes en su intento e inviertan y movilicen su laboriosa energía en la preparación del advenimiento. Se produce así una serie de cortocircuitos teóricos, por lo que la consecución del fin se declara indefectible, aunque luego se añada que exige la intervención directa de los individuos; se proclama en toda su importancia la coherencia respecto a la finalidad de la actuación individual, al tiempo que se sostiene que la historia avanza en la dirección «justa» ignorando astutamente las intenciones de los individuos; se da importancia solemnemente, como valor ético y político supremo, a la responsabilidad personal frente a la humanidad, pero, al mismo tiempo no parece indispensable para la economía de conjunto de un proceso dotado de automatismos propios.

Bioética y bioteconologías

Junto al impetuoso desarrollo de la informática, de la inteligencia artificial, de las neurociencias y de las redes sociales, dos nuevos elementos son los que caracterizan principalmente el panorama actual y, por consiguiente, la reflexión filosófica: el impacto de las biotecnologías y el surgimiento de la bioética; y la transformación que ha sufrido nuestra actitud frente a la historia y el futuro como efecto de acontecimientos traumáticos e inesperados (tales como la caída del Muro de Berlín, la disolución de la Unión Soviética, la destrucción de las Torres gemelas y la difusión del terrorismo que se justifica en términos religiosos o étnicos, junto con la correspondiente multiplicación de los conflictos).

Bajo el impulso de problemas emergentes sobre todo en el campo de las ciencias biológicas y médicas, hace poco ha surgido una nueva disciplina filosófica, la bioética. El propio nombre apareció hace solo algunas décadas: en 1971, en el título de un libro en el que el cancerólogo V. R. Potter trataba de tender un puente entre las ciencias de la vida y la ética, pero aún sin valorar de manera explícita cuáles serían las elecciones humanas en este campo a la luz de los valores y de las opciones posibles[51]. Desde el momento en el que se difundió, la bioética se ha convertido en un campo de batalla cada vez más extenso, abriendo heridas entre los sostenedores de visiones antagónicas del mundo.

Las biotecnologías y, en general, los desarrollos de las técnicas médicas y farmacéuticas ponen en entredicho, en efecto, convicciones, costumbres e ideas milenarias que hasta ahora se creía que tenían su fundamento en el suelo de roca de las evidencias inquebrantables o, incluso, en la autoridad de la revelación divina. Hasta ahora, nada estaba tan fuera de duda como el hecho de que un individuo llegara al mundo conforme a los viejos y comprobados métodos de la reproducción sexuada natural, con un cuerpo y una mente sometidos a enfermedades y a deformidades congénitas, que sufre, goza y muere junto a todos sus órganos.

Las biotecnologías nos han obligado a reformular rápidamente, también al nivel del sentido común, muchos de los parámetros según a los cuales la vida cotidiana se había ido orientando a lo largo de las varias generaciones. En especial: la noción de persona y de identidad personal, las normas éticas y jurídicas que regulan los derechos de los individuos y de las familias, los ciclos vitales, los apuros, la variedad y la intensidad de ciertas pasiones.

Respecto a esto último, el sistema de los sentimientos que cifran los momentos más solemnes de la existencia humana está cambiando: la concepción, el nacimiento, el matrimonio, la paternidad y la maternidad, la enfermedad, la muerte.

Se está modificando incluso la configuración del imaginario, en tanto que está condicionado por los límites biológicos o mentales precedentes y por el deseo complementario de eludirlos. Lo que aparecía como algo impuesto por las duras leyes de la necesidad o por la inescrutable voluntad de Dios, se transforma ahora en un objeto elegible, permitiendo que se pueda ser madre en la edad de la menopausia, o padres de hijos desconocidos, porque han nacido de una mujer a la que se le ha donado el semen, o de un útero de alquiler, o de una viuda años después de la muerte del marido, o porque –mediante trasplantes– nos dotamos de órganos que no son los que pertenecen a nuestro propio cuerpo. Poniéndolo en perspectiva, a través de la manipulación de las células estaminales, también los trasplantes podrían revelarse inútiles, puesto que directamente se podrían regenerar los tejidos del páncreas o del hígado, erradicando así la diabetes o la cirrosis hepática.

Aquellas funciones, además, que aparecían moral o naturalmente inseparables –la sexualidad y la procreación– ahora, gracias a los contraceptivos, sobre todo químicos, se han vuelto autónomas entre sí. Ocurre lo mismo con el caso de la procreación y de la figura parental: en efecto, gracias a las técnicas de fertilización ellas también se disgregan, transformando las anteriores energías de vínculo afectivo en una energía fluctuante e inquieta que aún no sabe cómo distribuirse y que causa desconcierto y dolor.

El cuerpo, en tanto que organismo compuesto por partes indisolubles, ahora resulta dividido, y los órganos, por separado, se pueden intercambiar y pasar de un organismo a otro, de un muerto a un vivo. La materia se vuelve algo transportable, se la hace compatible al intervenir, mediante la biología molecular, en los cromosomas del núcleo de la célula y en sus constituyentes elementales: las moléculas de ADN. De este modo se relacionan entre sí existencias e historias humanas distintas, que pueden encontrarse incluso más allá de la muerte. Caen además, virtualmente, las barreras entre las especies. Los progresos van rápido, pero dada la gran cantidad de enfermedades genéticas, el camino será largo. Aunque estemos lejos de encontrar la cura para las distintas formas de cáncer, de la esquizofrenia o de la diabetes, los resultados son, con todo, muy prometedores. En 1990 tuvo éxito, de hecho, el primer intento de curar una inmunodeficiencia hereditaria por parte del doctor French Anderson del National Institute of Health de Bethesda, en Maryland. Esta iniciativa, sobre todo tras el mapeo del genoma (concluido efectivamente en 2006), deja la puerta abierta a la curación de muchas otras enfermedades y malformaciones.

El desplazamiento de las fronteras de la vida, en lo que respecta a su conocimiento además de a su génesis, su calidad, duración y éxito, modifica también las expectativas del individuo y, por lo tanto, la comprensión que cada uno tiene de sí mismo y de los demás: lo que parecía estar sometido a las duras e inescrutables leyes de la necesidad, se transforma en un objeto elegible, en anti-destino. La bioética, al ocuparse de estas cuestiones, vuelve problemático aquello que hasta ahora se consideraba normal y aparecía como difuminado contra el fondo inerte de nuestras preocupaciones morales directas.

Los distintos tipos de fe nos ofrecían la solución a nuestras dificultades, que confiábamos a la dimensión de la conciencia individual. Ahora, en cambio, se descargan sobre los individuos responsabilidades inéditas y gravosas, en tanto que son convocados no solo a tomar decisiones respecto a criterios que anteriormente se delegaban en los grandes emisores de normas (los «bancos éticos», como las Iglesias, los Estados y los partidos), sino también respecto al futuro, próximo y remoto, de los hijos y de los bisnietos. Se trata de cuestiones verdaderamente metafísicas, que obligan al individuo a enfrentarse a escenarios que tienen que ver con los más altos sistemas: vida y muerte, aborto y eutanasia, intervención sobre el propio patrimonio genético. En el caso de la eutanasia, por ejemplo, podríamos preguntarnos acerca de la legitimidad o no del testamento biológico: ¿en qué medida se está vulnerando la dignidad del individuo al impedirle su validez, en previsión de su futura incapacidad de sentir y de desear, y de lo intolerable de su sufrimiento? ¿No es la eutanasia lo opuesto a la apología del dolor, no implica acaso la resolución de las penurias cuando todas las curas han demostrado ser inútiles? Desde luego, hay que ser prudentes: nuestra vida no nos pertenece solo a nosotros, sino a los familiares, a los amigos, a la comunidad. Cada vez que muere alguien, un entero mundo desaparece y se pierde para siempre.

Visto lo que está en juego, resulta casi inevitable que se desencadenen conflictos y fanatismos que, además de desgarrar la conciencia del individuo, colocan a las culturas y las fes religiosas del mundo ante un eventual conflicto, incrementando ulteriormente un contencioso ya de por sí elevado por culpa de los fenómenos de globalización, que ponen en contacto zonas distantes del planeta, y de los fenómenos de convivencia entre distintas etnias en el mismo territorio.

Por un lado, están quienes defienden el «carácter sagrado de la vida», la idea de que la vida es un don divino y que, en cualquier caso, no nos pertenece (y no hablo solo de los cristianos). En términos casi bíblicos, la vida es como la librea que el siervo recibe cuando inicia su período de servicio y que a su término deberá devolver íntegra al amo. Este planteamiento alude a menudo a la idea de «persona» en tanto que individuo dotado de una condición única e irrepetible. Por otro lado, hay familias éticas, que en general pueden ser definidas como laicas, y que parten de la hipótesis del *etsi deus non daretur*, es decir que reflexionan sobre los valores y las elecciones por tomar como si no hubiera Dios. Dentro del «frente laico» hay quienes, sin embargo, como Hans Jonas, ocupan una posición especial que les aproxima al sentir religioso. Él defiende, de hecho, la no-programabilidad de la vida, en el sentido de que cada uno debería ser «una sorpresa para sí mismo». Esto significa que no hay que tocar la línea germinal, un patrimonio que no pertenece solo al individuo sino también a sus descendientes [52].

Por efecto de las biotecnologías, por lo tanto, está aumentando la distancia entre las posibilidades de innovación y su receptividad a nivel social, cultural y religioso. Se verifican, es más, a menudo, reacciones de rechazo o de fuerte desconfianza, y se hace más profunda la brecha entre las normas éticas o religiosas ya consolidadas y las actitudes que en cambio son sensibles a las oportunidades que abre la investigación científica.

Ocurre también que, a la hora de defender a ultranza los propios motivos y los propios dogmas, se tocan niveles de radicalidad tales que, a veces, el ciudadano se encuentra directamente enfrentado a las normas de ley del propio país y el creyente se ve empujado a oponerse al magisterio de la propia confesión, o, por el contrario, a aceptar sus directrices, orientadas a combatir a todos aquellos que atenten contra su credo. Para hacernos una idea de la magnitud del problema, pensemos simplemente en las polémicas alrededor del aborto o la eutanasia.

Lo que cambia, en sustancia, frente al mundo de los sentimientos y de las pasiones que constituyen a los individuos, es la preponderancia de los sentimientos adquiridos, de los lazos no adscritos sino electivos, y junto a ello, el miedo a que la muerte, la vida, el dolor y el júbilo puedan perder su majestad y su venerabilidad; gracias a la posibilidad de modificar el cuerpo descubrimos que *somos* un cuerpo, en vez de *tener* un cuerpo, y la bioética –así como las biotecnologías, las prácticas médicas y los progresos farmacéuticos– se coloca frente a paradojas.

¿Cuáles son las consecuencias que ya se están dando, y que supuestamente se darán, en el terreno de los sentimientos, de la identidad y de determinadas formas de protección de la persona? Se amplía, en primer lugar, el alcance de los deseos y de su posibilidad de realizarse: tener hijos en circunstancias en las que antes no era posible, poder curar lo que antes eran enfermedades congénitas o adquiridas. En general, se amplía la posibilidad de vivir mejor, pero es algo que trae consigo también ciertas paradojas tomando este término en su significado etimológico, es decir, lo que va contra la *doxa*, o sea, contra las opiniones asumidas. En este caso, la *doxa* se refiere sobre todo a la familia a la que, por tradición, estábamos acostumbrados, en donde una pareja, normalmente monógama, o bien podía traer hijos al mundo o, por el contrario, no podía.

Actualmente, con las técnicas de fertilización se desbaratan las formas elementales del parentesco, que se ve alterado también en lo referente a la arquitectura de los roles: en Francia, por ejemplo, ya en 1994, el 2% de los recién nacidos llegaba al mundo a través de la fecundación asistida heteróloga o a través de la donación de óvulos. La familia tradicional, de este modo, cambia de aspecto. El acto de la procreación, el más íntimo y secreto, corre el riesgo de reducirse a la categoría de un experimento científico, artificial y programado, y, sobre todo, la familia basada en vínculos de sangre, resulta, en perspectiva, vulnerada. Aquellas que eran consideradas como las formas elementales del parentesco de la civilización –«nupcias, tribunales y aras / dulcificaron de la humana gente / las ásperas costumbres, y piadosas / tornáronlas»[53]– están mutando. Y con todo, estas prácticas de fecundación artificial no son nuevas: en el campo de la veterinaria las técnicas de fertilización se conocen desde la Edad

Media y, en el terreno humano, se ha descubierto un caso de 1884, con la ciudad de Filadelfia como escenario, en donde la mujer de un cuáquero estéril fue inseminada con el esperma obtenido del *best looking student* de la universidad local. Por lo demás, en sí mismas, las biotecnologías no son algo nuevo. Si las definimos como la aplicación de ciertas técnicas a los organismos vivos con el objeto de modificarlos, entonces los hombres las han estado empleando, desde los albores de la civilización, en el ámbito animal y vegetal bajo la forma de la selección de razas equinas, bovinas y caninas, o de simientes y plantas. Lo que es nuevo son sus aplicaciones y su extensión, y también es nuevo cómo se ha desplazado su acento en nuestro imaginario, acostumbrados como estamos a pensar en la aplicación de la técnica fundamentalmente a la materia inerte, a los metales o a los productos químicos.

Con el prevalecer de los lazos electivos frente a los adscritos, de las elecciones frente a las relaciones naturales de sangre, surge la pregunta de qué uso se les sabrá dar a estas mayores oportunidades. En este sentido no faltan los problemas: esta clase de familias artificiales –tal y como se las conoce– conduce, en efecto, a una desorientación, por lo menos inicial, del niño que crece rodeado por ellas. Duplica, triplica la figura materna: madre biológica, madre gestante, cuando lleva en sí el óvulo fecundado de otra mujer, madre social; duplica la figura paterna: el padre biológico y el padre social.

Las vivencias de estos niños que han nacido en las conocidas como familias artificiales, sobre todo por fecundación heteróloga o por donación de óvulos, provocan auténticas tempestades emotivas en el momento del nacimiento, ya que tiene lugar la llamada procreación incorporal, *disembodied procreation*, en el sentido de que no es practicada a través del acto sexual normal sino a través de formas de inseminación artificial. También para los niños que nacen en este ámbito las consecuencias psicológicas pueden ser graves –aunque no necesariamente. La procreación asistida a través de un donador produce, de hecho, inestabilidad en la pareja, y la empuja a disimular, de manera más o menos honesta, el origen del niño en la trama de las relaciones interpersonales. En el caso de la donación heteróloga de semen masculino cuando el padre es impotente, el niño es de ella y no de él; en el caso de la donación de óvulos, el niño es de él y no de ella.

La figura paterna se pone en discusión, ya sea en el plano de lo real, ya sea en el plano –tal vez más importante– de lo imaginario. Se tiene miedo, por ejemplo, de que pueda producirse algún tipo de exclusión del padre, una alianza entre la madre y el niño, o bien una alianza entre el padre y el niño. Por lo demás, el hecho de ignorar la identidad del padre –salvo en Suecia, y pronto también en otros países– puede desencadenar una manera afanosa de buscar atormentadamente su persona que dure toda la vida.

Los defensores de la inseminación asistida heteróloga insisten, sin embargo, en el hecho de que las familias que han surgido en este contexto son mucho más estables que las demás, se ven menos afectadas por los divorcios y, por lo general, el equilibrio psicofísico de los niños nacidos por este procedimiento es bueno. El argumento de peso, además, es que sin la inseminación asistida de un donador no habría nacido nunca ese determinado niño, luego habría tenido lugar una privación de la existencia; aun así, todo esto ha suscitado ciertos problemas.

Ante este abanico de posibilidades nos asalta el vértigo –también en el sentido positivo de la euforia que producen los «juegos de vértigo», como el columpio del que habla Roger Caillois– y, al mismo tiempo, el desconcierto o la desorientación. Este último sentimiento depende también del hecho de que, inevitablemente, aún no estamos en condiciones de absorber el shock que suponen las grandes transformaciones, las actuales y las potenciales, que han sido introducidas por las biotecnologías y la farmacología. No hemos sido capaces aún medir el sentido –una vez que lo hemos depurado de los elementos fantasiosos o retóricos que florecen a su alrededor– de la metamorfosis en curso, desde el estadio de lo humano al de lo post-humano, desde los cuerpos orgánicos a los seres hechos de carne y metal, de silicio y de plástico, de partes humanas y animales, transferibles de un individuo a otro por medio de trasplantes[54]. Los miedos, por lo tanto, prevalecen sobre la ponderación de los pros y de los contras, haciendo que, con frecuencia, también la solución de los problemas bioéticos se convierta en un constante referéndum que se basa antes en convicciones no examinadas que en razonamientos. Resulta difícil, además, elaborar ideas y valores que estén a la altura de los cambios que se están sucediendo. En efecto, la vida, tal y como la entendemos normalmente, pierde su carácter de espontaneidad, o esa facultad que se suele llamar autopoiesis, es decir, la capacidad para mantenerse en una renovación automática: al igual que cuando las células se regeneran, el corazón late, las glándulas segregan sus hormonas, o los glóbulos blancos intervienen en las infecciones, cuando cientos de miles se sacrifican por nosotros (y todo ello sin que impartamos ninguna orden). En nuestra civilización occidental, por lo demás, siempre hemos creído que el «alma vegetativa», como la llamaba Aristóteles, la que expresa la espontaneidad del cuerpo viviente, no podía ser influenciada o dirigida desde la voluntad. Y esto, por cierto, a diferencia de otras culturas, como la india, en donde se cree que se puede influir en el cuerpo por medio de la modulación de la respiración o haciéndose insensible al dolor.

En tanto que la naturaleza ha dejado de representar un metro y un modelo, paralelamente se ha debilitado la confianza en sus leyes espontáneas. También porque se cree, a causa de un difundido malentendido, que las biotecnologías violan las leyes naturales. Esto, en cualquier caso, es falso, en tanto que cualquier modificación que sea introducida de forma artificial en el cuerpo humano, animal o vegetal, opera a través de automatismos «naturales». Si acaso se perturban y modifican equilibrios alcanzados con anterioridad, o bien nos topamos, en el plano social, con convicciones religiosas o morales consolidadas.

La bioética tiene hoy que afrontar todos estos enormes problemas. Con todo, es oportuno recordar que funciona mejor como guía que como freno. Es positivo, por lo tanto, no solo conocer con cierta exactitud cuáles son los hechos para poder luego tomar una decisión, sino también salvaguardar inevitable el aura de ignorancia que rodea a estas cuestiones. La ignorancia, de hecho, no otorga ningún derecho: ni a creer ni a no creer. La mejor actitud que se puede asumir, por lo tanto, es la de ejercer la clase de perplejidad y perspicacia que nos ayude a comprender, gradualmente, mediante qué valores pueden ser manejadas, con eficacia, las innovaciones que las biotecnologías y la medicina han introducido.

Un mundo distinto

Los acontecimientos traumáticos que han caracterizado a las últimas dos décadas han transformado el panorama existencial, intelectual, emotivo e imaginativo de miles de millones de hombres (y también el plano filosófico, en donde ha surgido un serio debate con el pensamiento de culturas no europeas)[55]. Pero han transformado también nuestra actitud frente al porvenir.

De hecho disminuye drásticamente la capacidad de pensar en un futuro colectivo común, de imaginarlo más allá de las propias expectativas privadas. A muchos, la historia les parece huérfana de esa lógica intrínseca que se creía que la iba a encaminar hacia un objetivo determinado: el progreso, el reino de la libertad o la sociedad sin clases. Llega a su ocaso una cultura que, entre el siglo XIX y el siglo XX, indujo a pensar que los acontecimientos se movían de forma ineluctable en una cierta dirección, o bien ya anunciada o bien predecible. Durante mucho tiempo, de hecho, fue costumbre pensar que una intervención humana responsable sería capaz de abreviar el tiempo necesario para la producción de lo inevitable, de «acelerar los dolores del parto». Pero una vez que ha caído la idea de una Historia única y orientada sin que haya sido impugnada, el sentido de nuestro vivir en el tiempo parece, hoy más que nunca, dispersarse en una pluralidad de historias (con h minúscula) sin coordinación entre sí; en destinos personales con una conexión débil con las vicisitudes cotidianas.

Esto implica una transformación radical de nuestra percepción del futuro, lo que nos obliga a una ulterior reflexión acerca de los instrumentos racionales necesarios para afrontarla, conectando de diferentes maneras las vicisitudes individuales con las colectivas. Al no podernos ya situar en una época que pueda tomar como referencia un pasado de tradiciones relativamente sólidas y bien definidas, o un futuro remoto de expectativas ya establecidas, parece que se actualmente se reproduce una atmósfera intelectual parecida a la descrita por Tocqueville en 1840 para definir el estado de ánimo dominante entre los americanos:

En medio de esta continua fluctuación de la suerte, el presente toma cuerpo, se agiganta: cubre el futuro que se anula, y los hombres no quieren pensar sino en el día después[56].

El porvenir recupera su naturaleza de contingencia absoluta, o de lugar de realización de unas fuerzas que escapan al control de los hombres (se muestra, es decir, sustancialmente no programable o, de nuevo, en las manos de Dios). Parece que se realiza así la afirmación de John Maynard Keynes, según la cual «lo inevitable no sucede nunca, lo inesperado siempre».

Las repercusiones de esta situación son numerosas, y aún deben analizarse en profundidad. En primer lugar, ha cambiado el sentido de las valencias que tradicionalmente se relacionaban con el futuro entendido como tiempo de la espera, de la redención y de la inminencia del reino de Dios o de la Revolución. La representación de la propia existencia como un momento preparatorio para otra vida, en sentido religioso, o como instrumento laico para la edificación de un porvenir radiante –que, con todo, conocerán solo nuestros bisnietos–, se ha vuelto ahora difícil de entender y de defender. Muchas situaciones de la vida de la gente (dolor, enfermedad, vejez, muerte) se ven ahora como profundamente incorregibles en tanto que han dejado de ser consideradas como algo que pueda ser realmente redimido: ni en un más allá religioso, en una condición de beatitud celestial, ni en un futuro terrenal de armónica recomposición de los conflictos. La transformación «alquímica» de lo negativo en positivo, tal y como es teorizado por algunas variantes de la dialéctica, y las promesas de que los sufrimientos padecidos en el presente serán compensados por los gozos a los que se hace refulgir en el porvenir, parecen haberse convertido, de pronto, en papel mojado. Esto conlleva, en ocasiones, una suerte de implosión en el marco de la existencia individual, la cual se sustrae a la esperanza pero no a la angustia, la resignación o la indiferencia.

Se reformulan y transcriben bloques enteros de experiencia y grandes áreas de significación –que anteriormente eran consideradas según la óptica de la eternidad o del futuro remoto– según nuevos criterios de relevancia. Lo que vale para las experiencias «negativas» vale también para las «positivas»: el deseo de disfrutar de forma inmediata, como si fueran dones irrepetibles, del amor, la amistad, el placer o el bienestar, parece concentrar, en instantes puntuales y discontinuos, los «momentos de ser» de una vida digna de llamarse así. La contracción de las expectativas en el transcurso de su simple existencia física, sume al individuo en el tiempo incorregible de la caducidad, le obliga a elaborar el luto provocado por tener que trasplantar las raíces del propio yo, desde el sólido e inmutable terreno del más allá, o desde los tiempos epocales de la historia, al suelo friable y transeúnte del propio cuerpo, de la propia biografía o del *entourage* de las personas y de las instituciones que le son más próximas. Ante este malestar hoy en día se reacciona mediante la estrategia, que es dominante, de someter el presente a un cultivo intensivo, de hacerlo fructificar rápidamente, sin preocuparse de lo que ocurrirá en el futuro no inmediato. Esto conlleva, sin embargo, la desertificación de dicho futuro, y se corre el riesgo de crear una mentalidad oportunista y depredadora.

En segundo lugar, el ocaso de las grandes expectativas colectivas, que hasta hace un cuarto de siglo (cuando el mundo estaba aún dividido en dos bloques) orientaban, si bien ideológicamente, a miles de millones de hombres, conduce tendencialmente a una privatización del futuro y a la fabricación de utopías a medida, de factura casera. Los ideales de abolición de las desigualdades que afectan a la «entera humanidad», o de expansión la libertad al mayor número de individuos, con la promesa paralela de un porvenir abierto a la iniciativa de cada uno, terminan –sobre todo en Occidente– por propagar las frustraciones. Las sociedades tradicionales poseían, de hecho, instrumentos bastante eficaces tanto para compensar a los hombres por las eventuales desventajas de su condición, como para justificar las jerarquías. La aceptación de los límites y de las privaciones de la vida hallaba su propia compensación en la perspectiva religiosa de una recompensa en el Cielo. Las ideologías dominantes propiciaban que a los más desfavorecidos raras veces se les ocurriera aspirar a los niveles superiores de la escala social. Las sociedades democrático-igualitarias modernas, en cambio, han abierto una falla en el dispositivo de inhibición de las expectativas que se practicaba desde hacía milenios. Proclamando solemnemente el derecho de todos los hombres a la igualdad efectiva, así como la eliminación de todos los obstáculos que podrían frenarla, se legitiman las aspiraciones de cada uno de superar el umbral de su propia condición inicial y de elevarse a las cúspides de la pirámide social, a los cargos, a la riqueza o al prestigio. Para hacer frente al presumible naufragio de los muchos que no lograrán nunca convenir sus propios ideales con la realidad, estas sociedades han tenido que elaborar múltiples técnicas para gestionar las frustraciones que han surgido del hecho de que sus promesas no podrán ser, por principio, cumplidas. Los proyectos para dotar de un sentido colectivo a la historia, en efecto, constituían una de las formas de compensación y de resarcimiento en diferido para las expectativas individuales insatisfechas. Remitiendo la realización de una sociedad perfecta a las generaciones futuras, legitimando el sacrificio de las generaciones presentes y poniendo a la razón al servicio de programas epocales, conseguían rellenar, a largo plazo, el sentido de la vida de los individuos. Hoy esta transferencia, este mecanismo de dilación, ya no funciona. Desde luego, no hay que añorar el pasado e ignorar los preponderantes beneficios de la difusión de la igualdad, sino darse cuenta de cuáles son los nuevos problemas que presenta el acortamiento de los planes vitales de los individuos y la reducción de la fuerza de proyección hacia delante de las instituciones.

En tercer y último lugar, llega a término un ciclo bicentenario de pensamiento y de praxis que había atribuido a la política una función salvífica, prometiendo a los pueblos o a las clases una felicidad futura gracias a su injerto en el curso de la historia. Insertándose en la corriente de los acontecimientos, cabalgando en la cresta de la ola, poniéndose en sintonía con los procesos que estaban ya en acto, siguiendo su «mecánica racional», la política pensaba aprovechar la energía ascensional del movimiento histórico para poder felizmente alcanzar la meta. Hoy, este empuje propulsor también ha decaído, ya que ha dejado de funcionar el dispositivo que la producía.

Con el abandono de este modelo de historia «vertebrada», infiltrada de utopía y tendente hacia la conquista de una sociedad mejor, o perfecta, sobre la Tierra, nos hallamos hoy ante una laguna de presente, una suerte de vacío que no es solo privativo, encaminado a subrayar el cisma dramático entre nuestra experiencia y nuestras expectativas, sino también rico de oportunidades aún no expresadas. El presente está desguarnecido, en tanto que el peso del pasado, que hacía las veces de un lastre estabilizador en las sociedades tradicionales, se ha aligerado, mientras que el impulso hacia el futuro, que había animado y orientado las sociedades modernas a partir del siglo XVII, se ha debilitado.

Como indica Reinhardt Koselleck, la reducción del área de la experiencia y la rebaja del horizonte de las expectativas son simultáneas[57]. Estas expresiones, que están describiendo los dos fenómenos característicos de la modernidad, pueden resultar oscuras a primera vista. Significan, sin embargo, respectivamente, que, con el acelerarse de los acontecimientos, la experiencia –es decir, el pasado significativo– se empobrece cada vez más, el presente no se parece ya más al pasado, y que disminuye la posibilidad de prever el futuro, ya que su imagen tiende cada vez menos a asumir los rasgos del pasado y del presente.

Proyectarse hacia el futuro, pensar en las generaciones que vendrán, se vuelve, así, una actitud cada vez menos común. Por un lado, el pasado no presiona como lo hacía antes, no sostiene con suficiencia la elección de las normas de actuación; por otro, los contragolpes del colapso de las temporalidades epocales se hacen notar. Antes –en las sociedades tradicionales con base religiosa–, el individuo proyectaba, por regla general, su existencia más allá de la muerte, en el abismo de lo eterno. Posteriormente, se prestó más atención a los tiempos prologados de la realización de proyectos colectivos que buscaban edificar un mundo mejor. Ahora, la conspicua rebaja del horizonte temporal representa el elemento más macroscópico y, a la vez, aquella, de entre las actitudes socialmente comunes, que ha sido menos investigadas. Uno de los resultados es que la mirada hacia delante en el futuro –que había tomado ventaja sobre la mirada hacia lo alto– tiende de nuevo a restringirse, haciendo que este último vuelva a elevarse parcialmente.

Se le da la vuelta, de este modo, a una de las tendencias de la modernidad que se había naturalizado ya más de dos siglos atrás, desde que el futuro –que había sido liberado de abocarse a lo peor, de la llegada del Anticristo y de la apocalíptica catástrofe final– empieza a aparecer como un «almacén de posibilidades», una serie de horizontes temporales abiertos y centrados en el presente, es decir, un «futuro que no puede comenzar». El horizonte es, en efecto, insuperable por definición: se desplaza con nuestro propio desplazamiento a lo largo del eje de los sucesivos presentes. En este sentido, «desfuturizamos» el futuro al intentar volverlo previsible en el presente. Restringimos, así, a continuación, el excesivo número de las posibilidades por medio de estadísticas, proyecciones y previsiones. Y, sobre todo, por medio de la acción programada, que transforma el «futuro presente» que estaba dentro de nuestro horizonte en un «presente futuro», aquel que se realizará efectivamente en un momento dado y que revelará qué previsiones eran las adecuadas y cuáles no lo eran [58].

¿Cómo podemos hoy desfuturizar el futuro, incrementar nuestras capacidades de previsión, pasar de una cultura de la necesidad a la cultura de la conjetura racional y de la complejidad que se le asocia? El actual torbellino de los acontecimientos, la multiplicación de los actores sociales (más de siete mil millones de hombres, distribuidos en más de doscientos países), el desarrollo

impresionante de las técnicas y de los saberes científicos, la volatilidad de los mercados financieros, la situación histórica en la que las grandes civilizaciones de la
Tierra siguen sin reconocerse suficientemente en sus valores peculiares, la bifurcación entre procesos centrípe-
tos de globalización y procesos centrífugos de aislamiento, el desfase entre integración y fragmentación que es
característico de nuestro presente histórico, ¿permiten
todavía algún creíble pronóstico racional de conjunto?
Es evidente que algunas previsiones a nivel local, o en
restringidos campos especializados, muestran una credibilidad suficiente. Sin embargo, también queda claro
que su confluencia, su encaje o su montaje en un diseño
global, revelan una arbitrariedad y una incertidumbre
que son perfectamente medibles por medio del resto entre el futuro presente y el presente futuro. Esto ocurre,
con más razón, en el nivel intermedio entre lo local y lo
global. Aunque dispusiéramos de una enorme cantidad
de informaciones y de escenarios –como le ocurrió al
presidente norteamericano Kennedy durante la crisis de
los misiles en Cuba en 1962–, el riesgo y la incertidumbre de la acción dirigida al «futuro del presente» deja
amplios y no eliminables márgenes de indecibilidad.
Ningún individuo u organización parece hoy en día ser
capaz de ofrecer, a medio plazo, previsiones globales de
las que nos podamos fiar (con la excepción, tal vez, de las
proyecciones demográficas hasta el año 2030). Esto no
excluye, obviamente, que haya que aspirar a una reconstrucción de las conjeturas parciales, examinadas racional y empíricamente en sus diferentes grados de probabilidad. Es más, este es el imperativo más urgente, sobre

todo porque el tiempo para enmendar las situaciones de crisis que ya han sido anunciadas parece ser cada vez más escaso.

En el umbral del nuevo milenio, la reflexión filosófica parece cerrarse con una nota de sobria modestia, que insiste en el llamamiento a la responsabilidad hacia un incierto futuro y respecto a la urgencia de replantearse los límites y los valores de nuestras propias y estrechas tradiciones en un contexto mundial. La retirada del pensamiento hacia sus propias premisas (el trabajo de excavación, inventario y desescombro que acompaña la apertura de nuevos trabajos conceptuales) ¿preludia quizá el retorno de grandes escenarios teóricos? Es difícil decirlo. Pese a los anuncios recurrentes, lo cierto es que la filosofía, como el arte, no está «muerta», sino que, por el contrario, revive en cada época porque corresponde a las necesidades de sentido que continuamente –y con frecuencia sin darnos cuenta– se reformulan. A estos interrogantes, mudos o explícitos, trata de hallar respuestas, midiendo y explorando la deriva, la conformación y las fallas de esos continentes simbólicos sobre los que se apoya nuestro pensar y nuestro sentir común.

Notas

1. Las filosofías del impulso

1. M. Proust: *En busca del tiempo perdido. Por el camino de Swann,* Alianza Editorial, Madrid, 1998, pp. 15-18, 468-469.
2. Íd.: *En busca del tiempo perdido. A la sombra de las muchachas en flor,* Alianza Editorial, Madrid, 1999.
3. Íd.: *En busca del tiempo perdido. Sodoma y Gomorra,* Alianza Editorial, Madrid, 1998, p. 195.
4. Íd.: *En busca del tiempo perdido. El tiempo recobrado,* Alianza Editorial, Madrid, 1998, pp. 215-216.
5. H. Bergson: *L'évolution créatrice,* en *Oeuvres,* Presses Universitaires de France, París, 1959, p. 504. [Ed. cast.: *La evolución creadora,* Espasa-Calpe, Madrid, 1985.]
6. Íd.: *Essai sur les données immédiates de la conscience*, en *Oeuvres,* cit., p. 151.
7. Íd.: *L'évolution créatrice,* cit., pp. 579-580.
8. Íd.: *La pensée et le mouvant,* en *Oeuvres,* cit., p. 1385.
9. G. Simmel: *La differenziazione sociale.* Laterza, Bari, 1982, pp. 119 y ss.
10. Ibíd., p. 136.

11. Simmel: *Filosofía del denaro*. Utct, Bari, 1984, pp. 654-655. [Ed. cast. *Filosofía del dinero*, Centro de Estudios Consrirucionales, Madrid, 1976] y véase íd.: *Cultura femminile,* en *La moda e altri saggi di cultura filosófica,* Longanesi, Milán, 1985.
12. Íd.: *Il paesaggio di Böcklin,* en *Il volto e il ritratto. Saggi sull'arte,* Il Mulino, Bolonia, 1985, p. 86.
13. G. Lukács: *El alma y las formas* [1911], Grijalbo, Barcelona, 1970, pp. 246, 189.
14. Íd.: *Il dramma moderno,* SugarCo, Milán 1976, pp. 56-58.
15. Íd.: *El alma y las formas,* cit., pp. 245, 248, 244.
16. Íd.: *Il dramma moderno,* cit., pp. 63, 65.
17. Íd.: *El alma y las formas,* cit. pp. 244-245.
18. J. Schumpeter: *Teoria dello sviluppo economico,* Sansoni, Florencia, 1971, pp. 103, 94.
19. G. Sorel: *Reflexiones sobre la violencia,* Alianza Editorial, Madrid, 1976, p. 77.
20. V. Pareto: «Memento homo», en *Il Regno,* I, 1904, 55, p. 532.
21. G. Le Bon: *La psicologia delle folle,* Longanesi, Milán, 1970, pp. 40, 98.
22. Íd.: *La psychologie politique,* Flammarion, París, 1911, pp. 134-135.
23. T. Marinetti: *L'uomo moltiplicato e il regno della macchina,* ahora en *Teoria e invenzione futurista,* Mondadori, Milán 1968, pp. 255-256.
24. Íd.: *La battaglia di Tripoli,* Edizioni futuriste di «Poesia», Milán, 1912, p. 10.
25. G. Gentile: *Genesi e struttura della società,* Sansoni, Florencia, 1955, p. 32.

2. Hacia nuevas evidencias: filosofía y saber científico

1. Citado en J. M. Lótman: *Il problema del segno e del sistema segnico,* en AA.VV.: *Ricerche semiotiche. Nuove tendenze delle scienze umane nell'URSS,* edic. de J. M. Lótman y B. A. Uspénski, Einaudi, Turín, 1973, pp. 48-49.
2. G. Cantor: *Grundlagen einer allgemeinen Mannigfaltigkeitslehre,* Teubner, Leipzig, 1883, p. 165.

3. G. Frege: *Aritmetica e logica,* Boringhieri, Turín, 1965, p. 265.
4. Ibíd.: p. 23.
5. B. Russell: *I principi della matematica,* Longanesi, Milán, 1951, p. 14. [Ed. cast.: *Los principios de las matemáticas,* Espasa-Calpe, Madrid, 1983.]
6. Ibíd.: § 427.
7. G. Cantor: *Gesammelte Abhandlungen mathematischen und philosophischen Inhalts,* Springer, Berlín, 1932, p. 400.
8. D. Hilbert: «Neubegründung der Mathematik», en *Anhandlungen aus dem mathematischen Seminar der Hamburgischen Universität,* 1922, I, p. 157.
9. H. Poincaré: *La scienza e l'ipotesi,* La Nuova Italia, Florencia, 1950, pp. 72-73.
10. E. Mach: *La meccanica nel suo sviluppo storico-critico,* Boringhieri, Turín, 1977, p. 241.
11. I. Prigogine: *La nascita del tempo,* Bompiani, Milán, 1991, p. 52. [Ed. cast.: *El nacimiento del tiempo,* Tusquets, Barcelona, 1991.]
12. Íd.: *La nuova alleanza* (1979). Longanesi, Milán, 1981, p. 52 [Ed. cast.: *La nueva alianza,* Alianza Editorial, Madrid, 1990.]
13. S. Freud: *Psicanalisi selvaggia* (1910), en *Opere,* Boringhieri, Turín, 1966-1978, VI, p.329.
14. Íd.: *Considerazioni attuali sulla guerra e sulla morte* (1915), en *Opere,* cit., VIII, p. 133.
15. Íd.: *Il disagio della civiltà,* en *Opere,* cit., X, p. 562. [Ed. cast.: *El malestar en la cultura,* Alianza Editorial, Madrid, 1998.]
16. C. G. Jung: *Simboli della trasformazione* (1911), en *Opere,* Boringhieri, Turín, 1967 y ss., V, 1970, p. 4. [Ed. cast.: *Símbolos de transformación,* Paidós, Barcelona, 1998.]
17. Íd.: *Introduzione* a E. Harding: *Frauen-Mysterien,* Rascher, Zúrich, 1949, p. VIII.
18. Véase íd.: *Riflessioni teoriche sull'essenza della psiche* (1947-1954), en *Opere,* cit., IX, 1980, 1, p. 247.
19. Íd.: *Il problema dell'inconscio nella psicologia moderna* (1932). Einaudi, Turín, 1971, p. 50.
20. E. Minkowski: *Studio psicologico e analisi fenomenologica di un caso di melancolia schizofrenica* (1923), en E. Minkowski, V. E. von Gebsattel, E. W. Strauss: *Antropologia e psicopatologia,* Bompiani, Milán, 1967, p. 31.

3. El *pathos* de la objetivización

1. E. Durkheim: *Las reglas del método sociológico y otros escritos sobre filosofía de las ciencias sociales,* Alianza Editorial, Madrid, 1988, p. 68.
2. Ibíd., p. 84.
3. M. Weber: «La ciencia como vocación», en *El político y el científico,* Alianza Editorial, Madrid, 1998, p. 231.
4. B. Croce: *La storia come pensiero e come azione* (1938), Laterza, Bari, 1973, p. 19.
5. Ibíd., p. 10.
6. Íd.: «Religione e serenità», en *Frammenti di etica,* ahora también en *Etica e politica,* Laterza, Bari, 1973, p. 23.
7. Íd.: «L'utopia come forma morale perfetta», en *Terze pagine sparse,* Laterza, Bari, 1955, I, p. 97.
8. Íd.: «Per la serietà del sentimento político» (1916), en *Pagine sulla guerra,* Laterza, Bari 1928, p. 166.
9. Íd.: «Amore per le cose», en *Frammenti di etica,* cit., p. 19.
10. Íd.: *Filosofia della pratica* (1908), Laterza, Bari, 1963, pp. 135-136.
11. Íd.: *Conversazioni critiche,* Laterza, Bari, 1924, pp. 312-313.
12. A. Gramsci: *Quaderni del carcere,* Einaudi, Turín, 1975, p. 1490. [Ed. cast.: *Cuadernos de la cárcel,* Crítica, Barcelona.]

4. Los desniveles de la historia

1. W. Dilthey: *La costruzione del mondo storico nelle* scienze *dello spirito,* en *Critica della ragiones storica.* Einaudi, Turín, 1954, p. 236. [Ed. cast.: *Crítica de la razón histórica,* Ediciones 62, Barcelona, 1986.]
2. Íd.: *Nuovi studi sulla costruzione del mondo storico nelle scienze dello spirito,* en *Critica della ragione storica,* cit., pp. 324-325.
3. Ibíd., p. 383.
4. J. G. Frazer: *Il ramo d'oro,* Boringhieri, Turín, 1965, I, p. 23. [Ed. cast.: *La rama dorada,* FCE, Madrid, 1991.]
5. Ibíd.: p. 83.

6. L. Lévy-Bruhl: *La mentalità primitiva,* Einaudi, Turín, 1966, p. 19.
7. Ibíd., p. 20.
8. Véase M. Mauss: *Saggio di una teoria generale della magia,* en *Teoria generale della magia e altri saggi,* Einaudi, Turín, 1965, pp. 142 y ss.
9. C. Lévi-Strauss: *El pensamiento salvaje,* Fondo de Cultura Económica, México, 1964, pp. 321-322.
10. Ibíd., p. 29.
11. Íd.: *Antropologia strutturale,* Il Saggiatore, Milán, 1966, p. 221. [Ed. cast.: *Antropología estructural,* Siglo XXI Editores, México, 1979.]
12. C. Geertz: *Antropologia interpretativa,* Il Mulino, Bolonia, 1988, pp. 71, 297, 280, 287.
13. Íd.: *Oltre i fatti. Due paesi, quattro decenni, un antropologo,* Il Mulino, Bolonia, 1995, pp. 76, 200. [Ed. cast.: *Tras los hechos: dos países, cuatro décadas y un antropólogo,* Paidós, Barcelona, 1996.]
14. Véase M. Augé: *Non luoghi,* Eleuthera, Milán, 1993.
15. R. Luxemburgo: *La rivoluzione russa,* en *Scritti scelti,* Einaudi, Turín, 1975, pp. 599, 600-601. [Ed. cast.: *La Revolución Rusa,* Anagrama, Barcelona, 1975.]
16. E. Bloch: «Hegel come "novum"», en AA.VV., *Enciclopedia '72,* Istituto dell'Enciclopedia Italiana, Roma, 1971, p. 338.
17. Íd.: *Principio speranza* (1959), Garzanti, Milán, 1994, 3 vols., I, pp. 58, 397.
18. G. Bachelard: *La poetica della rêverie,* Dedalo, Bari, 1972, p. 109.
19. Íd.: *La fiamma di una candela* (1961), Editori Riuniti, Roma, 1981.
20. F. Nietzsche: *Opere,* edic. de G. Colli y M. Montinari, Adelphi, Milán, 1973, III, 2, p. 224.
21. H. Rauschning: *Hitler mi ha detto,* Mondadori, Milán, 1945, pp. 255-256. Con todo, estas opiniones deben tomarse con cierta cautela.
22. A. Hitler: *La mia vita,* Bompiani, Milán 1949, p. 143, y *Adolf Hitler in Franken* [Núremberg] 1939, p. 144.
23. H. Himmler: «Denkschrift Himmlers über die Behandlung der Fremdvölker in Osten» (mayo de 1940), en *Vierteljahreshefte für Zeitgeschichte,* 1957, V, p. 197.

5. El encuentro de las filosofías y la nueva epistemología

1. Th. W. Adorno: *Esperienze scientifiche in America,* en *Parole chiave. Modelli critici* (1969), SugarCo, Milán, 1974, p. 175.
2. Íd.: *Minima moralia* (1951), Einaudi, Turín, 1954, p. 64. [Ed. cast.: *Minima moralia,* Taurus, Madrid, 1998.]
3. W. James: *Pragmatism. A New Name for Some Old Ways of Thinking.* Longmans, Green and Co., Nueva York, Londres, Toronto, 1949, p. 128. [Ed. cast.: *Pragmatismo,* Alianza Editorial, Madrid, 2000.]
4. Íd.: *Principi di úsicagía* (1890), Fratelli Bocca, Roma, Milán, Nápoles, 1909³, cap. XXI, en particular pp. 199, 187, 243.
5. J. Dewey: *Logica, úsica dell'indagine,* Einaudi, Turín, 1949, pp. 1137, 141.
6. K. R. Popper: *La lógica de la investigación científica* (1934), Tecnos, Madrid, 1982, p. 21.
7. Ibíd., p. 261.
8. Íd.: *Conjeturas y refutaciones,* Paidós, Barcelona, 1989, p. 59.
9. Ibíd., p. 60.
10. Íd.: «¿Qué es la dialéctica?», cap. 15 de *Conjeturas y refutaciones,* cit., p. 380.
11. N. R. Hanson: *I modelli della scoperta scientifica* (1958), Feltrinelli, Milán, 1978, p. 14.
12. Véase N. Goodman: *Vedere e costruire il mondo* (1978), Laterza, Roma-Bari, 1988.
13. D. Davidson: *Interpretazione radicale* (1973), ahora en *Verità e interpretazione* (1984), Il Mulino, Bolonia, 1994, p. 137. De Davidson véase también *Azioni ed eventi* (1980), Il Mulino, Bolonia, 1992.

6. El pensamiento dialéctivo

1. G. Lukács: *Historia y consciencia de clase,* vol. I, Orbis, Barcelona, 1985, p. 125.
2. Ibíd., p. 128.
3. Ibíd., p. XXI. Argumentos parecidos pueden verse en «Prólogo» a la edición española de 1968.

4. Th. Adorno: *Filosofia della* úsica *moderna* (1949), Einaudi, Turín, 1959, p. 130.
5. Íd. : *Epilegomeni dialettici*, en *Parole chiave. Modelli critici*, cit., p. 214.
6. Íd.: *Minima moralia*, cit., p. 68.
7. Íd.: *Dialettica negativa* (1966), Einaudi, Turín, 1970, p. 126. [Ed. cast.: *Dialéctica negativa*, Taurus, Madrid, 1992.]
8. Íd.: *Filosofia della* úsica *moderna*, cit., pp. 129-130.
9. Íd.: *Dialettica negativa*, cit., p. 165.
10. Véase M. Horkheimer–Th.W. Adorno: *Dialettica dell'illuminismo* (1947), Einaudi, Turín, 1972, p. 216. [Ed. cast.: *Dialéctica de la Ilustración*, Trotta, Madrid, 1994.]
11. Th. W. Adorno: *Prismi. Saggi sulla critica della cultura* (1955), Einaudi, Turín, 1972, p. 63.

7. El mundo y la mirada

1. E. Husserl: *Idee per una fenomenologia pura e per una filosofia fenomenologica*, Einaudi, Turín, 1965, p. 123. [Ed. cast.: *Ideas relativas a fenomenología pura y fenomenología filosófica*, FCE, Madrid, 1993.]
2. Th. W. Adorno: *Sulla metacritica della gnoseologia*, SugarCo, Milán, 1964, p. 203.
3. Husserl: *Idee per una fenomenologia pura e per una filosofia fenomenologica*, cit., p. 59.
4. Ibíd., p. 584.
5. Íd.: Ms. D 13 XXIV, cit., en G. Piana: «Un'analisi husserliana del colore», en «aut aut», III-1966, 92, pp. 21-30.
6. Íd.: *Idee per una fenomenologia pura e per una filosofia fenomenologica*, cit., pp. 455-456.
7. Íd.: *La crisi delle scienze europee e la fenomenologia trascendentale*, Il Saggiatore, Milán, 1961, p. 46. [Ed. cast.: *La crisis de las ciencias europeas y la fenomenología transcendental*, Crítica, Barcelona, 1991.]
8. Véase ibíd., p. 47.
9. Íd.: *Idee per una fenomenologia pura e per una filosofia fenomenologica*, cit., II, *Ricerche fenomenologiche sopra la costituzione*, pp. 764-765, 49, 580.

10. A. Schütz: *Sulle realtà multiple,* en *Scritti sociologici,* Utet, Turín, 1979, p. 205.
11. Íd.: *Il problema della rilevanza,* Rosenberg & Sellier, Turín, 1975, pp. 56-57.
12. P. Berger, B. Berger, H. Kellner: *The Homeless Mind.* Penguin Books, Harmondsworth, 1973, y P. Berger: *Le piramidi del sacrificio, Etica, politica e trasformaziones sociale,* Einaudi, Turín, 1981, pp. 140-143. [Ed. cast.: *Pirámides de sacrificios,* Sal Terrae, Madrid, 1979.]
13. S. Beckett: *Testi per nulla,* en *Primo amore. Novelle. Testi per nulla,* Einaudi, Turín, 1979, p. 111.
14. Sh. Cavan: *Liquor Licence: An Ethnography of Bar Behavior,* Aldine Publications, Chicago, 1966.
15. Véase M. Heidegger: *Essere e tempo* (1927), Longanesi, Milán, 1970, Sección II, II, §§ 57, pp. 414, 416. [Ed. cast.: *El ser y el tiempo,* Madrid, FCE, 2000.]
16. Íd.: *L'epoca dell'immagine del mondo,* en *Sentieri interrotti,* La Nuova Italia, Florencia, 1968, pp. 89-90.
17. Íd.: *Perché i poeti?,* en *Sentieri interrotti,* cit., p. 287.
18. Ibíd.
19. M. Heidegger: *Oltrepassamento della metafisica,* en *Saggi e discorsi,* Mursia, Milán, 1976, p. 46.
20. Íd.: *La questione della tecnica,* en *Saggi e discorsi,* cit., p. 11.
21. Ibíd., p. 12.
22. Ibíd., p. 13.
23. M. Heidegger: *Perché i poeti?,* cit., p. 267.
24. Véase Descartes: *Opere,* Laterza, Bari 1967, II, pp. 81-82; G. Simmel: «Der Henkel», en *Philosophische Kultur* (1911), ahora en *Das individuelle Gesetz. Philosophische Exkurse,* Suhrkamp, Frankfurt, 1968, pp. 96-104, y E. Bloch: «Una vecchia brocca» (1918), en *Spirito dell'utopia,* La Nuova Italia, Florencia, 1980, pp. 11-14 (véase sobre esto Th. W. Adorno: *Henkel, Krug und frühe Erfahrung,* en AA.VV.: *Ernst Bloch zu ehren,* Edic. de S. Unseld, Suhrkamp, Frankfurt, 1965).
25. M. Heidegger: «La cosa», en *Saggi e discorsi,* cit., p. 114.
26. Bloch: «Una vecchia brocca», cit., p. 13.
27. Véase W. Benjamin: «Franz Kafka», en *Angelus Novus,* Einaudi, Turín, 1962, p. 282. [Ed. cast.: *Angelus Novus,* Edhasa, Barcelona, 1971.]
28. F. Kafka: *Racconti,* Feltrinelli, Milán, 1964, pp. 147-148.

29. L. Wittgenstein: *Tractatus logico-philosophicus,* Alianza Editorial, Madrid, 2000, 4.014, 4.0141.

30. Ibíd., 4.016.

31. Ibíd., 5.1361

32. lbíd., 6.3.

33. lbíd., 6.44.

34. Íd.: *Investigaciones filosóficas*, IIF-UNAM, Crítica, Barcelona. 1988. pp. 39-41.

35. Ibíd., p. 87.

36. Ibíd., p. 57.

37. Ibíd p. 123.

38. Ibíd., p. 111.

39. Ibíd., p. 121.

40. Ibíd., II, pp. 409 y ss.

41. Véase S. Weil: *L'Iliade ou le poème de la force* (1940-1941), en *Oeuvres complètes,* Gallimard, París, 1988 y ss., vols. II, III (1989), pp. 227-253, en particular pp. 227, 236, 231.

42. S. Weil: *Attente de Dieu* (1942), La Colombe, París, 1949, p. 87.

43. J.-P. Sartre: *L'essere e il nulla,* Il Saggiatore, Milán, 1965, p. 325. [Ed. cast.: *El ser y la nada,* Alianza Editorial, Madrid, 1989.]

44. Ibíd., p. 328.

45. Ibíd., p. 333.

46. Íd.: *La prórroga,* Alianza Editorial, Madrid, 1983, pp. 407-408.

47. Íd.: *Santo Genet, commediante e martire*, Il Saggiatore, Milán, 1972, p. 18.

48. Íd.: *Immagine e coscienza,* Einaudi, Turín, 1948, p. 21.

49. Ibíd., p. 193.

50. Ibíd., p. 284.

51. Íd.: *Critica della ragione dialettica,* Il Saggiatore, Milán, 1963, I, p. 29.

52. Ibíd., I, p. 65.

53. Ibíd., I, p. 387.

54. Véase A. Esterson: *Foglie di primavera. Un'indagine dialettica sulla follia* (1970), Einaudi, Turín 1973, p. 42: «Por ejemplo, Juan se considera un hombre afectuoso y amigable y ve que Jaime lo considera frío y reservado. Si Juan se identifica con la opinión que Jaime tiene de él, su identidad se altera significativamente».

55. R. D. Laing: *La politica dell'esperienza* (1967), Feltrinelli, Milán, 1968, pp. 114, 133.
56. Ibíd., pp. 177-118.
57. Ibíd., p. 178.
58. Íd.: *Nodi* (1970), Einaudi, Turín, 1974, p. 55. Véase íd.: *¿Me amas?* (1976), Einaudi, Turín, 1978, p. 47: «Ella es odiosa conmigo, / por eso yo soy odioso con ella / ella me sigue / por eso yo la sigo».
59. Véase G. Bateson - M. Mead: *Balinese Character. A Photographic Analysis,* The New York Academy of Sciences, Nueva York, 1942; contiene unas 700 fotografías.
60. Este y otros ejemplos en P. Watzlawick, J. H. Beavin, D. D. Jackson: *Change* (1974), Astrolabio, Roma, 1978.
61. Bateson: «Doppio vincolo» (1969), en *Verso un'ecologia della mente,* Adelphi, Milán, 1978, p. 299.
62. M. Foucault: *Vigilar y castigar,* Siglo XXI, Madrid, 1992, p. 36.
63. M. Merleau-Ponty: «Il dubbio di Cézanne», en *Senso e non senso,* Garzanti, Milán, 1974, p. 33
64. Ibíd., p. 32.
65. Ibíd., p. 33.
66. Íd.: *L'occhio e lo spirito* (1964), SE, Milán, 1989, p. 23.
67. Íd.: *Il visibile e l'invisibile* (1964), Bompiani, Milán, 1993, pp. 223, 232.
68. M. Foucault: *El nacimiento de la clínica,* Siglo XXI, Madrid, 1985, pp. 6-8.
69. M. Foucault: *Vigilar y castigar,* cit., pp. 203-205.
70. Íd.: *Microfísica del poder,* La Piqueta, Madrid, 1980, p. 187.
71. Íd.: *La volontà di sapere,* Feltrinelli, Milán, 1985.
72. Íd.: *Microfísica del poder,* cit., p. 180.
73. Íd.: *La follia, l'assenza d'opera,* en el apéndice de la segunda edición italiana de *Storia della follia nell'età classica,* Rizzoli, Milán, 1977, p. 628.
74. Véase G. Deleuze: *Differenza e ripetizione,* Il Mulino, Bolonia, 1971; íd.: *Logica del senso,* Feltrinelli, Milán 1975; G. Deleuze y F. Guattari: *L'Anti-Edipo,* Einaudi, Turín, 1975, y G. Deleuze y F. Guattari: *Rizoma,* Pratiche, Parma, 1977.
75. Foucault: *La follia, l'assenza d'opera,* cit., p. 627.
76. Cfr. M, Foucault, *La cura di sé* (1984), Feltrinelli, Milán 1985; Id, *Lúso dei piacere* (1984), Feltrinelli, Milán 1985.

77. M. Foucault, *Interview de Michel Foucault* (1981, publicada en 1984) en *Dits et écrits*, 4 vols., Gallimard, París 1994, vol. IV, p. 659.

78. Me refiero, sobre todo, a M. Foucault, *Le gouvernement des vivants*, París, Gallimard, 1994, trad. esp. *El gobierno de los vivos. Curso del Collège de France (1979-1980)*, Akal, Madrid 2016; *Subjectivité et vérité*, en *Resumés des cours 1970-1982*, Gallimard, París, 1994, trad. esp. "Subjetividad y verdad", en *Estética, ética y hermenéutica. Obras esenciales*, Paidós, Barcelona 1999; clase del 3 de febrero de 1982, en *L'herménéutique du sujet. Cours au Collège de France 1981-1982*, Seuil-Gallimard, París, 2001, trad. esp. *Hermenéutica del sujeto*, Akal, Madrid 2005; *Le courage de la verité. Le gouvernement de soi et des autres: cours au Collège de France 1983-1984*, Seuil/Gallimard, París, 2009, trad. esp. *El coraje de la verdad. El gobierno de uno mismo y de los otros II*, Akal, Madrid 2014.

79. Cfr.: Id., Clase del 3 de febrero 1982, cit.

80. M, Foucault, "Subjetividad y verdad", cit., p. 255.

81. Ibíd, 255-256. Cfr. Id., Lección del 24 de febrero 1982, en *L'herménéutique du sujet. Cours su Collège de France 1981-1982*, trad. esp. *Hermenéutica del sujeto*, cit.

82. Cfr. F, Remotti en *Contro l'identità*, Laterza, Roma-Bari 2007, y para la valoración del Otro que nos ve a todos, recíprocamente, como extranjeros, cfr. E. Jabès, *Un extranjero con, bajo el brazo, un libro de pequeño formato*, Galaxia Gutenberg, Barcelona 2002, y J. Kristeva, *Extranjeros para nosotros mismos*, Plaza & Janés, Barcelona, 1991.

83. D. Parfit: *Ragioni e persone* (1984), 11 Saggiatore, Milán, 1989, pp. 277, 359-358.

8. Los vínculos de la tradición

1. Véase H. Blumenberg: *Paradigmi per una metaforologia* (1960), Il Mulino, Bolonia, 1960; *La leggibilità del mondo* (1981), Il Mulino, Bolonia, 1984. [Ed. cast.: *La legibilidad del mundo*, Paidós, Barcelona, 2000.]

2. Íd.: *Naufragio con spettatore* (1979), Il Mulino, Bolonia, 1985. [Ed. cast.: *Naufragio con espectador,* Visor, Madrid, 1995.]

3. Íd.: *L'elaborazione del mito* (1979), Il Mulino, Bolonia, 1991, pp. 75, 35.
4. L. Wittgenstein: *Sobre la certeza* (1950-1951), Gedisa, Barcelona, 1988, proposiciones 115 y 160. pp. 125, 162
5. H. G. Gadamer: *Verità e metodo* (1960), Bompiani, Milán, 1983, p. 417. [Ed. cast.: *Verdad y método*. Sígueme, Salamanca, 1988.]
6. Íd.: *Dialogando con Gadamer,* edición de C. Dutt, Cortina, Milán, 1995, pp. 17-18.
7. Íd.: *Ermeneutica e decostruzionismo,* en *Verità e metodo 2* (1986-1993), Bompiani, Milán, 1996, pp. 296-297.
8. Íd.: *Verità e metodo,* cit., pp. 330, 333.
9. J. Derrida: *La mythologie blanche,* en «*Poétique*», 1971, 5, pp. 1-52 (ahora en *Marges de la philosophie,* Éditions de Minuit, París, 1972), en particular pp. 4, 52.
10. Véase J. Derrida: *La scrittura e la differenza* (1967), Einaudi, Turín, 1971 [Ed. cast.: *La escritura y la diferencia,* Anthropos, Barcelona, 1989]; *Della grammatologia* (1967), Jaca Book, Milán, 1969; «La farmacia di Platone», en *La disseminazione* (1972); Jaca Book, Milán, 1972. [Ed. cast.: *La diseminación,* Fundamentos, Madrid, 1975.] Podríamos objetar, banalmente, que la escritura ¿no es acaso más permanente y «presente» que la palabra, que se disipa tras haber sido pronunciada? ¿Y por qué la escritura, el «arquitexto», debería preceder a lo hablado? El argumento de que la palabra presupone el «espaciado» entre letra y letra ¿no presupone, a su vez, el aislamiento y la elección, situables históricamente, de los signos individuales en el seno de un alfabeto construido?
11. H. G. Gadamer: *Decostruzione e interpretazione,* en «aut aut», 1985, 208, p. 7.
12. El interés de Derrida se ha ampliado recientemente en una dirección sobre todo «reconstructiva» y política. Así, se ha ocupado de los motivos de adhesión de Heidegger al nacionalsocialismo; del significado del pensamiento de Marx, en una fase en la que su pensamiento parece arrastrado por el derrumbamiento de los regímenes socialistas del Este; del papel de la Europa actual en su proyección hacia la civilización mundial, de la amistad o de la hospitalidad; véase J. Derrida: *Dello spirito. Heidegger e la questione* (1987), Feltrinelli, Milán, 1989 [Ed. cast.: *Del espíritu Heidegger y la pregunta,* Pre-

Textos, Valencia, 1989]; *Oggi l'Europa* (1991), Garzanti, Milán, 1991; *Gli spettri di Marx* (1993), Cortina, Milán, 1994 [Ed. cast.: *Espectros de Marx,* Trotta, Valencia, 1998] y *Politiche dell'amicizia* (1994), Cortina, Milán, 1995. [Ed. cast.: *Política de la amistad,* Trotta, Madrid, 1998.]

9. *Vita activa*

1. H. Arendt: *Vita activa* (1958), Bompiani, Milán, 1964, pp. 13-15.
2. Íd.: *Che cos'è la politica?*, fragmentos de los años cincuenta, publicados en 1993, Comunità, Milán, 1995, p. 5. [Ed. cast.: *¿Qué es la política?*, Paidós, Barcelona, 1997.]
3. Íd.: *Vita activa*, cit., p. 349.
4. Íd.: *Le origini del totalitarismo* (1963), Comunità, Milán, 1967, pp. 439, 437. [Ed. cast.: *Los orígenes del totalitarismo*, Alianza Editorial, Madrid.]
5. E. Canetti: *Massa e potere* (1960), Rizzoli, Milán, 1972, pp. 331, 333. [Ed. cast.: *Masa y poder*, Alianza Editorial, Madrid, 1999.]
6. Véase H. Arendt: *La vita della mente* (1978), Il Mulino, Bolonia, 1987, pp. 151, 288-289 [Ed. cast.: *La vida del Espíritu*, Centro de Estudios Constitucionales, Madrid, 1984]; íd.: *La banalità del male* (1963), Feltrinelli, Milán, 1964. [Ed. cast.: *Eichman en Jerusalén: un estudio sobre la banalidad del mal*, Lumen, Barcelona, 1999.]
7. Véase A. MacIntyre: *Dopo la virtù* (1979), Feltrinelli, Milán, 1988. [Ed. cast.: *Tras la virtud*, Crítica, Barcelona, 1987.]
8. J. Habermas: *Teoria dell'agire comunicativo* (1982), Il Mulino, Bolonia, 1986, 2 vols., II, p. 1084. [Ed. cast.: *Teoría de la acción comunicativa*, Taurus, Madrid.]
9. J. Habermas: *Dialettica della razionalizzazione*, Unicopli, Milán, 1983, p. 240.
10. Véase R. Nozick: *Anarchia, Stato e Utopia* (1974), Le Monnier, Florencia, 1981, p. 240. Esta obra de Nozick aparece dos años después de la de Rawls, *Teoría de la justicia*, que es de 1972, pero Rawls –amigo y colega de la universidad– conoce con cierta anticipación las posturas de Nozick.

11. J. Rawls: *Una teoria della guistizia* (1972), Feltrinelli, Milán, 1982, p. 67. [Ed. cast.: *Teoría de la justicia*, FCE, Madrid, 1997.]
12. Íd.: «A Kantian Conception of Equality», en *The Cambridge Review*, febrero de 1975, p. 97.
13. Íd.: Liberalismo político (1993), Comunità, Milán, 1995, p. 23.

10. Mirando hacia adelante

1. M. Sandel: «La giustizia e il bene» (1982), en AA.VV.: *Comunitarismo e liberalismo,* Editori Riuniti, Roma, 1992, p. 22.
2. Véase Ch. Taylor: *Atomism,* en íd.: «Philosophy and the Human Sciences», *Philosophical Papers,* Cambridge University Press, Cambridge, 1985, pp. 190-207.
3. Véase A. Honneth: *Kampf um Anerkennung,* Suhrkamp, Frankfurt, 1992, e íd.: *Riconoscimento e disprezzo*, Rubettino, Mesina, 1993.
4. Cfr.: P. Sloterdijk, *Normas para el parque humano*, Siruela, Madrid 2006.
5. Cfr.: J. Habermas, *El futuro de la naturaleza humana*, Paidós, Barcelona, 2018.
6. Cfr.: M. Heidegger, *Carta sobre el Humanismo* (1947), Alianza Editorial, Madrid 2013.
7. J.-P.: Sartre, "Prefacio" de Frantz Fanon, *Los condenados de la tierra* (1961), Fondo de Cultura Económica, México 2018.
8. Cfr.: L. Senghor, *Négritude et humanisme*, Éditions du Seuil, París, 1964.
9. C. Lévi-Strauss, *Tristes trópicos* (1955), Paidós, Barcelona, 2009, p. 516.
10. C. Lévi-Strauss, *Mitológicas IV. El hombre desnudo* (1976), Siglo XXI, México, 2000, p. 628.
11. C. Lévi-Strauss, *Antropología estructural II* (1979), Siglo XXI, México, 2004.
12. Cfr. J. Baudrillard, *Lo scambio simbólico e la morte* (1976), Feltrinelli, Milán 1979; íd., *Simulacres et simulation*, Galilée, París 1981
13. Cfr.: R. Rorty, «La prioridad de la democracia sobre la filosofía», en G. Vattimo (ed.), *La secularización de la filosofía. Her-*

menéutica y posmodernidad (1987), Gedisa, Barcelona, 2001, pp. 31-62.

14. Sobre las constantes de los desarrollos de la filosofía italiana, cfr. R. Bodei, *Il noi diviso. Ethos e idee dell'Italia repubblicana*, Eianudi, Turín 1998, pp. 63-80, y R. Esposito, *Pensiero vivente. Origine e attualità della filosofia italiana*, Einaudi, Turín 2010.

15. N. Bobbio, «Intellettuali e potere», en *Il dubio e la scelta. Intellettuali e potere nella società contemporánea*, Carocci, Roma 1993, pp. 124, 125 [trad. cast.: *La duda y la elección. Intelectuales y poder en la sociedad contemporánea*, Paidós Ibérica, Barcelona 1997].

16. Íd.: *Politica e cultura* (1957), Einaudi, Turín 1995, p. 281.

17. Ibíd., pp. 17, 280.

18. N. Bobbio, «Prefazione» a la segunda edición de *Italia civile. Ritratti e testimonianze*, Passigli, Florencia 1986, p. 6.

19. N. Bobbio, *Destra e sinistra. Ragioni e significato di una distinzione política*, Donzelli, Roma 1964, p. 79 [trad. cast. *Derecha e izquierda*, Taurus, Barcelona 2014], pero cfr., sobre todo, íd., *L'età dei diritti*, Einaudi, Turín 1990.

20. AA. VV.: *Crisi della ragione,* edición de A. G. Gargani, Einaudi, Turín, 1979.

21. A. G. Gargani, *Lo stupore e il caso*, Laterza, Roma-Bari 1985, p. 18.

22. A. G. Gargani, *L'attrito del pensiero*, en *Filosofia '86*, edición de G. Vattimo, Laterza, Roma-Bari 1987, p. 22.

23. Cfr. M. Cacciari, *Dallo Steinhof. Prospettive viennesi del primo Novecento*, Adelphi, Milán 1980; íd., *El ángel necesario*, Antonio Machado, Madrid 1989; íd., *Dell'inizio*, Adelphi, Milán 1990; A. Gargani, *Il sapere senza fondamenti*, Einaudi, Turín 1975; íd., *Crisis de la razón*, Siglo XXI, México 1983; E. Severino, *La esencia del nihilismo*, Taurus, Barcelona 1991; íd., *Il destino della necessità*, Adelphi, Milán 1980; AA. VV., *Il pensiero debole*, edición de G. Vattimo y P. A. Rovatti, Feltrinelli, Milán 1983; G. Vattimo, *El fin de la modernidad. Nihilismo y hermenéutica en la cultura posmoderna*, Gedisa, Barcelona 1986.

24. Entre las obras filosóficas que han tenido un impacto mayor, se pueden contar: R. Bodei, *Geometría de las pasiones. Miedo, esperanza, felicidad: filosofía y uso político*, Fondo de cultura

económica, México, 1995; íd., *Las lógicas del delirio. Razón, afectos, locura*, Cátedra, Madrid, 2002; íd., *Destinos personales. La era de la colonización de las conciencias*, El Cuenco de Plata, Buenos Aires, 2006; íd., *Imaginar otras vidas: realidades, proyectos y deseos*, Herder Editorial, Barcelona, 2014; S. Givone, *Desencanto del mundo y pensamiento trágico*, Antonio Machado, Madrid, 1991; íd., *Metafisica della peste. Colpa e destino*, Einaudi, Turín, 2012; G. Marramao, *Dopo il Leviatano. Individuo e comunità*, Bollati Boringhieri, Turín 2000; íd., *Contra el poder. Filosofía y escritura*, Fondo de Cultura Económica, México, 2014; S. Veca, *Cittadinanza. Riflessioni filosofiche sull'idea di emancipazione*, Feltrinelli, Milán 1990; íd., *Dell'incertezza. Tre meditazioni filosofiche*, Feltrinelli, Milán 1997; íd., *L'idea di incompletezza. Quattro lezioni*, Feltrinelli, Milán 2011.

25. M. Foucault, *Historia de la sexualidad 1. La voluntad de saber* (1977), Siglo XXI, Barcelona 2007, p. 173.

26. G. Agamben, *Homo sacer. El poder soberano y la nuda vida*, Pre-Textos, Valencia, 2005; íd., *Estado de excepción*, Pre-Textos, Valencia, 2004; íd., *Lo que queda de Auschwitz. El archivo y el testigo*, Pre-Textos, Valencia 2005.

27. R. Esposito, *Inmunitas: protección y negación de la vida*, Amorrortu, Buenos Aires, 2005, cit; íd., *Bios. Biopolítica y filosofía*, Amorrortu, Buenos Aires 2007.

28. Íd.: *Dos. La máquina de la teología política y el lugar del pensamiento*, Amorrortu, Buenos Aires 2016.

29. Cfr. R. Rorty, *La filosofia e lo spechio della natura*, Bompiani, Milán, 1986.

30. Íd.: *Conseguenze del pragmatismo,* Feltrinelli, Milán 1986, pp. 168, 180.

31. R. Rorty, «Solidarietà od oggettività?» (1983), en *Scritti filosofici,* cit. I, pp. 29-46.

32. R. Rorty, «La priorità della democracia sulla filosofi», en *Scritti filosofici,* cit. I, pp. 245, 238.

33. Cfr. P. K. Feyerabend, Science in a Free Society, Nlb, Londres 1978.

34. R. Rorty, «Solidarietà», en *La filosofia dopo la filosofia* (1989), Laterza, Roma-Bari 1989, p. 221.

35. F. Nietzsche, *Fragmentos póstumos IV (1885-1889)*, Tecnos, Madrid 2008, p. 222: 7[60].

36. Íd.: *El Anticristo*, Alianza Editorial, Madrid 2011. Sobre este aspecto ha insistido B. Williams, *Verdad y veracidad. Una aproximación genealógica*, Tusquets, Barcelona 2006.

37. Cfr. Z. Bauman, *Modernidad líquida*, Fondo de Cultura Económica de España, Madrid, 2022; M. Berman, *Todo lo que es sólido se desvanece en el aire*, Siglo XXI, Madrid, 2013.

38. B. Williams, *Verdad y veracidad. Una aproximación genealógica*, Tusquets, Barcelona 2006, p. 262.

39. Ibíd., p. 15.

40. Véase U. Eco, *Los límites de la intepretación*, DeBolsillo, Barcelona 2013.

41. Cfr. S. Veca, *L'idea di incompletezza*, cit., pp. 55-63.

42. Cfr. J. Derrida, *Fuerza de ley. El fundamento místico de la autoridad*, Tecnos, Madrid 2018.

43. M. Ferraris, *Manifiesto del nuevo realismo*, Ariadna ediciones, Santiago 2012, pp. 29, 49. Véase también íd., *Ricostruire la decostruzione. Cinque saggi a partire da Jacques Derrida*, Bompiani, Milán 2010.

44. Cfr. J.-F. Lytard, *La condizione post-moderna* (1979), Feltrinelli, Milan 1981, pp. 119, 56-57.

45. Cfr. R. Nozick, *Spiegazioni filosofiche* (1981), il Saggiatore, Milán 1987, pp. 354 y ss.

46. Cfr. Ch. Lasch, *Rifugio in un mondo senza cuore* (1979), Bompiani, Milán 1982.

47. Cfr. Z. Bauman, *Imitations of Postmodernity*, Routledge, Londres 1992; íd., *Le sfide dell'etica* (1993), Feltrinelli, Milán 1996, en especial pp. 244 y ss.

48. Cfr. P. Ricoeur, *Se stesso comme un altro* (1990), Jaca Book, Milán 1993.

49. Cfr. H. Jonas, *Il principio responsabilità. Un'etica per la società tecnologica* (1979), Einaudi, Turín 1990, pp. 3 y ss.

50. M. Weber, «La política come profesione» (1919), en *Il Lavoro intelletuale come professione*, Enaudi, Turín 1996, p. 121

51. Cfr. V. R. Potter, *Bioethics, Bridge to the Future*, Prentice Hall, Englewood Cliffs 1971.

52. Cfr. H. Jonas, *Técnica, medicina y ética: sobre la práctica del principio de responsabilidad*, Paidós Ibérica, Barcelona 1997; íd., *Philosophical Essays: From Ancient Creed to Technological Man*, Atropos Press, Nueva York, 2010.

53. «[...] nozze, tribunal ed are/ diero alle umane belve esser pietose di sé stesse e d'altrui» son los versos 91-93 del poema de Ugo Foscolo *Dei sepolcri* (1808). Traducción de Marcelino Menéndez Pelayo, 1906, que aparece en Valentinetti Mendi, A.: «Edición crítica de la versión de Menéndez Pelayo de *Los Sepulcros* de Ugo Foscolo», en *Boletín de la Biblioteca de Menéndez Pelayo*. LXXXIX, 2013, pp. 127-151 (139) *[N. del T.]*.

54. Cfr. R. Marchesini, *Post-human. Verso nuovi modelli di esistenza*, Bollati Boringhieri, Turín 2002.

55. Véanse muestras de esto, por ejemplo, en N. Smart, *World Philosophies*, Routledge, Londres-Nueva York 2000; y R. Bodei, *La chispa y el fuego. Invitación a la filosofía*, Nueva Visión, Buenos Aires 2006.

56. Cfr. A. de Tocqueville, *La democracia en América 2*, Alianza Editorial, Madrid 2017.

57. Cfr. R. Koselleck, *Futuro pasado. Para una semántica de los tiempos históricos*, Paidós, Barcelona 1993.

58. Cfr. N. Luhmann, «The Future Cannot Begin: Temporal Structures in Modern Societies», en *The Differentiation of Society*, Columbia University Press, Nueva York, 1982, pp. 271-288.

Índice onomástico